RÉGENCE DE TUNIS

LOI FONCIÈRE

ET

RÈGLEMENTS ANNEXES

RECUEIL OFFICIEL

PRÉCÉDÉ DES RAPPORTS

DE

M. PAUL CAMBON

RÉSIDENT GÉNÉRAL DE LA RÉPUBLIQUE FRANÇAISE

SUR L'INSTITUTION DU RÉGIME DE 1885

ET DE

M. MASSICAULT

RÉSIDENT GÉNÉRAL DE LA RÉPUBLIQUE FRANÇAISE

SUR LA RÉFORME DE 1892

PARIS
AUGUSTIN CHALLAMEL, ÉDITEUR
5, RUE JACOB ET RUE FURSTENBERG, 2

1893

RÉGENCE DE TUNIS

LOI FONCIÈRE

ET

RÈGLEMENTS ANNEXES

RECUEIL OFFICIEL

TYPOGRAPHIE FIRMIN-DIDOT ET Cie. — MESNIL (EURE).

RÉGENCE DE TUNIS

LOI FONCIÈRE

ET

RÈGLEMENTS ANNEXES

RECUEIL OFFICIEL

PRÉCÉDÉ DES RAPPORTS

DE

M. PAUL CAMBON

RÉSIDENT GÉNÉRAL DE LA RÉPUBLIQUE FRANÇAISE

SUR L'INSTITUTION DU RÉGIME DE 1885,

ET DE

M. MASSICAULT

RÉSIDENT GÉNÉRAL DE LA RÉPUBLIQUE FRANÇAISE

SUR LA RÉFORME DE 1892

PARIS

AUGUSTIN CHALLAMEL, ÉDITEUR

5, RUE JACOB ET RUE FURSTENBERG, 2

1893

PRÉFACE

RAPPORT

DE M. PAUL CAMBON

RÉSIDENT GÉNÉRAL DE LA RÉPUBLIQUE FRANÇAISE EN TUNISIE.

Sur la loi immobilière tunisienne
du 1er *juillet* 1885, *et sur les règlements d'administration*
rendus pour son exécution.
(Juillet 1885.)

I

De la nécessité d'une loi immobilière.

L'administration chargée par le Gouvernement de la République d'organiser le Protectorat de la France en Tunisie devait, après avoir mis l'ordre dans les finances, se préoccuper de donner à la propriété foncière une organisation appropriée aux exigences du crédit et aux besoins économiques du pays. La Tunisie est un pays agricole, elle offre à la colonisation des terres fertiles et son sol doit devenir le principal instrument de la richesse publique, mais il faut lui procurer en abondance les capitaux nécessaires à l'exploitation de ses ressources naturelles.

Pour attirer et retenir ces capitaux, il importe de protéger les acquéreurs de terre contre leur ignorance de la langue, des lois et des usages du pays, de mettre les propriétaires à l'abri de revendications imprévues, d'assurer à tous en un mot la facilité et la sécurité des transactions.

Or, sous le régime de la législation musulmane et des coutumes locales cette facilité et cette sécurité n'existent pas.

Deux causes contribuent à rendre précaire la situation du propriétaire foncier et à paralyser l'essor économique du pays : l'assiette incertaine de la propriété et l'absence de tout système de publicité hypothécaire.

Bien que les populations indigènes aient abandonné les formes primitives de possession en commun et de culture collective, pour adopter la propriété privée, elles sont encore soumises à une organisation foncière très imparfaite. Ce n'est pas que le droit des détenteurs du sol ne soit habituellement constaté; mais, cette constatation est faite à l'aide de titres rudimentaires fournissant des indications peu précises sur les origines et la délimitation de la propriété et sur la condition juridique de l'immeuble. La possession même de ce titre ne procure à l'acquéreur qu'une sécurité relative. L'usage s'est introduit dans la Régence de rédiger des actes de notoriété (outika) pour suppléer au titre absent ou perdu. Ainsi deux titres peuvent exister pour un même immeuble et l'acheteur, après avoir traité sur la foi d'un titre, n'est jamais sûr de n'être pas évincé par la revendication d'un tiers pouvant invoquer une acquisition antérieure, consommée en vertu d'un autre titre. Ces dangers peuvent sans doute être évités par ceux qui ont l'expérience du pays; mais ils sont pour les nouveaux venus une cause de trouble et d'hésitation.

Si l'origine et l'existence même du droit de propriété sont souvent douteuses en Tunisie, son étendue n'est guère plus facile à préciser. La législation locale admet en effet un grand nombre de droits réels ou de charges occultes qui, grevant la propriété, en réduisent singulièrement les bénéfices. Les démembrements de la propriété sont multiples : à côté de l'usufruit et des servitudes, se rencontrent plusieurs variétés de baux à longs termes qui, sous des formes diverses, rappellent l'emphytéose romaine.

Le plus important et le plus connu de ces baux à longs termes est le contrat d'enzel, si fréquemment usité en Tunisie qu'il peut y être considéré comme une forme particulière du droit de propriété. L'enzel, qui se rapproche de notre bail à rente, est une location perpétuelle de l'immeuble moyennant une redevance fixe. Le bailleur n'a pas le droit de reprendre la possession de l'immeuble tant que sa redevance lui est exactement payée; d'autre part, le preneur peut transmettre son droit d'enzel moyennant un prix; il en résulte qu'à côté de la propriété, il se crée un droit réel d'une valeur beaucoup plus grande. Le propriétaire conserve le domaine éminent; mais le preneur à enzel a tous les avantages attachés au domaine utile.

L'existence de ces droits réels n'est pas le seul danger que puisse redouter l'acquéreur européen : il doit craindre des causes de résolution fréquentes résultant soit d'une vente à réméré, soit d'un contrat d'antichrèse, les deux formes les plus habituelles en Tunisie du gage immobilier.

Si l'on ajoute qu'aucun mode de publicité n'avertit les tiers de l'existence de ces droits réels et qu'entre deux acquéreurs successifs la priorité se fixe par la date du contrat, on aura une idée des difficultés et des périls que présente pour l'étranger l'acquisition d'un immeuble.

Pour améliorer cette situation, on ne pouvait se borner à soumettre à la loi française les immeubles possédés par des Européens.

L'application de notre loi immobilière, limitée à une seule classe de propriétaires fonciers, n'apportait pas une modification assez générale à l'état économique du pays; c'était d'ailleurs un remède insuffisant.

Le système de publicité hypothécaire incomplet et restreint, organisé par le Code Civil et la loi du 23 mars 1855, peut suffire aux besoins économiques d'un pays où la propriété foncière et les droits réels, assis sur des bases solides et anciennes, sont en outre établis par des actes publics, œuvres d'officiers ministériels habitués à rechercher et décrire les origines du droit qu'ils constatent. Dans ces conditions, une sécurité suffisante est assurée par l'inscription des hypothèques et la transcription des actes entre vifs constitutifs de droits réels. Il n'en saurait être de même dans un pays, où il s'agit d'attirer les capitaux en rendant les transactions rapides et sûres. Il faut que l'acquéreur ou le capitaliste étranger puisse être facilement fixé sur la condition juridique des immeubles; d'où la nécessité d'entourer d'une publicité complète toutes les transactions immobilières. La législation du Code Civil ne donne qu'une satisfaction imparfaite aux besoins d'une colonie où doivent affluer des capitaux et des acquéreurs venus du dehors.

A un autre point de vue, notre système de publicité ne répond pas aux exigences spéciales d'un pays musulman. Le mécanisme hypothécaire établi par la loi française repose tout entier sur le nom et la personne du propriétaire. C'est au nom du propriétaire que sont faites toutes les inscriptions ou transcriptions dont chaque immeuble est l'objet, et c'est ce nom qui sert de guide aux recherches qui sont faites dans les registres hypothécaires. Celui qui veut connaître la situation d'un immeuble doit préalablement rechercher le nom du propriétaire actuel et de tous ceux auxquels l'immeuble a appartenu. Les fonctionnaires chargés de ces recherches sont aidés par des tables qui contiennent les noms de tous les propriétaires inscrits sur leurs registres. Une pareille organisation suppose que l'état civil de chaque détenteur d'immeubles est exactement connu et défini; en pays musulman, elle se heurte à des obstacles presque insurmontables. Les indigènes n'ont ni état civil, ni nom patronymique; dans la pratique, ils se reconnaissent par un prénom auquel vient s'ajouter le prénom du père : *Mustapha, fils de Mohammed*, par exemple; comme le nombre de ces prénoms est assez limité, il en résulte que beaucoup d'indigènes portent des appellations identiques. Si l'on songe qu'en France la similitude de certains noms plus fréquemment usités est déjà une source de difficultés et de complications pour la tenue de nos registres hypothécaires, on se rendra aisément compte des impossibilités d'un pareil système en pays musulman. Pour l'appliquer, il eût fallu constituer l'état civil des indigènes, avant d'asseoir leur propriété; entreprise laborieuse et d'une exécution compliquée. On sait en effet que de tout temps les peuples d'Orient se sont montrés rebelles aux opérations de ce genre, et que nous ne sommes point encore parvenus à constituer l'état civil des indigènes dans notre grande colonie algérienne.

Ces difficultés pratiques n'étaient d'ailleurs pas le seul obstacle à l'application pure et simple de notre Code Civil. Notre législation ne se préoccupe pas de fournir aux parties un moyen de connaître exactement l'étendue et la nature des droits du vendeur. L'acquéreur qui veut obtenir sur ce point une sécurité absolue doit remonter aux origines de la propriété, étudier avec soin les diverses transactions dont l'immeuble a été l'objet. En France, cette recherche n'offre pas de très réelles difficultés pratiques : les titres de propriété sont habituellement rédigés avec soin; leurs indications sont complètes. La constatation des origines d'une propriété n'est donc pas une œuvre pénible et d'un résultat incertain. Enfin la prescription trentenaire, en consolidant la propriété, achève de compléter la sécurité des acquéreurs.

En Tunisie, la coutume locale ne présente pas ces garanties : l'étranger, ignorant des habitudes et des traditions du pays, incapable de faire par lui-même les investigations nécessaires avant une acquisition d'immeuble, est exposé aux plus graves déconvenues. Il fallait donc prévoir et écarter les mécomptes auxquels ont été soumis, dès les premiers temps de notre occupation en Algérie, les acquéreurs de terres, mécomptes qui ont ralenti et paralysé momentanément l'essor de la colonisation.

Pour donner à la propriété la certitude et l'assiette qui lui manquaient, il ne pouvait être question de recourir à un abornement général et à une revision administrative des titres de propriété. Sans parler des lenteurs et de l'incertitude qu'elle eût entraînées avec elle, une pareille entreprise aurait eu le grave inconvénient de semer l'inquiétude et le trouble, d'éveiller les susceptibilités et les défiances des populations qui n'auraient pas compris, tout d'abord, la nature et le but d'une aussi vaste opération ; ajoutons qu'elle aurait entraîné pour le Gouvernement Tunisien des charges budgétaires et des responsabilités politiques qu'il était de son devoir de décliner.

L'idée d'une délimitation et d'une constatation administratives des propriétés étant ainsi écartée, restait à trouver une combinaison juridique qui permît de confier à l'initiative individuelle une œuvre que l'État devait encourager et protéger, mais dont il n'avait pas à assumer la responsabilité et les charges, puisque, malgré son utilité générale cette œuvre présentait surtout un caractère d'intérêt privé.

Ce point de vue accepté, il fallait mettre à la disposition de tout acquéreur ou propriétaire d'immeuble une procédure simple, peu coûteuse, lui permettant d'asseoir sa propriété, de la purger de toutes les charges et des droits réels qui ne se seraient pas révélés en temps utile. Par ce moyen, l'origine et la condition de la propriété se trouvant fixées à l'égard de tous, les transactions ultérieures devenaient faciles et sûres. Déjà, le germe d'une institution pareille se trouvait dans la législation algérienne : la loi du 26 juillet 1873 qui essaie de résoudre des problèmes analogues à ceux qui se rencontrent en Tunisie a créé une purge spéciale, destinée à consolider la propriété et à la dégager des charges occultes, lorsqu'elle passe des mains d'un détenteur indigène entre celles d'un acquéreur européen. Mais cette institution, ainsi restreinte et limitée, ne répondait qu'imparfaitement aux besoins particuliers de la Tunisie et au but poursuivi; aussi, a-t-il paru préférable de demander à une autre législation, appliquée avec succès dans de grandes colonies agricoles, la formule destinée à résoudre plusieurs des difficultés que soulève, en Tunisie, l'organisation de la propriété.

II.

L'Act Torrens.

Notre attention avait été appelée sur les heureux effets de la législation immobilière en vigueur dans certaines colonies anglaises et connues sous le nom d'*Act Torrens*.

Le système introduit en 1858, dans l'Australie du sud, par Robert Torrens, revisé en 1861, après une expérience de trois années, présente de tels avantages, qu'il a été successivement appliqué dans toutes les colonies australiennes; de là, il s'est étendu à la Colombie Britannique et à l'État d'Iowa dans l'Amérique du Nord. Les avantages économiques révélés par l'expérience ont paru tels que le Parlement anglais a prescrit à deux reprises différentes une enquête destinée à faire connaître le mécanisme de cette législation et ses résultats pratiques; enfin le Gouvernement Britannique se propose de l'appliquer non plus seulement dans ses colonies où dominent des émigrants de race anglo-saxonne, mais aussi dans certains établissements de l'Inde peuplés par les races les plus diverses, dotés d'une organisation familiale et d'un système de propriété qui n'est pas sans analogie avec les coutumes tunisiennes.

Ce succès s'explique facilement, si l'on considère que le système Torrens n'est pas une législation improvisée de toutes pièces, sans racines dans le passé, mais seulement l'adaptation ingénieuse aux besoins de pays neufs, de principes hypothécaires appliqués depuis plusieurs siècles en Allemagne et que les législations européennes les plus récentes tendent de plus en plus à s'approprier.

L'autorité de ces précédents, le plein succès de l'expérience tentée dans plusieurs colonies anglaises devaient déterminer le Gouvernement Tunisien à essayer, à son tour, l'application de l'Act Torrens. Une étude attentive de cette législation permit de constater qu'elle pouvait, sans de trop profondes modifications, s'adapter aux coutumes locales et à notre législation civile.

Toutes les dispositions de l'Act Torrens sont combinées sous l'empire d'une préoccupation dominante : assurer à la propriété et aux créances hypothécaires les plus larges facilités de crédit et de circulation. Le moyen mis en œuvre est le développement du principe de publicité.

Pour atteindre ce résultat, la loi australienne fixe d'une manière définitive l'origine de la propriété, à l'aide d'une purge spéciale; elle crée un des systèmes de publicité hypothécaires les plus ingénieux et les plus complets qui aient jamais existé; enfin elle organise des procédés de mobilisation de la propriété foncière et du crédit hypothécaire. La loi tunisienne a entendu reproduire, sous la réserve de certaines modifications jugées nécessaires, les traits essentiels de l'Act Torrens; il n'est donc pas inutile de faire connaître l'esprit général de ce système, avant d'analyser la loi du 1er juillet 1885.

L'Act Torrens est une loi facultative : c'est-à-dire que le propriétaire est libre de soumettre son immeuble à la législation nouvelle ou de rester sous l'empire de la loi ancienne. Il résulte des enquêtes faites en Angleterre que la plupart des propriétaires s'empressent de se soumettre au régime nouveau et qu'il est à peu près sans exemple, en Australie, que des immeubles fassent l'objet de transactions importantes sans avoir été au préalable soumis à l'application du système Torrens.

Le propriétaire qui veut placer sa terre sous le régime nouveau et obtenir l'enregistrement de ses titres sur les registres fonciers, adresse une demande au fonctionnaire chargé d'appliquer la loi et qui s'appelle le Registrar General. A sa demande il joint ses titres de propriété et ses plans; ceux-ci sont signifiés par les soins du Registrar General aux voisins et, en général, à toute personne intéressée à connaître la demande d'enregistrement et à y faire opposition; ces personnes sont, en outre, averties par des publications faites dans les journaux, et sont mises en demeure de faire valoir leurs droits réels sur l'immeuble. Si des oppositions se produisent, elles sont jugées par les tribunaux de droit commun; en l'absence de toute opposition, le Registrar General délivre au requérant un titre de propriété.

Ce titre contient une description exacte de l'immeuble, avec indication de ses limites, des droits réels et des charges qui le grèvent; un plan est annexé à l'acte. Le titre ainsi dressé est enregistré sur un livre foncier appelé « Registre matrice ». A partir de ce moment, aucune revendication de droits réels ne peut plus être formée contre l'immeuble.

L'enregistrement du titre, après les formalités qui viennent d'être décrites, constitue donc une véritable purge légale qui débarrasse la propriété de tous droits réels ou charges occultes non inscrits sur ce titre ou le registre matrice. Les tiers ainsi dépouillés par leur négligence perdent tout recours contre l'immeuble; mais ils conservent une action en dommages-intérêts contre les auteurs du préjudice causé ou contre ceux qui en profitent; ils peuvent exercer aussi un recours contre le fonds d'assurance dont il sera parlé tout à l'heure.

Le point de départ de la propriété et son assiette étant fixés, il faut assurer la conservation de l'œuvre ainsi accomplie. L'Act Torrens y a pourvu par un système de publicité aussi simple qu'ingénieux.

L'immeuble enregistré ne peut faire l'objet d'aucune transaction, aliénation, constitution de droits réels, d'hypothèque ou de bail sans que cette opération soit inscrite à la fois sur le titre délivré au propriétaire et sur le registre foncier. Deux parties veulent-elles consentir une aliénation ou constituer un droit réel, elles se présentent devant le Registrar General, font leurs déclarations et l'opération est inscrite sur le titre et le registre matrice. Sont-elles éloignées du Registrar General, elles rédigent sous seing privé un acte de transport ou de constitution d'hypothèque, qui est adressé au bureau en même temps que le titre de propriété. La double inscription est ensuite mentionnée sur le registre et sur le titre.

Grâce à ce système, la publicité est absolue et complète : elle résulte non seulement d'une mention sur le registre hypothécaire, comme dans notre loi française, mais en outre d'une inscription sur le titre de propriété laissé aux mains du propriétaire. Ce titre reste toujours une reproduction fidèle et intégrale du registre foncier. A chaque opération qui modifie la condition juridique de l'immeuble, le titre doit être représenté au fonctionnaire chargé de la tenue des registres et de la mise au courant des titres de propriété. Grâce à cette combinaison, les tiers qui veulent être exactement renseignés sur la situation d'un immeuble peuvent consulter le registre foncier ou exiger la communication du titre, qui en est la reproduction exacte.

Ces règles de publicité sont maintenues par une sanction énergique. Les droits réels constitués sur l'immeuble n'ont d'existence juridique qu'à partir de cette double inscription. Cette formalité n'est pas seulement exigée pour rendre le droit opposable aux tiers, comme dans notre législation, mais encore pour assurer son existence même.

La foi la plus absolue est due aux inscriptions portées sur le titre et sur le registre. Elles font preuve à l'égard de tous. Sauf le cas de fraude, les tiers qui ont contracté avec la personne inscrite sur les registres sont à l'abri de toute revendication ou résolution qui ne serait point révélée par une inscription publique. La sécurité qu'un pareil système donne aux tiers est complète : il leur suffit d'examiner le titre ou le registre pour traiter en toute confiance et se placer à l'abri de toutes chances d'éviction.

Cet ensemble de mesures de publicité est complété par l'organisation du registre foncier. A chaque immeuble est affecté un feuillet spécial du livre foncier; sur ce feuillet on inscrit le titre original et les modifications qui lui sont apportées. L'immeuble est désigné non plus par le nom de son propriétaire, mais par le numéro qu'il occupe au plan cadastral; il acquiert ainsi une individualité juridique distincte, indépendante de la personne du propriétaire. S'il vient à être divisé, on donne à chaque parcelle une désignation numérique nouvelle et on lui ouvre un feuillet distinct sur le registre matrice. Il y a donc concordance absolue entre le plan cadastral et le registre matrice.

Cet exposé succinct de l'Act Torrens suffit à montrer que les traits essentiels en sont empruntés à un système hypothécaire qu'on qualifie habituellement de germanique, parce qu'il est plus particulièrement en vigueur dans des contrées allemandes. Le principe que les droits réels ne sont constitués que par l'inscription sur des registres publics a une origine germanique; la création de livres fonciers, leur concordance continue avec un plan cadastral sont des institutions allemandes, et l'auteur de l'Act Torrens ne dissimule point les sources où il a puisé les éléments essentiels de son système.

Cependant il faut ajouter que l'Act Torrens a apporté au système germanique deux innovations ingénieuses qui constituent de notables perfectionnements.

Une critique peut en effet être adressée à la législation qui vient d'être décrite : c'est de compromettre quelquefois des droits privés pour donner entière satisfaction aux exigences du crédit foncier et, comme on l'a dit, de sacrifier la justice à l'utilité. Le système Torrens a trouvé un moyen d'atténuer cet inconvénient par l'institution du fonds d'assurance. Les tiers peuvent être lésés par la procédure de purge ou par la constitution d'un droit réel inscrit au préjudice de leurs droits. Ils perdent, par le seul fait de l'inscription, tout recours contre l'immeuble; mais l'Act Torrens leur réserve une action en dommages-intérêts contre le fonds d'assurance. Ainsi se trouve atténué le préjudice que l'application de la loi pourrait causer aux intérêts individuels. Ce fonds d'assurance est alimenté par un droit proportionnel qui se paye au moment de l'enregistrement du titre ou des droits réels.

Cette innovation du système Torrens n'est point la seule; il en contient une autre plus féconde et plus ingénieuse encore : c'est la nécessité de la double inscription sur les livres fonciers et sur le titre; c'est la remise à chaque propriétaire d'un titre qui fait foi absolue et contient une description juridique de l'immeuble. Cette innovation fait de la propriété foncière un puissant instrument de crédit; elle la mobilise et la transforme en une valeur de circulation aussi facilement échangeable qu'un titre de rente ou une valeur mobilière.

Pour montrer comment ces résultats économiques sont réalisés par l'Act Torrens, il suffit de rappeler qu'à chaque opération juridique le propriétaire est obligé de produire son titre, que sans l'accomplissement de cette formalité toute transaction devient impossible. Le titre est en quelque sorte la représentation, l'équivalent juridique de l'immeuble. Le propriétaire veut-il vendre, il dresse un acte de transfert qu'il remet à l'acquéreur en même temps que son titre. Après la double inscription sur les livres fonciers et sur le titre, la transmission de la propriété est effectuée, sans qu'il soit besoin d'actes et d'intermédiaires coûteux. Le sol est donc véritablement mobilisé, puisqu'il circule aussi facilement qu'une valeur mobilière.

Lorsqu'il s'agit de réaliser le crédit immobilisé dans le sol, le système Torrens donne les mêmes facilités. Le propriétaire veut-il faire un emprunt à court terme, sans en laisser aucune trace sur les registres fonciers, il remet son titre à un banquier. Celui-ci peut se contenter, pour un prêt de courte durée, de ce gage imparfait, puisque le propriétaire dessaisi de son titre perd ainsi la libre disposition de son immeuble. On réalise par ce moyen des avances sur titres de propriété foncière. Si l'emprunt est contracté à longue échéance et garanti par une hypothèque, les parties rédigent un acte sous seing privé qu'on inscrit sur le registre et le titre; cette opération accomplie, la créance hypothécaire devient transmissible par voie d'endossement, sous la seule condition d'inscrire les cessions dont elle sera l'objet.

Cette organisation élargit le crédit; elle lui donne une grande souplesse et d'extrêmes facilités. La circulation des créances hypothécaires augmente le nombre des prêteurs; ceux-ci assurés de pouvoir réaliser leurs capitaux avant l'échéance exigeront un intérêt moins élevé, en vertu de cette loi économique qui veut que le loyer des capitaux se mesure non seulement sur le risque mais aussi sur la plus ou moins grande facilité de réalisation.

III.

La loi Tunisienne.

La loi du 1er juillet 1885 s'est proposé de doter la Tunisie d'un système analogue et de la faire participer aux avantages économiques qui en résultent. On ne pouvait songer à reproduire sans modifications la loi australienne. Il fallait, tout d'abord, combiner ses règles avec les dispositions de notre loi française, dont l'introduction en Tunisie était une de nos principales préoccupations. Il a paru que, pour atteindre plus sûrement ce but, il convenait de fondre dans une loi unique les textes du Code Civil qui pourraient être conservés et les principes de la loi nouvelle. Cette méthode explique le développement de la loi foncière; il convient d'observer cependant qu'un grand nombre des articles dont elle se compose constitue une reproduction littérale du Code Civil; d'autres n'apportent au texte que de légères modifications de détail depuis longtemps jugées nécessaires; le plus petit nombre forme des dispositions nouvelles destinées à formuler les innovations législatives exigées par l'application du système Torrens. L'exposé de ces innovations sera facilité par les explications qui précèdent.

La loi foncière du 1er juillet 1885 est facultative comme l'Act Torrens. On n'entend nullement imposer le régime nouveau aux propriétaires qui ne voudraient pas l'accepter. On laisse à l'initiative privée le soin de se prononcer entre l'ancienne et la nouvelle législation. Ce système a l'avantage de ne point modifier brusquement les coutumes et les traditions des indigènes; il laisse au temps et à l'expérience le soin de leur démontrer l'avantage des lois nouvelles; mais il fournit, dès à présent, aux Européens et aux capitalistes les sécurités qui leur sont nécessaires.

Le propriétaire indigène ou européen qui veut placer son immeuble sous le régime de la loi nouvelle doit en demander l'immatriculation. L'immatriculation consiste dans la constitution du titre de propriété de l'immeuble, l'inscription sur ce titre des droits réels s'appliquant à l'immeuble et l'enregistrement du titre à la conservation de la propriété foncière. Elle est effectuée par le conservateur de la propriété foncière, fonctionnaire principalement chargé de l'application de la loi, de la rédaction des titres de propriété et de la tenue des registres fonciers.

L'immatriculation accomplie a un effet considérable : elle purge l'immeuble de tous droits réels et charges occultes qui ne se sont pas révélés en temps utile et qui n'ont pas été inscrits sur le registre des titres de propriété. Aucun recours ne peut être exercé contre l'immeuble par les détenteurs de droits réels ainsi dépouillés.

Une purge à laquelle s'attache des effets aussi énergiques pouvait devenir un instrument de spoliation, si elle n'était précédée d'une procédure destinée à avertir les tiers et prévenir les abus. Cette procédure a été organisée avec un soin particulier. Des dispositions beaucoup plus détaillées que celles édictées par l'Act Torrens ont été prises ; tandis qu'en Australie les droits de propriété découlent pour la plupart de concessions récentes de la Couronne consignées dans des registres publics, leur origine, en Tunisie, est généralement plus ancienne, plus obscure et plus difficile à établir ; de là les précautions minutieuses dont la loi entoure leur consolidation définitive.

Une large publicité consistant en annonces dans les journaux, en publications dans les marchés indigènes, avertit les tiers que la demande d'immatriculation est formée.

On procède, en outre, au bornage de l'immeuble. C'est en quelque sorte une prise de possession matérielle qui a le double avantage de prévenir les voisins et d'éveiller l'attention des tiers, en même temps qu'elle fixe pour l'avenir les limites exactes de l'immeuble et tarit ainsi une source fréquente de procès. Ces diverses opérations sont constatées sur un plan annexé au titre de propriété et qui fixe d'une manière irrévocable l'étendue de chaque propriété ; ce plan, rédigé par des géomètres officiels, pourra fournir les éléments futurs d'un plan cadastral.

Ces diverses mesures sont destinées à mettre les personnes capables et majeures en demeure de faire leurs revendications et de veiller à la défense de leurs droits.

Mais il fallait assurer aussi la protection des droits des incapables et des absents. Cette mission incombe particulièrement aux magistrats d'une juridiction spécialement créée par la loi nouvelle, le tribunal mixte, qui exerce une action prépondérante sur la procédure d'immatriculation.

Le tribunal mixte est une innovation de la loi du 1er juillet 1885; sa création répond à un besoin spécial : on a pensé qu'il fallait associer à l'œuvre de constitution de la propriété une juridiction expéditive chargée de surveiller l'exécution de la loi et de résoudre les litiges que son application ne peut manquer de soulever.

La procédure d'immatriculation et de purge constitue pour tous ceux qui prétendent des droits sur un immeuble une mise en demeure énergique d'avoir à les faire valoir, sous peine de déchéance. Cette mise en demeure doit fatalement provoquer des prétentions contradictoires, des revendications, des oppositions de la part des intéressés. Soumettre au Chara, qui, en matière immobilière, est la juridiction de droit commun, tous les procès que peut susciter l'application de la loi nouvelle, c'était en retarder l'exécution, à raison des lenteurs de la procédure; c'était surtout s'exposer, par la menace de procès longs et difficiles, à paralyser le bon vouloir de propriétaires disposés à adopter le nouveau régime immobilier.

L'institution du tribunal mixte écarte cette difficulté : toutes les oppositions, tous litiges provoqués par l'application de la loi lui sont soumis; il les juge souverainement, sans appel, et d'une manière sommaire. Ses décisions sont définitives; elles fixent irrévocablement les droits des parties. Le tribunal saisi de toutes les demandes d'immatriculation les admet ou les rejette; il prononce sur l'existence ou l'étendue des droits réels prétendus sur l'immeuble. Sa décision fournit au conservateur les éléments essentiels pour la rédaction du titre de propriété.

Toutefois il a été admis que pour tous les justiciables du tribunal français opposants à une immatriculation requise par un justiciable de ces mêmes tribunaux, la compétence du tribunal mixte serait facultative.

Pour assurer toutes garanties aux justiciables de nationalités diverses, la loi a voulu que le tribunal fût composé, pour moitié, de juges français et de juges indigènes, de manière que les magistrats qui statueront soient de même race que les parties en cause.

Le tribunal mixte n'a pas seulement pour mission de régler les oppositions et de statuer sur l'immatriculation et les litiges qui la précèdent; c'est aussi le protecteur désigné des intérêts des incapables et des absents. A cet effet il est investi de pouvoirs discrétionnaires; il prend toutes les mesures commandées par leur intérêt.

Tels sont les principes essentiels qui ont présidé à l'organisation de cette juridiction : elle répond à cette pensée fondamentale que l'œuvre de constitution de la propriété doit être placée sous la surveillance et le contrôle de l'autorité judiciaire, sans que pourtant la lenteur tutélaire de ses formes puisse arrêter la prompte exécution d'une entreprise qui, pour donner tous ses résultats, doit être conduite avec rapidité.

Après qu'il a été statué sur une demande d'immatriculation et sur les litiges qu'elle a soulevés, le conservateur dresse le titre de propriété avec les éléments qui lui sont fournis par la sentence du tribunal : l'original du titre est consigné sur un registre déposé à la conservation de la propriété foncière; une copie est remise au propriétaire. A partir de ce moment, l'origine et le point de départ de la propriété sont fixés d'une manière définitive à l'égard de tous; l'immeuble purgé de toutes les charges réelles occultes peut faire l'objet de transactions certaines. Il reste à montrer comment la loi a organisé la publicité des transactions ultérieures.

C'est dans cette partie de la loi du 1er juillet 1885, qu'on s'est surtout attaché à reproduire les règles fondamentales de la législation australienne. Un principe domine tout le système de la loi nouvelle : la propriété et les droits réels n'existent, à l'égard des tiers, que par le fait de l'inscription.

L'adoption de ce principe entraînait comme conséquences certains changements au Code Civil. Elle nécessitait tout d'abord une complète extension du système de publicité : tous les actes modifiant la condition juridique de l'immeuble devaient être soumis au principe de l'inscription, les mutations après décès aussi bien que les actes entre vifs. Ainsi disparaissaient toutes les exceptions au principe de publicité admises par la loi du 23 mars 1855.

L'abolition des privilèges ou hypothèques occultes était une conséquence inévitable de la règle nouvelle : aussi la loi supprime-t-elle tous les privilèges, onéreux pour la propriété, qui perdent leur raison d'être dès qu'ils ne valent plus que par l'inscription; les hypothèques occultes sont depuis longtemps signalées par d'excellents esprits comme incompatibles avec un bon régime hypothécaire; en les faisant disparaître, la loi se borne à suivre un exemple donné par plusieurs législations contemporaines qui ont revisé notre Code Civil.

Les hypothèques générales ne pouvaient davantage se concilier avec le système nouveau; son principe même exigeait que toute hypothèque fût spécialisée. La loi nouvelle consacre sans aucune restriction la règle de la spécialité.

La suppression des hypothèques générales et occultes portait une grave atteinte aux mesures de protection que notre législation a cru devoir établir au profit des incapables et de la femme mariée, en créant l'hypothèque légale; il était nécessaire d'organiser un système de garanties remplaçant celles qui étaient condamnées à disparaître. La loi belge et les projets de revision de notre système hypothécaire élaboré en 1850 ont imaginé diverses combinaisons dont la loi nouvelle a dû s'inspirer. Au commencement du mariage et de la tutelle, on détermine les immeubles grevés d'hypothèque et les sommes jusqu'à concurrence desquelles elle sera prise. Cette hypothèque peut d'ailleurs être augmentée ou diminuée au cours du mariage, selon les circonstances. Grâce à cette disposition, le crédit du mari ou du tuteur n'est pas alourdi par des sûretés réelles excessives; quant aux incapables, ils trouvent dans ces garanties, réduites à leur juste mesure, toutes les protections légitimes.

L'hypothèque judiciaire devait être profondément modifiée et réduite par l'application du principe de spécialité; il a paru préférable d'abolir une institution dangereuse pour le crédit, qui établit, au profit du créancier le plus diligent, une injuste inégalité et dont la suppression, admise par beaucoup de législations, est depuis longtemps réclamée en France.

La loi nouvelle ne se borne pas seulement à modifier, dans un sens favorable au crédit, les principes essentiels de la publicité hypothécaire, elle en a transformé l'organisation pratique. Les actes soumis à la publicité ne sont plus reproduits intégralement sur le registre des titres de propriété; on se borne à inscrire leurs dispositions essentielles sur le titre et sur la copie du titre. Mais, pour permettre de vérifier l'exactitude des inscriptions et de rechercher toutes les transactions dont un immeuble a été l'objet, la loi exige que tous les actes soumis à la condition de publicité soient déposés à la conservation ; chaque immeuble a son dossier qu'il est toujours facile de consulter, lorsqu'on veut connaître, avec précision, sa condition juridique.

La réforme pratique la plus importante consiste à créer, en quelque sorte, l'état civil de l'immeuble et à lui donner une individualité juridique indépendante de celle du propriétaire. En l'absence d'un plan cadastral d'ensemble, on ne pouvait songer, comme en Australie, à désigner chaque immeuble par le numéro qu'il occupe sur le plan ; mais la coutume locale fournissait un moyen de combler cette lacune de l'organisation foncière. En Tunisie, les domaines ruraux d'une certaine importance ont reçu un nom qui sert à les désigner dans les actes et à les reconnaître ; ce nom permet d'ouvrir à chaque immeuble, dans un répertoire général, une sorte de compte numéroté où viennent se grouper les extraits de toutes les inscriptions qui le concernent. On a ainsi un résumé exact des principaux actes qui ont modifié, depuis l'immatriculation, la situation de l'immeuble. Des tables alphabétiques contenant les noms de tous les titulaires des droits réels ou des baux inscrits à la conservation viennent encore faciliter les recherches relatives à la propriété. Ce système ne présente assurément pas le même degré de perfection, ni tous les avantages réalisés en Allemagne et en Australie par la combinaison du plan cadastral et du régime hypothécaire ; il est le seul cependant auquel il ait paru possible de s'arrêter, en l'absence du plan général des propriétés. Les améliorations dont il est susceptible pourront être ultérieurement réalisées de façon à la rapprocher davantage des législations auxquelles il est emprunté ; mais, sous sa forme encore imparfaite, il constitue, au point de vue des exigences propres à un pays musulman, un progrès sensible sur le système de nos registres hypothécaires. On peut affirmer, sans crainte d'être démenti par l'expérience, qu'une amélioration notable est, dès à présent, réalisée au double point de vue de l'assiette de la propriété et de la sécurité du crédit foncier.

Mais, ce résultat n'est pas le seul que poursuive la loi du 1er juillet 1885, elle rend les transactions immobilières plus faciles et moins coûteuses. Le concours des officiers ministériels cesse d'être nécessaire, puisque tous les contrats, même celui d'hypothèque, peuvent être rédigés en la forme sous seing privé ; en outre, le principe de publicité reçoit une extension si absolue, son organisation est d'une simplicité telle que, sans recourir aux lumières d'un praticien habile, tout homme prudent et quelque peu accoutumé aux affaires pourra aisément vérifier la valeur des titres dressés par le conservateur et l'étendue des droits qu'ils confèrent. Suivant en cela l'exemple de l'Act Torrens, la loi organise un système de *copies de titres* qui favorise la mobilisation du sol et le développement des transactions.

Le propriétaire dont l'immeuble est immatriculé reçoit une copie de son titre conforme à l'original consigné sur le registre de la conservation. Comme dans le système Torrens, aucune mention ne peut être faite sur le titre sans être également portée sur la copie; le titre consigné sur le registre de la conservation est toujours la représentation exacte de la situation de l'immeuble, et la copie qui le reproduit textuellement se trouve entre les mains du propriétaire de l'immeuble. Les mutations sont effectuées par une simple inscription sur le titre et sur sa copie. Le système de mobilisation, si heureusement expérimenté en Australie, pourra donc s'appliquer en Tunisie dans des conditions identiques et tout aussi favorables.

La loi, pour compléter ce système de mobilisation du sol, n'avait pas à autoriser par une disposition expresse la transmission des créances hypothécaires par voie d'endossement enregistré à la conservation. Cette faculté résultait suffisamment des principes généraux de notre droit civil combinés avec les règles de la loi nouvelle et notamment avec cette disposition que le contrat d'hypothèque peut être rédigé par acte sous seing privé. Ajoutons que la suppression des hypothèques générales et occultes fait disparaître, pour la Tunisie, l'obstacle principal à la circulation des titres hypothécaires et, en élargissant le cercle des prêteurs, fournit au crédit foncier de précieuses ressources.

Pour compléter cet ensemble de garanties accordées aux transactions immobilières, la loi du 1er juillet 1885 a emprunté à l'Act Torrens l'institution du fonds d'assurance. La procédure d'immatriculation, la règle que l'inscription fait foi absolue à l'égard des tiers peuvent, dans certains cas, porter atteinte à des droits légitimes. Le recours contre le fonds d'assurance donne entière satisfaction aux esprits préoccupés de concilier l'application du système nouveau avec les exigences de la justice la plus scrupuleuse. Toutefois, dans une pensée de prévoyance et pour ne pas compromettre l'institution, la loi a limité les recours contre le fonds d'assurance aux deux tiers des sommes en caisse, afin d'empêcher qu'il ne soit épuisé par l'action d'un seul intéressé.

Tels sont les principes fondamentaux de la loi nouvelle. On aura une idée exacte des innovations qu'elle a consacrées si l'on ajoute que certaines institutions locales ont été réglementées dans un sens conforme au but poursuivi. Il suffira de signaler les dispositions relatives au droit de préemption (cheffa) si important dans la Régence et dont l'abus peut devenir une gêne des plus sérieuses pour les transactions; ce droit a été défini, son exercice rigoureusement limité. Il en faut dire autant de l'enzel; la nature et la portée en ont été précisées; le droit du preneur à enzel devient un véritable droit de propriété, susceptible d'hypothèque, et procurant au bénéficiaire tous les avantages attachés au domaine utile. Ajoutons enfin que l'emphytéose, le droit de superficie et quelques servitudes admises par la coutume locale ont fait l'objet de règles précises.

Ces dispositions de détail, comme les règles de fond précédemment exposées, répondent toutes à une pensée unique : asseoir la propriété, développer la sécurité du gage hypothécaire et des transactions immobilières et, par là même, doter la Tunisie de ces instruments de crédit et de circulation qui sont comme l'outillage économique nécessaire aux pays neufs et aux colonies agricoles. Il est permis d'affirmer après l'expérience faite en d'autres pays, que les principes adoptés donnent pleine satisfaction à ces besoins divers. Sans doute, la mise en œuvre de ces principes juridiques nouveaux pourra révéler, dans la loi, des imperfections de détail ou des lacunes; le temps et l'application seuls pourront mettre en lumière, avec une précision suffisante, les défauts de la nouvelle loi et les amendements qu'elle réclame.

IV.

Application de la loi tunisienne.

Après avoir codifié, dans la loi du 1er juillet 1885, les principes qui doivent à l'avenir régir les immeubles qui auront été immatriculés, il restait à déterminer les règles qui présideraient, en Tunisie, à l'application de ces principes.

L'exécution de la loi immobilière est confiée à deux services qui, tout en restant distincts, ont cependant de nombreux points de contact : la conservation de la propriété foncière, et le service topographique. Il leur a été adjoint comme auxiliaires un corps spécial d'interprètes assermentés.

Les dispositions fondamentales concernant chacun de ces services ont fait l'objet de règlements d'administration que nous analyserons brièvement.

Conservation de la propriété foncière.

La loi du 1er juillet 1885 définit les attributions du conservateur de la propriété foncière; le service intérieur de la conservation a été plus spécialement réglé par le décret du 14 juin 1886. Les dispositions fondamentales concernant la partie matérielle du service, le cautionnement, le mode de rémunération du conservateur, ont été, pour la plupart, empruntées aux lois françaises dont les principes sont consacrés par une pratique presque séculaire.

Le Gouvernement tunisien entend laisser aux propriétaires la plus entière liberté en ce qui concerne l'immatriculation des immeubles. Afin de ne point entraver cette liberté et bien qu'il doive en résulter pour le Trésor une charge appréciable, le décret du 14 juin 1886 pose en principe que toutes les formalités relatives à l'immatriculation seront exemptes de tout nouvel impôt. Tous les actes et registres expressément exigés par la loi, jusques et y compris la copie du titre de propriété, sont exemptés même du droit de timbre. Le conservateur est seulement chargé de s'assurer que les titres produits ont acquitté les droits exigibles en vertu des règlements antérieurs et d'exiger, s'il y échet, la régularisation de ceux qui présenteraient des contraventions.

Quant aux formalités qui sont seulement accessoires ou postérieures à l'immatriculation, comme l'inscription des charges et des droits réels assis sur les immeubles, elles tombent sous l'application du principe qui assujettit au droit de timbre tout document susceptible de faire titre devant un tribunal ; elles seront, en outre, soumises à un droit d'inscription, mais celui-ci est calculé à un taux minime et ne constitue pas une charge pour la propriété foncière.

Afin d'assurer l'équitable répartition de l'impôt et pour fixer autan que possible la perception de la taxe qui constitue l'unique ressource du fonds d'assurance, le décret détermine les bases sur lesquelles ces droits seront assis et institués, et, comme sanction de cette disposition, le droit pour l'administration de requérir l'expertise des valeurs énoncées dans les actes ou déclarées par les parties. Ces règles ont été aussi empruntées à la législation française dont les prescriptions ont toutefois été simplifiées de manière à abréger les formalités et à rendre les procédures moins onéreuses.

Le décret trace encore la marche à suivre pour le recouvrement des sommes dues, soit au Trésor, soit au fonds d'assurance; pour l'introduction et la suite des instances, il fixe le délai dans lequel les actions doivent être intentées; enfin il détermine le mode d'administration du fonds d'assurance. La gestion de ce fonds est placée dans les attributions du conservateur : c'est lui qui perçoit les taxes exigibles et qui paye aux ayants-droit les sommes régulièrement allouées par le tribunal civil. Il est nécessaire de centraliser toute la comptabilité dans les mêmes mains, pour qu'il soit toujours facile de se rendre compte de la situation et de déterminer à toute époque l'importance des indemnités qui peuvent être accordées en vertu de l'article 40 de la loi du 1er juillet 1885.

Service topographique.

L'immatriculation a pour but non seulement de déterminer l'état juridique des propriétés, mais aussi d'en fixer la consistance matérielle au moyen d'un document authentique permettant de retrouver à toute époque, les limites exactes de chaque immeuble, et de le garantir contre les usurpations des riverains. Le titre de propriété contiendra, en conséquence, une description de l'immeuble conforme aux indications fournies par le bornage définitif, et reproduira, dans un plan annexé, l'image exacte du terrain délimité.

Remettre au propriétaire un plan d'une fidélité rigoureuse dans un délai assez bref pour ne pas entraver la marche de la procédure; assurer l'exécution des travaux dans les conditions de la plus stricte économie; ramener ensuite tous les plans à une même échelle et les assembler pour reconnaître l'identité des lignes séparatives des propriétés contiguës; tenir les mêmes plans toujours au courant des mutations qui aboutissent à une modification de limites, tels étaient les points principaux qui devaient fixer l'attention du Gouvernement.

Pour assurer l'unité de méthode, la marche sûre et rapide des opérations, une surveillance attentive du personnel destinée à prévenir toute défaillance dans la suite de travaux souvent pénibles, il était indispensable de grouper les géomètres dans les cadres d'un service administratif. Des examens sérieux permettront de recruter un personnel de choix parmi des candidats d'une capacité éprouvée. Le nombre des géomètres sera limité suivant les nécessités du service, de manière que chacun d'eux ait toujours la faculté de consacrer à ses opérations le temps et les soins nécessaires, sans avoir à craindre ensuite les périodes d'inaction. Leur zèle sera tenu en éveil et leurs travaux seront contrôlés par un corps de vérificateurs n'ayant aucun intérêt ni à l'exécution trop prompte des opérations ni à la réception de plans défectueux. Enfin, la direction appartiendra à un chef de service, spécialement chargé, en outre, d'effectuer les calculs et les copies des plans, ainsi que les travaux d'ensemble tels que l'assemblage des plans et le rapport, sur les minutes, des modifications de détail résultant du jeu incessant des transactions entre propriétaires. Les éléments réunis dans ses bureaux formeront ainsi les bases certaines d'une carte détaillée de la Tunisie, qu'il sera facile de transformer ultérieurement en un plan cadastral. Un simple échange de renseignements entre la conservation et le service topographique permettra de combler dans la Régence les lacunes qui ont été fréquemment signalées dans le cadastre d'autres États, et qui enlèvent à une œuvre considérable et dispendieuse une partie de son autorité, parce qu'elle est trop souvent en désaccord avec la véritable situation de la propriété foncière.

Le décret du 21 avril 1886 consacre l'adoption des principes qui viennent d'être indiqués. Ce décret complété par deux arrêtés des 22 avril et 1er mai 1886 et deux autres décrets des 1er mai et 14 juin 1886, développe avec la plus grande précision les règles à suivre pour l'exécution des plans et l'application des tarifs. Enfin, un autre décret du 4 juillet 1886 autorise, à titre transitoire, la production, en vue de l'immatriculation, des plans dressés avant la mise en vigueur des nouvelles mesures, à condition que la date en ait été fixée par un enregistrement opéré chez le chef du service topographique, et que l'exactitude en ait été démontrée par une vérification approfondie.

Interprètes-traducteurs.

Jusqu'à ce jour, tous les actes ayant dans la Régence un caractère authentique ont été rédigés en langue arabe. Il en est ainsi, notamment, des titres de propriété qui étaient dressés par les notaires indigènes et produits, le cas échéant, devant les tribunaux musulmans.

La nécessité de procéder à une purge vraiment efficace avant la rédaction du nouveau titre de propriété et, par suite, de donner à la procédure d'immatriculation la publicité la plus étendue, exige au contraire que tous les documents qui seront mis sous les yeux du tribunal mixte soient fournis en français et en arabe. De plus, la loi du 1er juillet 1885 aura pour premier effet de faire passer sous la juridiction française les propriétés immatriculées et, par conséquent, de lui soumettre toutes les contestations qui se rattachent directement ou indirectement à ses immeubles et aux droits réels qui s'y appliquent; il est, dès lors, indispensable que les titres sur lesquels les tribunaux français auront à se prononcer soient rédigés ou, tout au moins, traduits en français.

C'est dans cette vue que le décret du 6 avril 1886 a institué, conformément à l'article 23 de la loi du 1er juillet 1885, des interprètes-traducteurs.

Les fonctions des interprètes-traducteurs auront, surtout au début, une importance considérable. C'est sur des documents certifiés par eux que se base toute la procédure d'immatriculation et que s'appuie le titre même de propriété. Ils sont les intermédiaires obligés entre les propriétaires dont la masse est encore peu familiarisée avec la langue française et le tribunal mixte chargé d'appliquer la loi immobilière. Leurs actes sont, en outre, destinés dans un grand nombre de cas à être produits devant les tribunaux français.

Les traducteurs assermentés sont donc de véritables auxiliaires des interprètes judiciaires. Il est admis que les traductions faites antérieurement à l'application de la loi du 1er juillet 1885 pourront être utilisées pour l'immatriculation des immeubles, après avoir été vérifiées par les interprètes spéciaux (décret du 4 juillet 1886); d'un autre côté les traductions faites par ces interprètes, lorsqu'elles seront ultérieurement produites devant la justice française, y feront foi, sauf vérification par les tribunaux. De ce double contrôle résultera nécessairement, pour les intérêts publics, une plus entière sécurité, et pour le corps des interprètes, une plus grande autorité.

Il importait, dès lors, d'entourer des plus sérieuses garanties le recrutement des traducteurs spéciaux, d'exiger d'eux non seulement une science approfondie des langues qu'ils auront à traduire, mais aussi la connaissance du droit français et de la jurisprudence musulmane; il était également indispensable que la rémunération de leurs travaux fût de nature à assurer à des hommes d'une valeur sérieuse une entière indépendance.

Le décret du 6 avril 1886 alloue, en conséquence, aux traducteurs assermentés des honoraires à peu près égaux à ceux des interprètes judiciaires. Le même décret fixe le tarif des frais d'immatriculation, à l'exception des frais du plan qui sont déterminés par deux décrets des 1er mai et 14 juin 1886 et des salaires du conservateur qui sont réglementés par un autre décret du même jour, 14 juin 1886.

Tous ces frais, sauf ceux des traductions qui sont payés directement aux interprètes par les parties, doivent être consignés d'avance entre les mains du conservateur de la propriété foncière chargé de les répartir entre les personnes qui concourent à la procédure d'immatriculation. Les services compétents restent, bien entendu, juges des contestations qui peuvent s'élever quant au règlement définitif des dépenses. Ainsi les difficultés concernant la taxe des traductions sont de la compétence du juge de paix; les frais du bornage, les honoraires du greffier du tribunal mixte, sont taxés par le président du même tribunal; ceux du plan sont arrêtés par le directeur général des travaux publics; enfin la solution des difficultés relatives à la perception des droits dus au Trésor, de la taxe au profit du fonds d'assurance, des salaires du conservateur, est réservée à ce préposé, sauf recours au tribunal civil.

Quant aux frais des formalités qui ne sont pas nécessairement inhérentes à l'immatriculation, tels que ceux des contestations et des instances qui peuvent naître au cours de la procédure et à plus forte raison ceux des instances qui auraient été engagées avant la réquisition d'immatriculation, ils seront payés, s'il y a lieu, suivant les règles ordinaires.

V.

Résumé.

L'ensemble des dispositions légales et règlementaires que nous venons d'analyser peut se résumer en quelques mots.

Les immeubles en Tunisie sont actuellement régis par la loi musulmane, et les tribunaux musulmans chargés de l'application de cette loi sont seuls compétents pour statuer sur les litiges immobiliers qui viennent à surgir, sans distinction de nationalité des parties contestantes.

La loi du 1er juillet 1885 établit un nouveau régime foncier, particulier à la Tunisie, sous lequel il est loisible à tout propriétaire de placer ses immeubles. L'application en est confiée aux tribunaux français : ceux-ci deviennent seuls compétents pour statuer sur les litiges relatifs à des immeubles soumis à cette loi, sans distinction de nationalité des parties contestantes.

Le propriétaire qui désire placer son immeuble sous le régime de la loi du 1er juillet 1885 en requiert l'immatriculation. L'immatriculation est opérée en vertu d'une décision d'un tribunal composé mi-partie de magistrats français, mi-partie de magistrats musulmans, appelé tribunal mixte, après enquête sur les lieux, bornage contradictoire et confection d'un plan de délimitation.

L'immeuble immatriculé a une personnalité propre, indépendante de ses ayants-droit, et dont l'état civil est tenu par le conservateur de la propriété foncière. L'immatriculation a pour effet d'effacer entièrement le passé de l'immeuble et de lui donner une vie nouvelle; il naît sous le régime de la loi du 1er juillet 1885 dégagé de toutes les conditions de son existence antérieure non reconnues au moment de l'immatriculation. Les modifications qu'il subit dans la suite sont constatées par des sortes d'actes de l'état civil consignés sur la page du registre foncier affectée à chaque immeuble immatriculé. Sa situation juridique est toujours conforme aux énonciations de ce registre; rien en effet de ce qui n'y est pas mentionné n'existe au regard de la loi.

Cette page du registre foncier porte le nom de titre de propriété.

Une copie intégrale du titre de propriété, c'est-à-dire un extrait complet de chaque page du registre de l'état civil des immeubles, est remise au propriétaire de l'immeuble. Celui-ci se trouve ainsi nanti d'un document représentatif de ses droits dans les mêmes conditions qu'un actionnaire a, dans son certificat nominatif, la représentation de sa part d'intérêt dans une société.

Ce titre est susceptible d'être négocié ou engagé à peu près dans les mêmes formes qu'une action nominative; par suite, les immeubles sont, pour ainsi dire, mobilisés.

Il est inutile d'insister sur les avantages de ces dispositions; elles assurent aux transactions immobilières une sécurité égale à celle que leur donne notre Code Civil et les délivrent en même temps des entraves d'une législation peu applicable à des populations dont les traditions juridiques et les mœurs sont aussi diverses que les origines.

Par la simplicité, le bon marché et la rapidité de sa procédure le système inauguré en Tunisie aidera puissamment au développement de la Régence. Les indigènes trouveront aisément des acquéreurs, ceux-ci étant assurés de se voir garantis contre toute répétition et les colons européens qui auront en main un instrument de crédit facilement négociable ne craindront pas d'immobiliser leurs ressources. Peu à peu les terres entreront en circulation dans la mesure des besoins du travail européen; l'initiative individuelle fera tout le nécessaire et rien que le nécessaire.

La loi sur la propriété foncière est donc une partie essentielle de l'œuvre entreprise en Tunisie et s'inspire de l'idée générale qui a présidé à l'organisation du Protectorat.

Ouvrir un pays nouveau aux capitaux et au travail français, leur donner toute sécurité sans troubler les populations indigènes, confondre des intérêts si divers et les faire concourir au développement des ressources de la Régence, préparer ainsi un champ d'expansion plus vaste, à l'activité de notre pays, c'est l'œuvre économique du Protectorat.

Cette méthode de colonisation qui proscrit toute apparence d'arbitraire, qui tient compte des faits, qui tire parti des institutions locales, n'exige de la métropole ni de grands efforts financiers, ni une nombreuse émigration. Réservant l'avenir, elle permet d'asseoir notre suprématie sur la confiance et la prospérité du peuple protégé et d'augmenter pacifiquement la puissance de la République et de la grandeur du nom français.

RAPPORT

DE M. MASSICAULT

RÉSIDENT GÉNÉRAL DE LA RÉPUBLIQUE FRANÇAISE EN TUNISIE

sur les modifications apportées par les loi et décrets du 15 *et* 16 *mars* 1892 *à la loi foncière tunisienne et aux règlements d'administration rendus pour son exécution.*

(Mai 1892.)

La loi foncière promulguée le 1er juillet 1885 et mise à exécution le 15 juillet 1886, s'était proposé de donner à la colonisation toute sécurité pour ses achats d'immeubles, en écartant les dangers que présente le régime foncier musulman pour des acquéreurs ignorant la langue et les usages du pays.

Ce régime comporte, en effet, l'existence de charges occultes; il permet la co-existence de plusieurs titres concernant un même immeuble, ce qui facilite la fraude; d'autre part les indications de limites fournies par les titres arabes sont toujours vagues ou ambiguës, et la contenance n'y est même pas mentionnée.

La loi foncière empruntant à l'*Act Torrens* d'Australie ses dispositions essentielles, a institué une procédure spéciale de purge, à la suite de laquelle tous les droits non manifestés sont forclos.

En même-temps la consistance matérielle de l'immeuble est fixée par un bornage. Un titre rédigé en langue française et appuyé d'un plan officiel est délivré au propriétaire. Toute revendication de droits non inscrits au titre et toute contestation de limites sont ainsi rendues impossibles.

En présence de semblables avantages on devait espérer que les propriétaires européens, et surtout les nouveaux acquéreurs, ne manqueraient pas de recourir à la formalité facultative mise à leur disposition.

Cependant, dès 1887, presque un an après la mise en vigueur de la loi, il devenait évident que l'application du nouveau régime, si heureusement combiné en principe, rencontrait dans la pratique des difficultés sérieuses.

29 immatriculations seulement, correspondant à une superficie de 15.000 hectares, avaient été demandées, et les seules propriétés françaises représentaient déjà une contenance au moins décuple.

La commission spéciale de législation foncière qui avait élaboré la loi de 1885 reçut mission de rechercher les causes de cette situation et d'en indiquer les remèdes.

Elle fut unanime à reconnaître, avec l'opinion publique, que l'obstacle principal au développement du nouveau régime, provenait de la trop grande élévation des frais occasionnés par la procédure d'immatriculation, et dont la consignation était imposée au requérant.

Par exemple, une propriété de 3.000 hectares nécessitait un dépôt de 4.500 fr. considéré comme une provision.

Le minimum de consignation, si faible que fût l'importance de l'immeuble, était de 200 fr.

Et ces chiffres mêmes ne formaient souvent qu'une fraction de la somme à verser.

La loi exigeait que le conservateur de la propriété foncière, avant de recevoir le dépôt de la réquisition, effectuât la perception de tous les droits de timbre et de mutation auxquels l'immeuble avait échappé jusque là. Or, la plupart des immeubles possédés par des Européens ont fait l'objet d'une ou plusieurs mutations par acte sous-seing privé, qui n'ont pas payé les droits. L'impôt de mutation étant de 7,25 % de la valeur vénale de l'immeuble, il s'ensuivait de ce chef, des frais quelquefois énormes et hors de toute prévision raisonnable.

Il était arrivé que le conservateur avait dû réclamer, pour un seul immeuble de 700 hectares estimé 100.000 fr., une somme de 20.000 fr.

De pareilles exigences étaient de nature à faire reculer les propriétaires les plus sensibles aux avantages de l'immatriculation.

Sur les propositions de la commission de législation, le Gouvernement décida que le droit dû sur la dernière mutation serait seul réclamé au propriétaire avant l'immatriculation ; on apporta quelques modifications de détail à divers articles de la loi, abrégeant d'un mois les délais de procédure et réduisant un peu les charges du propriétaire.

Ces dispositions provoquèrent un léger mouvement de reprise.

35 réquisitions, comprenant près de 20.000 hectares furent déposées dans une année.

Mais cette progression ne se maintint pas.

Au 31 décembre 1891, c'est-à-dire 5 ans et demi après la mise en vigueur de la loi, on ne comptait que 195 propriétés comprenant 96.000 hectares, immatriculées ou en instance.

L'ensemble des propriétés françaises était évalué à 400.000 hectares.

Vers la fin de 1890, le Résident Général mit à l'étude une réforme plus radicale que les mesures prises en 1888.

L'examen du règlement d'administration publique à intervenir pour la détermination des frais de justice en Tunisie offrait l'occasion de réunir une commission moins nombreuse et d'une compétence plus spéciale que la commission de 1885.

Un arrêté résidentiel en date du 18 novembre 1890, pris en conformité des instructions du Gouvernement de la République, constitua la commission dite *des frais de justice*, et il lui remit le soin de rechercher les mesures propres à développer l'application de la loi foncière (1).

La commission tint, sous la présidence effective du Résident Général, 18 séances, dont 8 entièrement consacrées aux questions relatives à loi foncière.

Les décisions prises ont fait l'objet des décrets des 15 et 16 mars 1892 que nous allons résumer et expliquer.

(1) La Commission des frais de justice était ainsi composée :
MM. Massicault, Résident Général de la République Française, Président.
Regnault, Consul de France.
Geffroy, Président du Tribunal de Tunis.
Fabry, Procureur de la République à Tunis.
Berge, Vice-Président du Tribunal de Tunis.
Fermé, Président du Tribunal Mixte.
Roy, Secrétaire Général du Gouvernement Tunisien.
Bourde, Directeur du Service des Renseignements et des Contrôles Civils.
Malirat, Conservateur de la Propriété Foncière.
Piat, Chef du Service Topographique.
Ventre, Président de la Chambre de Commerce de Tunis.
Favrot, Bâtonnier de l'Ordre des Avocats.
Gueydan, Syndic des Avocats défenseurs.
Terras, Ancien Avoué.
Martineau des Chesnez, Juge au Tribunal de Tunis, et Steeg, Consul Suppléant, Chef de Cabinet du Résident Général, — ces deux derniers Secrétaires.

La Sous-Commission chargée d'examiner les questions se référant à la loi foncière était ainsi composée :
MM. Regnault, Président., Fermé, Bourde, Malirat et Piat, Secrétaire-rapporteur.
Elle a tenu 17 séances.

Traduction des titres. — Aux traductions intégrales des titres arabes qui contiennent d'ordinaire une longue série d'actes divers, mutations, partages, jugements de cadis etc., on a substitué le simple relevé des actes; la description de l'immeuble sera traduite in-extenso.

Cette mesure assure aux propriétaires un dégrèvement moyen de 50 % sur le coût des traductions.

Écritures et démarches. — Les écritures et les démarches ont été également réduites.

Formalités. — Les formalités de l'immatriculation sont diminuées.

Le bornage provisoire était exécuté par le juge de paix avec l'assistance obligatoire d'un géomètre et d'un interprète. L'assistance du caïd (gouverneur du territoire) était facultative, mais aux frais du propriétaire. Cette opération sera faite par le géomètre avec assistance d'interprète, s'il y a lieu. L'autorité indigène est représentée par le cheikh, dont l'assistance est obligatoire mais gratuite.

Ces décisions auraient suffi à produire une économie fort appréciable pour les petits immeubles. On a voulu faire mieux encore, et la commission est entrée dans un ordre d'idées tout à fait différent de celui qui avait dominé la rédaction des règlements annexés à la loi foncière.

Ces règlements avaient posé en principe que l'immatriculation ne devait rien coûter au Trésor; le propriétaire supportait les rétributions de tous les agents de l'immatriculation, et il remboursait à l'État les frais généraux des services publics dont l'action lui profitait. Il a paru possible de ne plus appliquer ces dispositions onéreuses.

L'immatriculation sert assez l'intérêt général du pays pour que l'État contribue à ses dépenses.

La bonne assiette de la propriété, le bon ordre en matière immobilière valent bien un sacrifice de la part du budget.

Spécialement au point de vue de la colonisation française, l'accroissement des immatriculations est d'une importance capitale.

Enfin le fisc même y est intéressé, puisque les immeubles immatriculés ne peuvent plus se dérober à l'impôt, tandis que la fraude des droits du Trésor est fréquente sous le régime musulman, et quasi la règle pour les ventes de propriétés européennes non immatriculées.

Ces considérations ont amené la commission à penser que l'État devait aider à l'application de la loi foncière et non lui demander des ressources directes.

Forfait des frais d'immatriculation. — Il a été en conséquence décidé que les frais d'immatriculation seraient supportés à forfait par le budget, sauf remboursement partiel au Trésor, et d'après les prescriptions de M. Ribot, un barême a été établi, qui diminue les frais antérieurs de 75 % pour les petites propriétés et d'au moins 50 % pour les autres.

Ainsi la propriété de 3,000 hectares qui en 1887 avait donné lieu à une consignation de 4.500 fr., ne payerait plus que 2,250 fr.

L'immatriculation d'une propriété de 300 hectares qui, sous l'ancien régime, aurait coûté de 900 à 1,000 fr., ne coûterait plus que 400 fr.

Le minimum était autrefois de 150 francs. Il sera de 30 francs; soit une diminution de 80 %.

Réduction des droits de mutation. — Ces réductions, quoique notables, seraient restées inefficaces si les propriétaires avaient dû continuer de payer les sommes correspondant aux droits arriérés de timbre et de mutation.

Une propriété de 12 hectares, estimée 100,000 fr., avait eu à supporter, outre 900 fr. de frais d'immatriculation, 7,100 fr. de droits arriérés.

Et ce n'était pas là un fait exceptionnel, mais plutôt le cas ordinaire des immeubles européens.

Aussi l'immatriculation, quoique, sans doute, elle assurât aux propriétaires la sécurité et la régularité de leurs titres, semblait-elle une institution fiscale procurant au Trésor la perception de droits qui, sans elle, lui auraient échappé.

Les décrets des 15 et 16 mars ont rendu aux fonctions du conservateur leur véritable caractère. Cet agent ne percevra plus aucun impôt, et il appartiendra à l'administration des finances, d'effectuer par ses moyens propres le recouvrement des droits dus sur les immeubles, immatriculés ou non.

Dans ce but la commission a émis des vœux tendant à la réduction de 7,25 à 4 p. % des droits de timbre et de mutation, et à l'application de mesures permettant au fisc de connaître et d'atteindre toutes les mutations d'immeubles.

La réalisation de ces vœux sera l'achèvement de la réforme entreprise.

Ventes judiciaires. — Dès le début des travaux de la commission des frais de justice, on y soulevait une question touchant à l'application de la loi foncière, et présentant, au point de vue de la colonisation, un intérêt considérable.

Les tribunaux français, dont la compétence en matière immobilière est actuellement mal définie, avaient été conduits, afin d'assurer l'exécution de leurs jugements, à pratiquer la saisie-immobilière sur des immeubles non immatriculés.

Mais le régime foncier musulman ne se prête pas à la régularité rigide de la procédure française. Des prescriptions essentielles du Code de procédure ne peuvent être suivies; de là des vices de forme inévitables, des cas de nullité et des dangers pratiques très sérieux.

Ainsi l'une des formalités principales de la procédure française est destinée à constater d'une manière indiscutable l'identité de l'immeuble saisi : c'est la mention obligatoire, au procès-verbal de saisie, des indications cadastrales relatives à chaque parcelle. Or, si le livre foncier contient, pour les propriétés immatriculées, des indications plus sûres que celles du cadastre français, il n'existe, pour les propriétés soumises au régime musulman, rien de semblable au cadastre. Les limites, la contenance, l'identité même de l'immeuble saisi restent douteuses.

Les droits dont il est l'objet ne sont pas mieux déterminés.

Si le titre est entre les mains du créancier saisissant, il faut craindre les charges occultes toujours possibles sous le régime musulman, ou la co-existence d'un autre titre. Si aucun titre n'est produit, l'incertitude est complète.

L'adjudicataire d'un immeuble vendu à la barre du tribunal français n'avait donc pas une sécurité supérieure à celle d'un acquéreur d'immeuble sous le régime musulman; il se trouvait même parfois dans une situation pire.

Une autre des prescriptions essentielles du code de procédure français a pour but, en effet, de sauvegarder les droits des créanciers hypothécaires; la saisie leur étant notifiée, ils ont la faculté d'exercer leurs revendications avant la vente.

Mais en Tunisie le créancier hypothécaire d'un immeuble non immatriculé n'est pas connu.

La saisie peut dès lors avoir lieu, être suivie de la vente et de la remise du prix au poursuivant, sans que le créancier hypothécaire ait été avisé et se soit révélé.

En ce cas, ou bien le créancier conservera un droit sur l'immeuble au préjudice de l'adjudicataire qui aura payé son prix de bonne foi; ou bien l'adjudicataire sera libéré par son payement, et le créancier hypothécaire sera dépouillé de son gage.

Dans ces conditions, les nombreux immeubles mis en vente à la barre du tribunal, attiraient difficilement des capitaux de colonisation, qui cependant auraient trouvé là des occasions de placement excellent.

La commission s'est efforcée de remédier à ces inconvénients.

L'adjudicataire a paru, de toutes les parties en cause, le plus intéressant. Le décret du 16 mars l'autorise à requérir l'immatriculation de l'immeuble, en consignant le prix de vente. Si l'immatriculation révèle une diminution de valeur des droits vendus, l'adjudicataire obtiendra soit la résiliation de la vente, soit la réduction du prix.

Cette mesure n'est pas moins favorable au poursuivant et au saisi en ce qu'elle provoquera une élévation sensible du niveau des enchères.

Mais le retard dans la réalisation du prix, aurait pu préjudicier au créancier, et par cette considération le poursuivant a été nanti du droit de faire coïncider la procédure d'immatriculation avec celle de la saisie. La vente n'en sera que très peu différée, et l'immeuble arrivera à la barre du tribunal net et franc de toutes charges occultes ou indéterminées, et avec une consistance matérielle bien définie.

Enfin le tribunal peut ordonner d'office l'immatriculation préalable à la vente, lorsque, le titre n'étant pas produit, il y aurait lieu de craindre que le propriétaire ne l'eût remis en nantissement à quelque créancier hypothécaire étranger à la saisie.

On le voit, le décret du 16 mars s'est appliqué à donner des garanties de toutes sortes aux divers intérêts engagés dans une vente judiciaire. L'adjudicataire échappera aux risques inhérents à l'ancien régime ; le créancier poursuivant, s'il recourt à l'immatriculation, augmentera la valeur de son gage et en recouvrera le prix sans retard ; les tiers seront appelés à se défendre ; le saisi tirera de son immeuble un meilleur prix.

Résultats déjà constatés de ces réformes. — Cet ensemble de dispositions économiques et protectrices a été vite apprécié, et il a eu d'immédiates et d'heureuses conséquences.

Les nouveaux décrets ont été promulgués le 17 mars, et moins de deux mois après, bien que les droits de mutation n'aient pas encore été réduits, la conservation de la propriété foncière a reçu 58 demandes d'immatriculation comprenant 42.000 hectares.

Depuis l'origine de la loi du 1er juillet 1885, il y avait eu 195 demandes comprenant 96.000 hectares.

Ainsi les intéressés ont montré qu'ils appréciaient maintenant les bienfaits de la loi foncière, introduite en Tunisie par M. Cambon et modifiée selon les dictées d'une expérience attentive. C'est qu'en effet cette loi assure à la propriété immobilière une sécurité parfaite ; les litiges sont rendus à peu près impossibles ; les droits fiscaux sont atténués sans perte pour le Trésor ; enfin, avec les facilités données aux transactions, les propriétaires tunisiens ont une situation à tous égards beaucoup plus avantageuse que celles réglementées par les législations d'Europe.

LOI

SUR

LA PROPRIÉTÉ FONCIÈRE

du 1er juillet 1885 (19 ramadan 1302.)

Modifiée par les lois du 16 *mai* 1886 (12 *chaban* 1303) *du* 6 *novembre* 1888 (2 *rabia elaoual* 1306) *et du* 15 *mars* 1892 (16 *chaban* 1309).

LOI

SUR

LA PROPRIÉTÉ FONCIÈRE

du 1er juillet 1885 (19 ramadan 1302).

Modifiée par les lois du 16 *mai* 1886 (12 *chaban* 1303) *du* 6 *novembre* 1888 (2 *rabia el aoual* 1306) *et du* 15 *mars* 1892 (16 *chaban* 1309).

TITRE I.

Des immeubles. — De leur immatriculation. — Du titre de propriété.

CHAPITRE I.

DES IMMEUBLES.

1. Les dispositions de la présente loi ne régissent que les immeubles immatriculés conformément aux prescriptions du chapitre II du présent titre et les droits réels sur ces immeubles.

2 (1). Les dispositions du code civil français qui ne sont contraires ni à la présente loi, ni au statut personnel ou aux règles de successions des titulaires de droits réels immobiliers, s'appliquent, en Tunisie, aux immeubles immatriculés et aux droits réels sur ces immeubles.

(1) **Ancien texte :** *Loi du* 1er *juillet* 1885. — Les dispositions du code civil français qui ne sont pas contraires à la présente loi s'appliquent, en Tunisie, aux immeubles immatriculés et aux droits réels sur ces immeubles.

3. Les biens sont immeubles, ou par leur nature, ou par leur destination, ou par l'objet auquel ils s'appliquent.

4. Les fonds de terre et les bâtiments sont immeubles par leur nature.

5. Les moulins à vent ou à eau, fixés sur piliers et faisant partie du bâtiment, sont aussi immeubles par leur nature.

6. Les récoltes pendantes par les racines, et les fruits des arbres non encore recueillis, sont pareillement immeubles.

Dès que les grains sont coupés et les fruits détachés, quoique non enlevés, ils sont meubles.

Si une partie seulement de la récolte est coupée, cette partie seule est meuble.

7. Les coupes des bois taillis, ou de futaies mises en coupes réglées, ne deviennent meubles qu'au fur et à mesure que les arbres sont abattus.

8. Les animaux que le propriétaire du fonds livre au fermier ou au métayer pour la culture, estimés ou non, sont censés immeubles tant qu'ils demeurent attachés au fonds par l'effet de la convention.

Ceux qu'il donne à cheptel à d'autres qu'au fermier ou métayer, sont meubles.

9. Les tuyaux servant à la conduite des eaux dans une maison ou autre immeuble, sont immeubles et font partie du fonds auquel ils sont attachés.

10. Les objets que le propriétaire d'un fonds y a placés pour le service et l'exploitation de ce fonds, sont immeubles par destination.

Ainsi, sont immeubles par destination, quand ils ont été placés par le propriétaire pour le service et l'exploitation du fonds :

Les animaux attachés à la culture ;

Les ustensiles aratoires ;

Les semences données aux fermiers ou colons partiaires ;

Les pigeons des colombiers ;

Les lapins des garennes ;

Les ruches à miel ;

Les poissons des étangs ;

Les pressoirs, chaudières, alambics, cuves et tonnes;

Les ustensiles nécessaires à l'exploitation des forges, papeteries et autres usines;

Les pailles et engrais.

Sont aussi immeubles par destination, tous effets mobiliers que le propriétaire a attachés au fonds à perpétuelle demeure.

11. Le propriétaire est censé avoir attaché à son fonds des effets mobiliers à perpétuelle demeure, quand ils y sont scellés en plâtre ou à chaux ou à ciment, ou lorsqu'ils ne peuvent être détachés sans être fracturés ou détériorés, ou sans briser ou détériorer la partie du fonds à laquelle ils sont attachés.

Les glaces d'un appartement sont censées mises à perpétuelle demeure, lorsque le parquet sur lequel elles sont attachées fait corps avec la boiserie.

Il en est de même des tableaux et autres ornements.

Quant aux statues, elles sont immeubles lorsqu'elles sont placées dans une niche pratiquée exprès pour les recevoir, encore qu'elles puissent être enlevées sans fractures ou détérioration.

12. Sont immeubles, par l'objet auquel ils s'appliquent :

Les droits réels immobiliers;

Les actions qui tendent à revendiquer un immeuble.

13. Les droits réels immobiliers sont : la propriété immobilière, l'enzel et la rente de l'enzel, l'usufruit des immeubles, l'usage et l'habitation, l'emphythéose, la superficie, les servitudes foncières, l'antichrèse, les privilèges et les hypothèques.

14. Les fonds de terre et les bâtiments sont les seuls immeubles susceptibles d'immatriculation.

15. Tout droit réel immobilier n'existera, à l'égard des tiers, que par le fait et du jour de son inscription à la conservation de la propriété foncière.

16 (1). L'existence d'un droit réel résultera, à l'égard des

(1) **Ancien texte** : *Loi du 1er juillet 1885*. — L'existence d'un droit réel résultera,

tiers, de son inscription ; l'annulation de cette dernière ne pourra, en aucun cas, être opposée aux tiers de bonne foi.

17. Tout bail dépassant une année devra être inscrit, pour être opposable aux tiers.

CHAPITRE II.

DE L'IMMATRICULATION DES IMMEUBLES.

SECTION I.

Dispositions générales.

18. L'immatriculation a pour objet de placer l'immeuble qui y a été soumis sous le régime de la présente loi.

19. Tous les droits réels existant sur l'immeuble au moment de l'immatriculation sont inscrits sur un titre de propriété, qui forme leur point de départ unique à l'exclusion de tous droits antérieurs.

20. Les immeubles immatriculés ressortiront exclusivement et d'une manière définitive à la juridiction des tribunaux français.

En cas de contestations sur les limites ou les servitudes d'immeubles contigus, lorsque l'un d'eux sera immatriculé et que l'autre ne le sera pas, la juridiction française sera seule compétente, et il sera fait application de la présente loi.

21. Il est institué à Tunis une conservation de la propriété foncière de la Régence.

Le conservateur de la propriété foncière est chargé :

1° De l'immatriculation des immeubles ;

2° De la constitution des titres de propriété ;

à l'égard des tiers, de son inscription; l'annulation de cette dernière ne pourra, en aucun cas, être opposée aux tiers de bonne foi, sauf les exceptions prévues aux articles 235 et 236.

3° De la conservation des actes relatifs aux immeubles immatriculés;

4° De l'inscription des droits et charges sur ces immeubles.

22 (1). L'immatriculation est facultative.

Peuvent seuls requérir l'immatriculation :

1° Le propriétaire et le copropriétaire;

2° L'enzeliste et le coenzeliste;

3° Les détenteurs des droits réels énumérés ci-après :

Usufruit, usage et habitation, emphytéose, superficie, antichrèse;

4° Le créancier hypothécaire, non payé à l'échéance, huit jours après une sommation infructueuse;

5° Avec le consentement du propriétaire ou enzeliste ou copropriétaire ou coenzeliste, les détenteurs des droits réels énumérés ci-après : servitudes foncières, hypothèques.

Les frais de l'immatriculation seront, sauf convention contraire, supportés par le requérant.

(1) **Anciens textes** :

Loi du 1er juillet 1885. — L'immatriculation est facultative.

Pourront seuls requérir l'immatriculation :

1° Le propriétaire;

2° L'enzeliste (débi-rentier);

3° L'usufruitier;

4° L'antichrésiste;

5° Le créancier hypothécaire;

6° L'emphytéote;

7° Le superficiaire.

Ces cinq derniers avec le consentement du propriétaire, ou de l'enzeliste pour les immeubles tenus à enzel.

Loi du 16 *mai* 1886. — L'immatriculation est facultative.

Pourront seuls requérir l'immatriculation :

1° Le propriétaire;

2° L'enzeliste (débi-rentier);

3° Les détenteurs des droits réels énumérés dans l'art. 13 de la présente loi, autres que la propriété et l'enzel; ceux-ci avec le consentement du propriétaire, ou de l'enzeliste pour les immeubles tenus à enzel.

Loi du 6 *novembre* 1888. — L'immatriculation est facultative.

Peuvent seuls requérir l'immatriculation :

1° Le propriétaire et le co-propriétaire;

2° L'enzeliste et le co-enzeliste;

3° Les détenteurs des droits réels énumérés dans l'article 13 de la présente loi, autres que la propriété et l'enzel, ceux-ci avec le consentement du propriétaire ou du co-propriétaire, ou de l'enzeliste ou du co-enzeliste pour les immeubles tenus à enzel.

Les frais de l'immatriculation sont supportés par celui qui l'a requise.

En cas de saisie immobilière ou de licitation, il est procédé conformément au décret sur les ventes immobilières poursuivies devant les tribunaux français.

Toutefois, le copropriétaire et le coenzeliste non requérants ou leurs créanciers hypothécaires pourront, par voie d'opposition, demander qu'il soit sursis à l'immatriculation jusqu'à ce qu'ils aient fait procéder au partage ou à la licitation des immeubles indivis.

Dans ce dernier cas, l'art. 2 du décret sur les ventes immobilières poursuivies devant les tribunaux français n'est pas applicable.

SECTION II.

De la procédure d'immatriculation.

§ 1er. — *De la déclaration.*

23 (1). Tout requérant l'immatriculation remet au conser-

(1) **Anciens textes :**

Loi du 1er juillet 1885. — Tout requérant l'immatriculation devra remettre au conservateur de la propriété foncière, qui lui en donnera récépissé, une déclaration signée de lui ou d'un fondé de pouvoirs muni d'une procuration spéciale et contenant

1° Ses nom, prénoms, surnoms et qualités.

2° Élection de domicile dans une des villes de la Régence, chef-lieu de justice de paix;

3° Description de l'immeuble portant indication de sa valeur vénale, de sa situation et de ses tenants et aboutissants, ainsi que des constructions et des plantations qui peuvent s'y trouver;

4° Le détail des droits réels immobiliers existant sur l'immeuble avec la désignation des ayants-droit.

Cette pièce sera établie en triple expédition en arabe et en français et la traduction sera certifiée conforme par un des interprètes désignés par le conservateur de la propriété foncière et assermentés. Un règlement spécial fixera le tarif des traductions.

Elle sera accompagnée de tous les titres de propriété, contrats, actes publics ou privés, et documents quelconques, avec leur traduction, également certifiée comme il est dit ci-dessus, en français et en arabe, de nature à faire connaître les droits réels existant sur l'immeuble.

Loi du 16 mai 1886. — Tout requérant l'immatriculation devra remettre au conservateur de la propriété foncière, qui lui en donnera récépissé, une déclaration si-

vateur de la propriété foncière, qui lui en donne récépissé, une déclaration signée de lui ou d'un fondé de pouvoirs muni d'une procuration spéciale et contenant :

1° Ses nom, prénoms, surnoms, qualités, domicile et état civil;

2° Élection de domicile dans une localité du territoire Tunisien;

3° Description de l'immeuble portant : déclaration de sa va-

gnée de lui ou d'un fondé de pouvoirs muni d'une procuration spéciale et contenant :

1° Ses nom, prénoms, surnoms, qualités, domicile et état civil;

2° Élection de domicile au chef lieu de la justice de paix dans le ressort de laquelle est situé l'immeuble;

3° Description de l'immeuble portant : déclaration de sa valeur vénale et de sa valeur locative; indication de la situation, c'est-à-dire de la circonscription de justice de paix, du caïdat, de la commune ou du territoire, de la contenance, de la rue et du numéro, s'il s'agit d'un immeuble situé dans une ville, et s'il s'agit d'une propriété située hors d'une ville, du nom sous lequel elle sera immatriculée, de ses tenants et aboutissants, ainsi que des constructions et des plantations qui peuvent s'y trouver;

4° Le détail des droits réels immobiliers existant sur l'immeuble avec la désignation des ayants-droit.

Cette pièce sera établie en arabe et en français et la traduction sera certifiée conforme par un des interprètes désignés par le conservateur de la propriété foncière et assermentés. Un règlement spécial fixera le tarif des traductions.

Le requérant déposera, en même temps, trois copies de la dite déclaration en arabe et en français certifiées par l'interprète assermenté et tous les titres de propriété, contrats, actes publics ou privés, et documents quelconques, avec leur traduction, également certifiée comme il est dit ci-dessus, en français et en arabe, de nature à faire connaître les droits réels existant sur l'immeuble.

La déclaration et les copies seront rédigées sur des formules qui seront délivrées aux parties par les personnes qui seront désignées à cet effet.

Les tiers détenteurs des titres et documents dont il est question ci-dessus, seront tenus, sous peine de tous dommages-intérêts, de les déposer dans les huit jours qui suivront la sommation à eux faite par le requérant l'immatriculation, entre les mains du conservateur qui leur en délivrera un récépissé sans frais.

Le conservateur adressera les titres et documents au traducteur assermenté désigné par le requérant l'immatriculation. Ce dernier paiera directement à l'interprète les frais de la traduction.

Il est interdit à l'interprète de communiquer à qui que ce soit les documents ou la traduction.

Les pièces accompagnées de la traduction seront remises directement par l'interprète, au conservateur qui en fera l'usage prescrit par l'article 31 de la présente loi.

Le conservateur remettra ultérieurement au déposant, en échange du récépissé dont il est parlé plus haut, soit les titres communiqués, s'ils ne doivent pas être conservés au dossier de l'immeuble, soit, au cas contraire, copie de l'inscription ou des documents classés au dossier.

Les frais des copies seront, le cas échéant, avancés par la personne qui les demandera, sauf son recours contre le requérant l'immatriculation.

leur vénale et de sa valeur locative; indication de la situation, c'est-à-dire de la circonscription de justice de paix, du caïdat, de la commune ou du territoire, de la contenance, de la rue et du numéro, s'il s'agit d'un immeuble situé dans une ville, du nom sous lequel il sera immatriculé, de ses tenants et aboutissants, ainsi que des constructions et des plantations qui peuvent s'y trouver;

4° Le détail des droits réels immobiliers existant sur l'immeuble avec la désignation des ayants-droit.

Cette pièce est établie en arabe et en français et la traduction est certifiée conforme par un des interprètes assermentés. Un règlement spécial fixera le tarif des traductions.

Dans le cas où le requérant ne peut ou ne sait signer, le conservateur de la propriété foncière est autorisé à signer en son nom la réquisition d'immatriculation.

Le requérant dépose, en même temps que la déclaration en arabe et en français certifiée par l'interprète assermenté, tous les titres de propriété, contrats, actes publics ou privés, et documents quelconques, avec leur traduction, également certifiée comme il est dit ci-dessus, en français et en arabe, de nature à faire connaître les droits réels existant sur l'immeuble.

En ce qui concerne les titres de propriété, le dernier acte de chaque titre doit être traduit in-extenso. Pour les autres actes contenus dans le titre ou pour tout autre écrit produit, la traduction littérale peut être remplacée par un relevé sommaire de tous les actes ou écrits établi conformément aux prescriptions d'un règlement à intervenir. Le tribunal mixte, au cours de la procédure en immatriculation, pourra toujours, soit d'office, soit sur la demande des parties, ordonner la traduction in-extenso totale ou partielle des titres produits.

Les tiers détenteurs des titres et documents dont il est question ci-dessus sont tenus, sous peine de tous dommages-intérêts, de les déposer, dans les huit jours qui suivent la sommation à eux faite par le requérant l'immatriculation, entre les mains du conservateur qui leur en délivre un récépissé sans frais.

Le conservateur adresse les titres et documents au traducteur assermenté désigné par le requérant l'immatriculation.

Ce dernier paie directement à l'interprète les frais de la traduction.

Il est interdit à l'interprète de communiquer à qui que ce soit les documents ou la traduction.

Les pièces accompagnées de la traduction sont remises directement, par l'interprète, au conservateur qui en fait l'usage prescrit par l'article **31** de la présente loi.

Après décision du tribunal mixte, le conservateur remet au déposant, en échange du récépissé dont il est parlé plus haut, soit les titres communiqués s'ils ne doivent pas être conservés au dossier de l'immeuble, soit, au cas contraire, copie de l'inscription ou des documents classés au dossier.

Les frais des copies seront, le cas échéant, avancés par la personne qui les demandera, sauf son recours contre le requérant l'immatriculation.

24. Le requérant déposera, en même temps, une somme égale au montant présumé des frais d'immatriculation, ainsi qu'ils seront déterminés par un règlement ultérieur.

§ 2. — *Des publications, du bornage et du plan.*

25 (1). Dans le plus bref délai possible après le dépôt de la réquisition et au plus tard dans les dix jours, le conservateur

(1) **Anciens textes** :

Loi du 1er *juillet* 1885. — Après l'accomplissement de ces prescriptions, le conservateur, dans les dix jours qui suivront, enverra au caïd du territoire et au juge de paix du canton dans lequel se trouve l'immeuble, une copie certifiée par lui en arabe et en français de la déclaration déposée par le requérant.

Dès la réception de cette pièce, le caïd et le juge de paix en accuseront réception au conservateur. Dans les quarante-huit heures qui suivront, le juge de paix l'affichera dans son auditoire où elle restera jusqu'à l'expiration des délais fixés par l'article 27 ci-après; le caïd la fera publier dans les divers marchés de son territoire.

Au reçu de l'accusé de réception du juge de paix et du caïd, le conservateur fera insérer au journal officiel arabe et français un extrait du texte de la déclaration remise entre ses mains par le requérant conformément à l'article 23 ci-dessus.

Loi du 16 *mai* 1886. — Après l'accomplissement de ces prescriptions, le conservateur, dans les dix jours qui suivront, enverra au caïd du territoire et au juge de paix du canton dans lequel se trouve l'immeuble, une copie en arabe et en français de la déclaration déposée par le requérant.

Dès la réception de cette pièce, le caïd et le juge de paix en accuseront réception au conservateur. Dans les quarante-huit heures qui suivront, le juge de paix l'affi-

fait insérer au journal officiel français et arabe un extrait du texte de cette réquisition.

Il envoie au chef du service topographique, au juge de paix du canton et au caïd du territoire dans lequel se trouve l'immeuble, un placard, extrait du journal officiel, reproduisant cette insertion. Le juge de paix et le caïd lui accusent réception de cette pièce.

Dans les quarante-huit heures, le juge de paix l'affiche en son auditoire où elle reste jusqu'à l'expiration des délais fixés par l'article 27 ci-après; le caïd fait publier l'extrait de la réquisition dans les marchés de son territoire.

26 (1) (2). Dans les quarante-cinq jours qui suivent cette in-

chera dans son auditoire où elle restera jusqu'à l'expiration des délais fixés par l'article 27 ci-après; le caïd la fera publier dans les divers marchés de son territoire.

Au reçu de l'accusé de réception du juge de paix et du caïd, le conservateur fera insérer au journal officiel arabe et français un extrait du texte de la déclaration remise entre ses mains par le requérant conformément à l'article 23 ci-dessus.

(1) **Anciens textes :**

Loi du 1er juillet 1885. — Dans les trois mois qui suivront cette insertion, le juge de paix, ou son délégué, après avoir prévenu le caïd, procèdera au bornage provisoire de l'immeuble conformément aux limites indiquées par la déclaration, en présence du requérant l'immatriculation ou lui dûment appelé, sans s'arrêter aux protestations qui pourraient se produire, mais qui seront toujours consignées au procès-verbal.

La date fixée pour cette opération sera portée à la connaissance du public au moins vingt jours à l'avance et le procès-verbal de bornage constatera les diligences faites à cet effet.

La date de la clôture sera publiée sommairement au journal officiel arabe et français.

Loi du 6 novembre 1888. — Dans les deux mois qui suivront cette insertion, le juge de paix, ou son délégué, après avoir prévenu le caïd, procèdera au bornage provisioire de l'immeuble, conformément aux limites indiquées par la déclaration, en présence du requérant l'immatriculation ou lui dûment appelé, sans s'arrêter aux protestations qui pourraient se produire mais qui seront toujours consignées au procès-verbal. Il pourra requérir, s'il y a lieu, l'assistance de la force publique.

La date fixée pour cette opération sera portée à la connaissance du public au moins vingt jours à l'avance et le procès-verbal de bornage constatera les diligences faites à cet effet.

La date de la clôture sera publiée sommairement au « journal officiel » arabe et français.

(2) En ce qui concerne spécialement l'immatriculation des forêts qui appartiennent à l'État, il est dérogé aux dispositions de l'article 26 en vertu du décret du 4 avril 1890 (15 chaban 1307) reproduit ci-après :

Décret du 4 avril 1890 (15 chaban 1307). Nous, Ali Pacha Bey, Possesseur du Royaume de Tunis.

Considérant que les forêts domaniales de la Régence sont déjà et deviendront, dans

sertion, le chef du service topographique, après avoir prévenu le cheikh par l'intermédiaire du contrôleur civil, délègue un

l'avenir, par suite des travaux importants de mise en valeur qui y ont été exécutés, une source de revenus pour l'État.

Considérant que leur conservation est nécessaire à l'intérêt général, tant au point de vue du climat, qu'au point de vue de la régularisation du régime des eaux et de la conservation des sources; qu'il importe dès lors, de procéder à leur délimitation et qu'il y a lieu, dans ce but, de les faire passer sous le régime de la loi foncière de 1885;

Considérant qu'en raison de l'étendue considérable du domaine forestier et du caractère administratif que présente l'opération de la délimitation de ce domaine, il y a lieu d'apporter quelques modifications à la procédure suivie en matière d'immatriculation, notamment en ce qui concerne les délais; que ces modifications sont édictées dans l'intérêt même des parties en cause;

Avons décrété et décrétons ce qui suit :

Art. 1er. — Le domaine de l'État comprend les bois et forêts sous la réserve des droits de propriété et d'usage régulièrement acquis avant la promulgation de la présente loi.

Des décrets ultérieurs détermineront le mode d'exercice des droits d'usage.

Art. 2. — Est déclarée nulle et sans effet, toute aliénation du sol forestier domanial de sa superficie ou de ses usages qui n'aura pas été préalablement autorisée par un décret rendu sur la proposition concertée du directeur général des travaux publics et du directeur des finances.

Art. 3. — Par dérogation aux dispositions du décret du 13 djoumadi-el-aoual 1303 (17 février 1886), le directeur général des travaux publics exercera, tant en demandant qu'en défendant, les actions intéressant le domaine forestier de l'État.

Toutefois les instances actuellement engagées continueront à être suivies au nom de l'État par le directeur des finances.

Art. 4. — Il sera procédé, dans le plus bref délai possible à l'immatriculation du domaine forestier au nom de l'État, à la diligence et sur la réquisition du directeur général des travaux publics.

Les formalités de l'immatriculation seront remplies conformément à la loi du 1er juillet 1885 sur la propriété foncière sauf en ce qui concerne les dérogations spécifiées ci-après.

Art. 5. — Le bornage provisoire de chaque groupe forestier faisant l'objet d'une réquisition distincte aura lieu dans les trois mois qui suivront les publications de la réquisition relative à ce groupe. Le juge de paix ne fixera la date de cette opération qu'après entente avec le chef de la circonscription forestière.

Dans le cas où diverses parties d'un groupe forestier d'un seul tenant se trouveraient comprises dans des circonscriptions de justice de paix différentes, les publications prévues par les art. 25 et 26 de la loi foncière seraient faites dans toutes les circonscriptions, mais le bornage serait exécuté par le juge de paix dont la circonscription comprend la partie la plus étendue de la forêt à immatriculer.

Art. 6. — Par dérogation aux articles 27 et 29 de la loi du 1er juillet 1885, le délai imparti aux oppositions est porté à 3 mois au lieu de 2.

Le délai de remise des plans à la conservation foncière sera fixé par le tribunal mixte sur l'avis du directeur général des travaux publics.

Art. 7. — Par dérogation de l'article 41 de la loi du 1er juillet 1885, le greffier

géomètre assermenté pour procéder au bornage provisoire de l'immeuble, en présence du requérant l'immatriculation ou lui dûment appelé, sans s'arrêter aux protestations qui peuvent se produire, et qui sont toujours consignées au procès-verbal. Les revendications qui se manifestent au cours des opérations sont bornées sur le terrain.

La date fixée pour le bornage est portée à la connaissance du public au moins vingt jours à l'avance et le procès-verbal de bornage constate les diligences faites à cet effet.

La date de la clôture est publiée sommairement au journal officiel arabe et français.

Le procès-verbal de bornage provisoire est remis par le chef du service topographique au conservateur de la propriété foncière.

27 (1) (2). Le procès-verbal de l'opération du bornage men-

du tribunal mixte remettra au requérant, dans le mois qui suivra l'expiration des délais impartis aux opposants par le § 2 du dit article, un dossier comprenant copie authentique des pièces énumérées ci-après :

1° Procès-verbal de bornage provisoire;

2° Procès-verbaux d'opposition;

3° Requêtes introductives d'instance;

4° Pièces produites à l'appui desdites requêtes.

Quatre mois après cette remise, le président du tribunal mixte, après avoir entendu les observations du requérant, fixe le délai définitif de dépôt des conclusions de celui-ci.

(1) En ce qui concerne spécialement l'immatriculation des forêts qui appartiennent à l'État, il est dérogé aux dispositions de l'article 27 en vertu du décret du 4 avril 1890, reproduit ci-dessus pages 10 à 12 (en note).

(2) **Anciens textes :**

Loi du 1er juillet 1885. — Le procès-verbal de l'opération du bornage mentionnera les oppositions formulées par les tiers intervenant au cours du bornage.

Ces oppositions pourront également être faites entre les mains du juge de paix, du caïd et du conservateur de la propriété foncière, jusqu'à l'expiration d'un délai de deux mois à dater de l'insertion au journal officiel de l'avis de clôture du pocès-verbal de bornage. Passé ce délai toute opposition est frappée de déchéance.

Loi du 16 mai 1886. — Le procès-verbal de l'opération du bornage mentionnera les oppositions formulées par les tiers intervenant au cours du bornage.

A partir du jour de l'insertion au journal officiel de l'avis prescrit par l'article 25 ci-dessus, jusqu'à l'expiration d'un délai de deux mois à dater de l'insertion au journal officiel de l'avis de clôture du procès-verbal de bornage, les oppositions à l'immatriculation et les réclamations contre le bornage, autres que celles qui se produisent au cours de l'opération et qui doivent être consignées dans le procès-verbal de bornage, seront reçues à la justice de paix, chez le caïd et à la conservation de la propriété foncière. A cet effet, un registre coté et paraphé par le président du tribu-

tionne les oppositions formulées par les tiers intervenant au cours de cette opération.

A partir du jour de l'insertion au journal officiel de l'avis prescrit par l'article 25, jusqu'à l'expiration d'un délai de deux mois à dater de l'insertion au journal officiel de l'avis de clôture du procès-verbal de bornage, les oppositions à l'immatriculation et les réclamations contre le bornage, sont reçues par le conservateur de la propriété foncière, le juge de paix ou le caïd, lesquels en dressent procès-verbal et le signent avec les parties. Si les parties ne savent ou ne peuvent signer mention expresse en est faite au procès-verbal.

Les oppositions peuvent également être formées par lettres missives adressées au conservateur, au juge de paix ou au caïd.

Les oppositions reçues par le conservateur et le juge de paix sont mentionnées à leur date sur un registre coté et paraphé par le président du tribunal mixte.

Les oppositions reçues par le caïd sont mentionnées sur le registre dont la tenue est prescrite par le décret du 6 rabia et-tani 1293.

28 (1). A l'expiration du délai imparti aux oppositions par l'article 27, le juge de paix et le caïd envoient au conservateur de la propriété foncière :

nal mixte, est déposé au greffe de la justice de paix et à la conservation de la propriété foncière. Le juge de paix ou le conservateur dressent, sur ce registre, procès-verbal des oppositions ou réclamations et le signent avec les parties. Si celles-ci ne savent ou ne peuvent signer, mention expresse de leur déclaration à cet égard est faite dans le procès-verbal.

Une copie textuelle de chaque procès-verbal, dûment certifiée, ou un certificat négatif, s'il y échet, est jointe au dossier de l'immatriculation.

Les oppositions reçues par les caïds seront mentionnées sur le registre dont la tenue est prescrite par le décret du 6 rabia et-tani 1293 et le procès-verbal sera transmis au conservateur de la propriété foncière.

(1) **Ancien texte** : *Loi du 1er juillet* 1885. — A l'expiration de ce délai, le juge de paix et le caïd enverront au conservateur de la propriété foncière :

1° La copie de la déclaration communiquée ;

2° Les procès-verbaux des oppositions portées devant eux ; sinon, un certificat négatif ;

3° Le procès-verbal de bornage ;

4° Les certificats constatant l'accomplissement des formalités d'affichage à la justice de paix et de publications dans les marchés.

1° Les procès-verbaux et pièces relatifs aux oppositions portées devant eux; sinon un certificat négatif;

2° Les certificats constatant l'accomplissement des formalités d'affichage à la justice de paix et de publication dans les marchés.

29 (1) (2). Le chef du service topographique est tenu de remettre au conservateur de la propriété foncière, dans un délai de trois mois à dater de l'insertion au journal officiel de l'avis de clôture du procès-verbal de bornage, un plan de l'immeuble, dressé conformément à ce bornage, selon le système métrique par un géomètre assermenté.

Le mode d'établissement et les frais du plan font l'objet d'un règlement spécial.

30. Les délais prescrits ci-dessus, soit pour le bornage, soit pour le dépôt du plan, pourront être prorogés exceptionnellement par une ordonnance motivée du président du tribunal mixte institué ci-après, auquel est attribué à ce sujet un pouvoir d'appréciation discrétionnaire.

Les demandes de prolongations de délai devront toujours être formulées dans les délais légaux.

§ 3. — *Des incapables et non présents.*

31 (3). En même temps qu'il envoie au caïd et au juge

(1) **Ancien texte** : *Loi du 1er juillet* 1885. — Le requérant l'immatriculation sera tenu de remettre au conservateur de la propriété foncière, dans un délai de trois mois à dater de l'insertion au journal officiel de l'avis de clôture du procès-verbal de bornage, un plan de l'immeuble, dressé conformément à ce bornage, selon le système métrique, par un géomètre assermenté.

Faute de production de ce plan dans ce délai, il perdra le bénéfice de l'accomplissement de toutes les autres formalités, et notamment celui accordé par le deuxième paragraphe de l'article 35 ci-après.

Le mode d'établissement et les frais du plan feront l'objet d'un règlement spécial.

(2) En ce qui concerne spécialement l'immatriculation des forêts qui appartiennent à l'État, il est dérogé aux dispositions de l'article 29 en vertu du décret du 4 avril 1890, reproduit ci-dessus, pages 10 à 12 (en note).

(3) **Ancien texte** : *Loi du 1er juillet* 1835. — En même temps qu'il enverra la

de paix les placards reproduisant l'insertion au journal officiel, le conservateur adresse au greffe du tribunal mixte l'original de cette réquisition ainsi que les titres et pièces déposés à l'appui de cette déclaration. Le président désigne immédiatement un juge de ce tribunal pour procéder aux enquêtes et rapport dans les conditions ci-après déterminées.

Ce juge, outre les obligations qui lui sont imposées par l'article 41 ci-après, a pour mission de veiller pendant le cours de la procédure en immatriculation à ce qu'aucun droit immobilier des incapables ou des personnes non présentes dans la Régence ne soit lésé; et à cet effet il procède à toutes vérifications et enquêtes nécessaires. Les pouvoirs qui lui sont conférés dans ce cas sont discrétionnaires.

Sur la demande du juge rapporteur, faite dans l'intérêt d'incapables ou de non présents, le président du tribunal mixte pourra, dans les conditions établies par l'article 30, accorder une augmentation de délai à l'effet de former opposition en leur nom à une immatriculation. Avis sera donné de cette prorogation aux fonctionnaires chargés de recevoir les oppositions.

32. Pourront toujours, dans les délais des articles 25 à 30, former directement opposition, au nom des incapables ou non présents, les tuteurs, représentants légaux, parents ou amis, le procureur de la République, les juges de paix et les cadis.

déclaration au caïd et au juge de paix, le conservateur en adressera au greffe du tribunal mixte la troisième copie ainsi que les titres et pièces déposés à l'appui de cette déclaration. Le président désignera immédiatement un juge de ce tribunal pour procéder aux enquêtes et rapport dans les conditions ci-après déterminées.

Ce juge, outre les obligations qui lui sont imposées par l'article 41 ci-après, aura pour mission de veiller pendant le cours de la procédure en immatriculation à ce qu'aucun droit immobilier des incapables ou des personnes non présentes dans la Régence, ne soit lésé; et à cet effet il procédera à toutes vérifications et enquêtes nécessaires. Les pouvoirs qui lui sont conférés dans ce cas sont discrétionnaires.

Sur la demande du juge rapporteur, faite dans l'intérêt d'incapables ou de non présents, le président du tribunal mixte pourra, dans les conditions établies par l'article 30, accorder une augmentation de délai à l'effet de former opposition en leur nom à une immatriculation.

SECTION III.

Des oppositions à l'immatriculation.

§ 1. — *Composition du tribunal mixte.*

33. Les pièces envoyées par le caïd et le juge de paix conformément à l'article 28 ci-dessus, seront transmises par le conservateur avec les oppositions formées directement entre ses mains, au greffe d'un tribunal mixte composé d'un président, de six membres et d'un greffier, nommés par S. A. le Bey. Le président du tribunal mixte sera un magistrat français, nommé sur la proposition du Ministre Résident de France à Tunis. Les membres seront proposés, trois par le tribunal français, trois par le chara, ou à son défaut par le Gouvernement tunisien. Le greffier sera nommé sur la proposition du tribunal français.

Le conservateur transmettra également au greffe de ce tribunal, dès qu'il lui sera remis, le plan déposé en exécution de l'article 29 ci-dessus.

34. Lorsqu'il n'y aura que des justiciables du tribunal français en cause, la chambre qui statuera, sera composée de trois magistrats français ;

Lorsqu'il n'y aura que des Tunisiens en cause, la chambre qui statuera, sera composée de trois magistrats tunisiens ;

Et lorsqu'il y aura en cause des justiciables du tribunal français et des Tunisiens, la chambre saisie sera une chambre mixte, composée de deux magistrats français et de deux magistrats tunisiens, sous la présidence obligatoire du président du tribunal mixte ou de son délégué.

Si des conflits surgissaient relativement à la compétence des diverses chambres du tribunal mixte, ces conflits seraient tranchés souverainement par une décision du tribunal, toutes chambres réunies.

§ 2. — *Compétence et pouvoirs du tribunal mixte.*

35. Les contestations actuellement pendantes resteront

soumises aux tribunaux qui en sont saisis, et l'immatriculation sera suspendue jusqu'à décision de ces tribunaux.

A partir de la promulgation de la présente loi, toute personne citée pourra, avant toute défense au fond à la citation, et par l'accomplissement des formalités prescrites par les art. 23 et 24 ci-dessus, dessaisir le tribunal compétent, à condition qu'elle suive sur sa demande en immatriculation.

36 (1). — Dans le cas où une opposition à une immatriculation serait formée par un justiciable des tribunaux français, il sera loisible à ce dernier de la porter devant la juridiction française, pourvu qu'il le fasse avant toute défense au fond devant le tribunal mixte et pourvu que l'instance soit fondée sur un droit existant entre ses mains avant l'insertion au « journal officiel » de la déclaration d'immatriculation.

Auquel cas le tribunal mixte surseoira à statuer sur l'admissibilité de la demande à fin d'immatriculation, jusqu'après décision, passée en force de chose jugée, du tribunal compétent.

37 (2). Les décisions du tribunal mixte ne seront susceptibles d'aucune opposition, appel ou recours quelconque.

Le tribunal statuera au fond sur toutes les contestations autres que celles prévues au 1er alinéa de l'article 35 et à l'article 36. Il prononcera l'admission ou le rejet, en tout ou en partie, de l'immatriculation et ordonnera, en cas d'immatriculation, l'inscription des droits réels dont il aura reconnu l'existence.

(1) **Ancien texte** : *Loi du 1er juillet* 1885. — Dans le cas où une opposition à une immatriculation, requise par un justiciable des tribunaux français, serait formée par un justiciable de ces mêmes tribunaux, il sera loisible à ce dernier de la porter devant la juridiction française, pourvu qu'il le fasse avant toute défense au fond devant le tribunal mixte et pourvu que l'instance soit fondée sur un droit existant entre ses mains avant l'insertion au journal officiel de la déclaration d'immatriculation.

Auquel cas, le tribunal mixte surseoira à statuer sur l'admissibilité de la demande à fin d'immatriculation, jusqu'après décision, passée en force de chose jugée, du tribunal compétent.

(2) **Ancien texte** : *Loi du 1er juillet* 1885. — Les décisions du tribunal mixte ne seront pas motivées et ne statueront que sur l'admissibilité ou le rejet, en tout ou en partie, de l'immatriculation et, en cas d'immatriculation, des droits réels immobiliers sur l'immeuble.

Elles ne seront susceptibles d'aucune opposition, appel ou recours quelconque.

Elles seront transmises directement, par le greffier du tribunal mixte, au conservateur chargé de procéder, s'il y a lieu, à l'immatriculation de l'immeuble.

En cas de rejet, les parties seront renvoyées à se pourvoir devant la juridiction compétente.

38 (1). Toute personne dont les droits auraient été lésés par suite d'une immatriculation ou d'une inscription n'aura jamais de recours sur l'immeuble, mais seulement, en cas de dol, une action personnelle en dommages-intérêts contre l'auteur du dol.

39. (2) Abrogé.

40. (3) Abrogé.

(1) **Anciens textes :**

Loi du 1er juillet 1885. — Toute personne dont les droits auraient été lésés par suite d'une immatriculation, n'aura jamais de recours sur l'immeuble, mais seulement une action personnelle en dommages-intérêts.

Loi du 16 *mai* 1886. — Toute personne dont les droits auraient été lésés par suite d'une immatriculation ou d'une inscription, n'aura jamais de recours sur l'immeuble, mais seulement une action personnelle en dommages-intérêts.

(2) Abrogé par la loi du 15 mars 1892. — **Anciens textes :**

Loi 1er juillet 1885. — Il est institué un fonds d'assurance destiné à indemniser celui qui se trouverait lésé par l'immatriculation d'un immeuble ou par l'inscription d'un droit réel.

Ce fonds d'assurance sera constitué et entretenu par un droit de un pour mille prélevé sur la valeur de l'immeuble immatriculé et, après immatriculation, sur le montant de chaque droit réel ou de chaque bail inscrits à la conservation de la propriété foncière, et par un droit fixe de un franc payé lors de l'inscription pour les droits dont la valeur est indéterminée.

Ces droits sont toujours à la charge du requérant l'immatriculation ou l'inscription.

Loi du 16 *mai* 1886. — Il est institué un fonds d'assurance destiné à indemniser celui qui se trouverait lésé par l'immatriculation d'un immeuble ou par l'inscription ultérieure d'un droit réel.

Ce fonds d'assurance sera constitué et entretenu par un droit de un pour mille sur la valeur de l'immeuble immatriculé et, après immatriculation, sur le montant brut des sommes et valeurs faisant l'objet de chaque inscription requise à la conservation de la propriété foncière, et par un droit fixe de deux piastres payé pour chaque inscription ou mention d'un droit non susceptible d'évaluation.

Ces droits seront toujours avancés par le requérant l'immatriculation ou l'inscription.

(3) Abrogé par la loi du 15 mars 1892. — **Anciens textes :**

Loi du 1er juillet 1885. — Les demandes à fin d'indemnité seront portées devant le tribunal français elles ne seront recevables contre le fonds d'assurance qu'autant que le demandeur aura discuté au péalable les auteurs directs du dommage.

Les attributions d'indemnités allouées par le tribunal ne pourront jamais excéder les deux tiers du fonds d'assurance au moment du jugement.

Loi du 16 *mai* 1886. — Les demandes à fin d'indemnité contre le fonds d'assu-

41 (1). Le greffier remet au juge rapporteur commis par le président du tribunal mixte, conformément à l'article 31, les pièces que lui a transmises le conservateur en vertu des articles 31 et 33.

Ce magistrat fournit au service topographique tous les renseignements nécessaires pour le mettre à même de procéder au bornage et lui communique au besoin les titres de propriété

rance ne seront recevables qu'autant que le demandeur aura discuté, au préalable, les auteurs directs du dommage.

Elles seront portées devant le tribunal civil français, avec élection de domicile à Tunis et seront formées contre le procureur de la République. L'instruction se fera par simples mémoires remis au parquet. Le ministère des défenseurs ne sera pas obligatoire. Il n'y aura d'autres frais à supporter, pour la partie qui succombera, que ceux des significations, s'il y a lieu.

Les jugements seront rendus dans les trois mois, au plus tard, à compter de l'introduction des instances, sur le rapport d'un juge, fait en audience publique et sur les conclusions du procureur de la République. Ils seront sans appel et ne pourront être attaqués par voie de cassation.

Le ministère public aura vingt ans pour poursuivre le remboursement au fonds d'assurance des sommes ainsi payées, si les auteurs de la lésion ou leurs représentants reviennent à meilleure fortune.

Les indemnités allouées par le tribunal ne pourront jamais excéder les deux tiers des sommes acquises au fonds d'assurance au jour du jugement.

Si plusieurs jugements sont rendus le même jour et si le total des allocations résultant de ces jugements excède les deux tiers du fonds d'assurance, les créanciers seront payés au marc le franc des deux tiers à distribuer.

Dans les vingt-quatre heures de la reddition de chaque jugement, le greffier sera tenu d'en adresser au conservateur un extrait certifié, faisant connaître le montant de l'allocation. Cet extrait sera visé par le procureur de la République et le greffier exigera du conservateur un récépissé pour sa décharge.

L'action en indemnité sera périmée si elle n'a été intentée dans le délai de dix ans, à partir du jour de l'immatriculation ou de l'inscription qui aura occasionné la lésion.

L'action en recouvrement d'une somme allouée par jugement sera éteinte, au profit du fonds d'assurance, si le payement n'a pas été réclamé dans un délai de cinq ans, à partir du jour du jugement.

(1) **Anciens textes :**

Loi du 1er juillet 1885. — Le greffier remettra au juge rapporteur commis par le président du tribunal mixte, conformément à l'article 31, les pièces que lui aura transmises le conservateur en vertu des dispositions des articles 31 et 33.

Ce juge mettra en demeure les opposants de lui faire parvenir leur requête introductive d'instance dans un délai de quinze jours augmenté des délais de distance en vigueur en Tunisie près de la juridiction française.

Si, dans ce délai, la requête introductive d'instance n'est pas produite, le tribunal déclarera la réclamation déchue.

La requête introductive d'instance devra contenir tous les moyens invoqués par le réclamant et être accompagnée des pièces à l'appui; le requérant l'immatriculation

qu'il serait utile de consulter. Il met les opposants en demeure de lui faire parvenir leur requête introductive d'instance dans un délai de quinze jours augmenté des délais de distance en vigueur en Tunisie près de la juridiction française.

Si dans ce délai la requête introductive d'instance n'est pas produite, le tribunal déclare la réclamation déchue.

La requête introductive d'instance doit contenir, indépendam-

sera invité par le rapporteur à en prendre connaissance et à répondre dans un délai qu'il fixera.

Toutes notifications aux parties intéressées dans une instance pendante devant le tribunal mixte seront faites administrativement.

Loi du 16 *mai* 1886. — Le greffier remettra au juge rapporteur commis par le président du tribunal mixte, conformément à l'article 31, les pièces que lui aura transmises le conservateur en vertu des articles 31 et 33.

Ce magistrat fournira au juge de paix tous les renseignements nécessaires pour le mettre à même de procéder au bornage, et lui communiquera au besoin les titres de propriété qu'il serait utile de consulter. Il mettra les opposants en demeure de lui aire parvenir leur requête introductive d'instance dans un délai de quinze jours augmenté des délais des distances en vigueur en Tunisie près de la juridiction française.

Si dans ce délai, la requête introductive d'instance n'est pas produite, le tribunal déclarera la réclamation déchue.

La requête introductive d'instance devra contenir, indépendamment d'une élection de domicile à Tunis, tous les moyens invoqués par le réclamant et être accompagnée des pièces à l'appui avec leur traduction en arabe et en français, certifiée comme il est dit à l'article 23. Le rapporteur invitera le requérant l'immatriculation à en prendre connaissance au greffe du tribunal mixte, sans déplacement, et à répondre par écrit dans un délai qu'il fixera.

Après le rapport qui est fait sur chaque affaire par le juge commis, les parties, si elles en ont fait la demande par écrit, peuvent présenter, soit en personne, soit par mandataire, leurs observations verbales, sur les points seulement qui auront été développés dans les requêtes ou mémoires.

Pourront seuls être choisis comme mandataires : les avocats défenseurs, les avocats membres du barreau français et les personnes admises à représenter les parties à l'ouzara.

Les parties seront averties, huit jours au moins à l'avance, du jour où l'affaire sera appelée en séance publique.

Les notifications à faire aux parties intéressées par les magistrats, fonctionnaires et officiers ministériels en matière d'immatriculation et d'inscription seront faites administrativement par l'intermédiaire des contrôleurs civils, des présidents de municipalités ou des caïds qui en retireront un récépissé et l'adresseront à l'auteur de la notification. Une minute de cette notification et l'accusé de réception seront joints au dossier de chaque immeuble.

Les notifications à faire en pareille matière, par les parties aux magistrats fonctionnaires et officiers ministériels, pourront être faites par lettres recommandées à la poste.

Celles que les parties se feront entre elles seront remises aux greffiers qui procèderont administrativement par les intermédiaires indiqués ci-dessus.

ment d'une élection de domicile à Tunis, tous les moyens invoqués par le réclamant et être accompagnée des pièces à l'appui, avec leur traduction en arabe et en français, certifiée comme il est dit à l'article 23. Le rapporteur invite le requérant l'immatriculation à en prendre connaissance au greffe du tribunal mixte, sans déplacement, et à répondre par écrit dans un délai déterminé.

Après le rapport qui est fait sur chaque affaire par le juge commis, les parties, si elles en ont fait la demande par écrit, peuvent présenter, soit en personne, soit par mandataire, leurs observations verbales, sur les points seulement qui auront été développés dans les requêtes ou mémoires.

Peuvent seuls être choisis comme mandataires : les avocats-défenseurs, les avocats membres du barreau français et les personnes admises à représenter les parties à l'ouzara.

Les parties sont averties, huit jours au moins à l'avance, du jour où l'affaire sera appelée en séance publique.

Les notifications à faire aux parties intéressées par les magistrats, fonctionnaires et officiers ministériels en matière d'immatriculation et d'inscription sont faites administrativement par l'intermédiaire des contrôleurs civils, des présidents des municipalités ou des caïds qui en retirent un récépissé et l'adressent à l'auteur de la notification. Une minute de cette notification et l'accusé de réception sont joints au dossier de chaque immeuble.

Les notifications à faire en pareille matière par les parties aux magistrats, fonctionnaires et officiers ministériels, peuvent être faites par lettres recommandées à la poste.

Celle que les parties se font entre elles sont remises aux greffiers qui procèdent administrativement par les intermédiaires indiqués ci-dessus (1).

42 (2). Toute demande en immatriculation fait l'objet d'une

(1) En ce qui concerne spécialement l'immatriculation des forêts qui appartiennent à l'État, il est dérogé aux dispositions de l'article 41, en vertu du décret du 4 avril 1890 reproduit ci-dessus pages 10 à 12 (en note).

(2) **Anciens textes :**

Loi du 1er juillet 1885. — Toute demande en immatriculation fera l'objet d'une décision du tribunal mixte qui statuera sur son admissibilité totale ou partielle, fera

décision du tribunal mixte rendue en audience publique, après délibéré hors la présence des parties, et qui statue sur son admissibilité totale ou partielle, fait rectifier le bornage et le plan, s'il y a lieu, et relate les inscriptions à porter sur le titre de propriété.

Elle est signée par tous les membres qui y ont participé et classée aux minutes du greffe. Tout le dossier est renvoyé au conservateur de la propriété foncière.

Les parties reçoivent du greffe l'avis de la décision du tribunal mixte.

Le conservateur procède à l'immatriculation sur l'expédition conforme de la même décision qui lui est délivrée par le greffier après avoir été contresignée par le président du tribunal mixte.

rectifier le bornage et le plan, s'il y a lieu, et relatera les inscriptions à porter sur le titre de propriété.

Elle sera signée par tous les membres qui y auront participé et sera classée aux minutes du greffe.

Le conservateur procedera, à l'immatriculation sur l'expédition conforme qui en sera délivrée par le greffier, et contresignée par le président du tribunal mixte.

En même temps qu'il procèdera à l'immatriculation d'un immeuble, le conservateur inscrira les droits réels immobiliers existant sur cet immeuble, tels qu'ils résultent de la décision du tribunal mixte.

Les parties du domaine public comprises dans un immeuble immatriculé ne sont pas astreintes à l'immatriculation et les droits qui s'y appliquent subsistent indépendamment de toute inscription.

Loi du 16 *mai* 1886. — Toute demande en immatriculation fera l'objet d'une décision du tribunal mixte qui sera rendue en audience publique, après délibéré hors la présence des parties, et qui statuera sur son admissibilité totale ou partielle, fera rectifier le bornage et le plan, s'il y a lieu, et relatera les inscriptions à porter sur le titre de propriété.

Elle sera signée par tous les membres qui y auront participé et sera classée aux minutes du greffe. Tout le dossier sera renvoyé au conservateur de la propriété foncière.

Les parties recevront du greffier l'avis de la décision du tribunal mixte.

Le conservateur procèdera à l'immatriculation sur l'expédition conforme de la même décision qui lui sera délivrée par le greffier, après avoir été contresignée par le président du tribunal mixte.

L'immatriculation ne sera effectuée qu'après rectification du bornage et du plan, s'il y a lieu.

En même temps qu'il procèdera à l'immatriculation d'un immeuble, le conservateur inscrira les droits réels immobiliers existant sur cet immeuble, tels qu'ils résultent de la décision du tribunal mixte.

Les parties du domaine public comprises dans un immeuble immatriculé ne sont pas assujetties à l'immatriculation et les droits qui s'y appliquent subsistent indépendamment de toute inscription.

L'immatriculation n'est effectuée qu'après rectification du bornage et du plan, s'il y a lieu.

Le conservateur annule et annexe à ses archives, comme il est dit à l'article 50, les anciens titres de propriété produits à l'appui de la réquisition d'immatriculation.

Toutefois, si ces titres concernent, outre la propriété immatriculée, un immeuble distinct de cette propriété, le conservateur remet aux parties le titre commun, après y avoir apposé une mention d'annulation relative à l'immeuble immatriculé.

Cette mention est établie en langue française et signée par le conservateur ; elle est suivie de sa traduction en arabe, certifiée par un interprète assermenté.

En même temps qu'il procède à l'immatriculation d'un immeuble, le conservateur inscrit les droits réels immobiliers existant sur cet immeuble, tels qu'ils résultent de la décision du tribunal mixte.

Les parties du domaine public comprises dans un immeuble immatriculé ne sont pas assujetties à l'immatriculation et les droits qui s'y appliquent, subsistent indépendamment de toute inscription.

43 (1). Les frais des instances devant le tribunal mixte et devant les autres juridictions sont supportés par la partie qui succombe.

Il n'est passé en taxe, pour les contestations devant le tribunal mixte, que les frais des significations, s'il y a lieu.

Lorsque le tribunal mixte aura ordonné une mesure préparatoire telle qu'expertise, enquête, descente sur les lieux, de nature à occasionner des frais, le président du tribunal mixte fera une évaluation approximative de ces frais; le montant de cette évaluation devra être déposé, préalablement à l'opération

(1) **Anciens textes :**

Loi du 1er *juillet* 1885. — Les frais des instances devant le tribunal mixte seront supportés par celle des parties qui sera condamnée par ce « tribunal; ils seront taxés par le président.

Loi du 16 *mai* 1886. — Les frais des instances devant le tribunal mixte et devant les autres juridictions seront supportés par la partie qui succombera.

Il ne sera passé en taxe, pour les contestations devant le tribunal mixte, que les frais des significations s'il y a lieu.

ordonnée, entre les mains du conservateur de la propriété foncière, par le requérant l'immatriculation.

L'opération terminée, les frais de cette opération seront définitivement taxés par le président du tribunal mixte, et le conservateur payera à qui de droit d'après cette taxe.

CHAPITRE III.

DU TITRE DE PROPRIÉTÉ.

SECTION I.

De l'établissement du titre de propriété.

44 (1). Chaque immatriculation donne lieu à l'établissement, par le conservateur de la propriété foncière d'un titre en langue française comportant la description de l'immeuble, sa contenance, les plantations et constructions qui s'y trouvent et l'inscription des droits réels immobiliers existant sur l'immeuble et des charges qui le grèvent.

Le plan y reste annexé.

Chaque titre de propriété porte un numéro d'ordre.

45 (2). Les titres de propriété seront établis sur un registre dont la forme sera réglée par l'administration.

46 (3). Lorsqu'un immeuble est divisé, soit par suite de

(1) **Ancien texte** : *Loi du* 1er *juillet* 1885. — Chaque immatriculation donne lieu à l'établissement, par le conservateur de la propriété foncière, d'un titre en langue française comportant la description de l'immeuble avec ses tenants et aboutissants, sa contenance, les plantations et constructions qui s'y trouvent et l'inscription des droits réels immobiliers existant sur l'immeuble et des charges qui le grèvent.

Le plan et le procès-verbal de bornage y restent annexés.

Chaque titre de propriété porte un numéro d'ordre.

(2) **Ancien texte** : *Loi du* 1er *juillet* 1885. — Ce titre restera déposé dans les archives de la conservation de la propriété foncière.

(3) **Ancien texte** : *Loi* 1er *du juillet* 1885. — Lorsqu'un immeuble est divisé soit par suite de démembrement, soit par suite de partage, il est procédé au bornage de chacun des lots par un géomètre assermenté qui rapporte cette opération sur une expédition du plan. Il est établi un titre et un plan distincts pour chacune des divisions de l'immeuble.

démembrement, soit par suite de partage, il est procédé au bornage de chacun des lots par un géomètre assermenté qui rapporte cette opération sur une expédition du plan. Il est établi un titre et un plan distincts pour chacune des divisions de l'immeuble.

Toutefois, en cas de mutations partielles, il n'est pas nécessaire d'établir un nouveau titre pour la partie de l'immeuble qui, ne faisant pas l'objet d'une transmission, reste en possession du propriétaire.

Le titre déjà délivré et le plan qui y est joint peuvent être conservés après avoir été revêtus des mentions utiles.

47 (1). Le titre de propriété et les inscriptions conservent le droit qu'ils relatent, tant qu'ils n'ont pas été annulés, rayés ou modifiés.

48. Lorsque le titre de propriété sera établi au nom d'un mineur ou de tout autre incapable, l'âge du mineur et la nature de l'incapacité seront indiqués sur le titre.

Lorsque l'état de minorité ou d'incapacité aura pris fin, le mineur devenu majeur, ou l'incapable devenu capable, pourra obtenir la rectification de son titre.

49 (2). Lorsque le titre de propriété sera établi au nom d'une femme mariée qui d'après son statut personnel n'aurait pas la libre administration de ses biens, mention de cet état sera faite sur le titre. Lorsque la femme reprendra la libre administration de ses biens, elle pourra obtenir la modification de son titre.

50. Lorsque le conservateur établira un nouveau titre de pro-

(1) **Ancien texte** : *Loi du 1er juillet* 1885. — Les inscriptions conservent le droit qu'elles relatent, tant qu'elles n'ont pas été rayées ou modifiées ou que le droit n'a pas été prescrit.

(2) **Anciens textes** :

Loi du 1er juillet 1885. — Lorsque le titre de propriété sera établi au nom d'une femme mariée sous le régime dotal, mention de cet état devra être faite sur le titre. Lorsque la femme reprendra la libre administration de ses biens, elle pourra obtenir la rectification de son titre.

Loi du 16 *mai* 1886. — Lorsque le titre de propriété sera établi au nom d'une femme mariée, mention de cet état sera faite sur le titre. Lorsque la femme reprendra la libre administration de ses biens, elle pourra obtenir la rectification de son titre.

priété, il annulera le précédent, en y apposant une mention spéciale d'annulation signée de lui, avec le timbre de la conservation et une griffe d'annulation apposée sur toutes les pages. Il annulera de la même façon la copie et la conservera dans ses archives.

SECTION II.

Des copies de titres de propriété.

51. Tout propriétaire ou enzeliste, à l'exclusion de tous autres, aura droit à une copie exacte et complète du titre de propriété.

Cette copie sera nominative et le conservateur en certifiera l'authenticité en y apposant sa signature et le timbre de la conservation.

Les autres intéressés n'auront droit qu'à la délivrance de certificats d'inscription.

52. Lorsque deux ou plus de deux personnes seront propriétaires indivis d'un immeuble, des duplicata authentiques du titre de propriété seront délivrés au nom de tous les propriétaires indivisément et à chacun d'eux.

SECTION III.

Des oppositions conservatoires.

53 (1). Toute demande tendant à faire prononcer l'annulation ou la modification de droits réels immobiliers pourra être

(1) **Anciens textes** :

Loi du 1er juillet 1885. — Toute demande tendant à faire prononcer l'annulation ou la modification de droits réels immobiliers sera inscrite elle-même, avant d'être portée devant le tribunal, en regard de l'inscription du droit qui fait l'objet du litige.

La validité des inscriptions ultérieures restera subordonnée à la décision judiciaire.

Loi du 16 mai 1886. — Toute demande tendant à faire prononcer l'annulation ou la modification de droits réels immobiliers sera inscrite elle-même, avant d'être portée devant le tribunal, et mentionnée sommairement en regard de l'inscription du droit qui fait l'objet du litige.

La validité des inscriptions ultérieures restera subordonnée à la décision judiciaire.

mentionnée sommairement sur le titre avant d'être portée devant le tribunal. Cette inscription devra être autorisée par ordonnance du président rendue sur requête à charge de lui en référer.

La validité des inscriptions ultérieures restera subordonnée à la décision judiciaire.

54. Si la demande n'a pas été inscrite, le jugement n'aura d'effet, vis-à-vis des tiers, qu'à dater du jour de son inscription.

55 (1). Tout commandement à fin de saisie immobilière pourra être signifié au conservateur de la propriété foncière qui l'inscrira sur le titre. A partir de cette signification, aucune inscription nouvelle ne pourra être prise sur l'immeuble pendant le cours de l'instance en expropriation ou licitation.

TITRE II.

De la propriété immobilière.

56. La propriété immobilière est le droit de jouir et disposer d'un immeuble par nature ou par destination de la manière la plus absolue, pourvu qu'on n'en fasse pas un usage prohibé par les lois ou par les règlements.

57 (2). Nul ne peut être contraint de céder sa propriété, si ce n'est pour cause d'utilité publique et conformément aux lois tunisiennes en vigueur sur les expropriations.

58. La propriété d'un immeuble donne droit sur tout ce qu'il

(1) **Ancien texte** : *Loi du 1er juillet* 1885. — Tout commandement à fin de saisie immobilière pourra être signifié au conservateur de la propriété foncière qui l'inscrira. A partir de cette signification, aucune inscription nouvelle ne pourra être prise sur l'immeuble pendant les délais déterminés par les lois de procédure.

(2) **Ancien texte** : *Loi du 1er juillet* 1885. — Nul ne peut être contraint de céder sa propriété, si ce n'est pour cause d'utilité publique et conformément aux lois en vigueur sur les expropriations.

produit, et sur ce qui s'y unit accessoirement, soit naturellement, soit artificiellement.

Ce droit s'appelle droit d'accession.

CHAPITRE I.

DU DROIT D'ACCESSION SUR CE QUI EST PRODUIT PAR L'IMMEUBLE.

59. Les fruits naturels ou industriels de la terre;
Les fruits civils;
Le croît des animaux,
Appartiennent au propriétaire par droit d'accession.

60. Les fruits produits par l'immeuble n'appartiennent au propriétaire qu'à la charge de rembourser les frais des labours, travaux et semences faits par des tiers.

61. Le simple possesseur ne fait les fruits siens que dans le cas où il possède de bonne foi; dans le cas contraire, il est tenu de rendre les produits avec l'immeuble au propriétaire qui le revendique.

62. Le possesseur est de bonne foi quand il possède comme propriétaire, en vertu d'un titre dont il ignore les vices.

Il cesse d'être de bonne foi du moment où les vices de sa possession lui sont connus.

CHAPITRE II.

DU DROIT D'ACCESSION SUR CE QUI S'UNIT ET S'INCORPORE A L'IMMEUBLE.

63. Tout ce qui s'unit et s'incorpore à l'immeuble appartient au propriétaire, suivant les règles qui seront ci-après établies.

64. La propriété du sol emporte la propriété du dessus et du dessous.

Le propriétaire peut faire au-dessus toutes les plantations et constructions qu'il juge à propos, sauf les exceptions établies au titre VIII de la présente loi.

Il peut faire au-dessous toutes les constructions et fouilles qu'il jugera à propos, et tirer de ces fouilles tous les produits qu'elles peuvent fournir, sauf les modifications résultant des lois et règlements relatifs aux mines, aux objets d'art et d'antiquité, et des lois et règlements de police.

65 (1). Toutes constructions, plantations et ouvrages sur un terrain ou dans l'intérieur, sont présumés faits par le propriétaire à ses frais et lui appartenir, si le contraire n'est prouvé.

66. Le propriétaire du sol qui a fait des constructions, plantations et ouvrages avec des matériaux qui ne lui appartenaient pas, doit en payer la valeur; il peut aussi être condamné à des dommages et intérêts, s'il y a lieu; mais le propriétaire des matériaux n'a pas le droit de les enlever.

67. Lorsque les plantations, constructions et ouvrages ont été faits par un tiers et avec ses matériaux, le propriétaire du fonds a le droit ou de les retenir, ou d'obliger ce tiers à les enlever.

Si le propriétaire du fonds demande la suppression des plantations et constructions, elle est aux frais de celui qui les a faites, sans aucune indemnité pour lui; il peut même être condamné à des dommages et intérêts, s'il y a lieu, pour le préjudice que peut avoir éprouvé le propriétaire du fonds.

Si le propriétaire préfère conserver ces plantations et constructions, il doit le remboursement de la valeur des matériaux et du prix de la main-d'œuvre, sans égard à la plus ou moins grande augmentation de valeur que le fonds a pu recevoir. Néanmoins, si les plantations, constructions et ouvrages ont été faits par un tiers évincé, qui n'aurait pas été condamné à la restitution des fruits, attendu sa bonne foi, le propriétaire ne pourra demander la suppression des dits ouvrages, plantations et constructions;

(1) **Ancien texte** : *Loi du* 1er *juillet* 1885. — Toutes constructions, plantations, et ouvrages sur un terrain ou dans l'intérieur, sont présumés faits par le propriétaire à ses frais et lui appartenir, si le contraire n'est prouvé, sans préjudice de la propriété qu'un tiers pourrait avoir acquise ou pourrait acquérir par prescription, soit d'un souterrain sous le bâtiment d'autrui, soit de toute autre partie du bâtiment.

mais il aura le choix, ou de rembourser la valeur des matériaux et du prix de la main-d'œuvre, ou de rembourser une somme égale à celle dont le fonds a augmenté de valeur.

68. Les atterrissements et accroissements qui se forment successivement et imperceptiblement aux fonds riverains d'un fleuve ou d'une rivière s'appellent alluvion.

L'alluvion profite au propriétaire riverain, à la charge de laisser le marchepied ou chemin de halage, conformément aux règlements.

69. Il en est de même des relais que forme l'eau courante qui se retire insensiblement de l'une de ses rives en se portant sur l'autre; le propriétaire de la rive découverte profite de l'alluvion, sans que le riverain du côté opposé y puisse venir réclamer le terrain qu'il a perdu.

Ce droit n'a pas lieu à l'égard des relais de la mer.

70. L'alluvion n'a pas lieu à l'égard des étangs dont le propriétaire conserve toujours le terrain que l'eau couvre quand elle est à la hauteur de la décharge de l'étang, encore que le volume de l'eau vienne à diminuer.

Réciproquement le propriétaire de l'étang n'acquiert aucun droit sur les terres riveraines que son eau vient à couvrir dans des crues extraordinaires.

71. Si un fleuve ou une rivière, navigable ou non, enlève par une force subite une partie considérable et reconnaissable d'un champ riverain et la porte vers un champ inférieur ou sur la rive opposée, le propriétaire de la partie enlevée peut réclamer sa propriété; mais il est tenu de former sa demande dans l'année : après ce délai, il n'y sera plus recevable, à moins que le propriétaire du champ auquel la partie enlevée a été unie, n'ait pas encore pris possession de celle-ci.

72 (1). Les îles, îlots, atterrissements qui se forment dans le lit des fleuves, des rivières ou des cours d'eau, appartiennent à l'État.

(1) **Ancien texte** : *Loi du* 1er *juillet* 1885. — Les îles, îlots, atterrissements qui se forment dans le lit des fleuves, des rivières ou des cours d'eau, appartiennent à l'État, s'il n'y a prescription contraire.

73. Si un cours d'eau, une rivière ou un fleuve, en se formant un bras nouveau, coupe et embrasse le champ d'un propriétaire riverain et en fait une île, ce propriétaire conserve la propriété de son champ.

74. Si un fleuve ou une rivière se forme un nouveau cours en abandonnant son ancien lit, les propriétaires des fonds nouvellement occupés prennent, à titre d'indemnité, l'ancien lit abandonné, chacun dans la proportion du terrain qui lui a été enlevé.

75 (1). Les accroissements ou modifications d'un immeuble par l'un des moyens énoncés dans les articles 68, 69, 71 et 74 ci-dessus, peuvent donner lieu à la rectification du titre de propriété, du bornage et du plan.

Elle sera autorisée par le tribunal de la situation de l'immeuble, sans qu'il soit nécessaire d'accomplir les formalités prescrites par le chapitre II du titre I de la présente loi.

Il sera procédé de même pour la rectification d'un chemin public bordant ou traversant une propriété immatriculée si cette rectification entraîne l'incorporation à la dite propriété de terrains provenant du domaine public.

76. Les pigeons, lapins, poissons, qui passent dans un autre colombier, garenne ou étang, appartiennent au propriétaire de ces objets, pourvu qu'ils n'y aient point été attirés par fraude et artifice.

CHAPITRE III.

DU DROIT DE PRÉEMPTION.

77. La préemption est le droit reconnu à tout copropriétaire

(1) **Ancien texte** : *Loi du 1er juillet* 1885. — Les accroissements ou modifications d'un immeuble par l'un des moyens énoncés dans les articles 68, 69, 71 et 74, ci-dessus, peuvent donner lieu à la rectification du titre de propriété, du bornage et du plan.

Elle sera autorisée par le tribunal de la situation de l'immeuble, sans qu'il soit nécessaire d'accomplir les formalités prescrites par le chapitre II du titre I de la présente loi.

indivis d'un même immeuble, à tout cohéritier sur les immeubles de la succession, à tout copropriétaire divis d'une maison d'habitation, au superficiaire pour l'acquisition du sol et au propriétaire du sol pour l'acquisition de la superficie, d'acquérir la portion vendue à un tiers, en se substituant à cet acquéreur, moyennant le remboursement du montant de la vente avec le prix des améliorations et les loyaux coûts du contrat.

78. Ce droit sur un même immeuble s'exercera, par voie de préférence, dans l'ordre suivant :

1° Le propriétaire du sol vis-à-vis du superficiaire et réciproquement;

2° Les cohéritiers;

3° Les copropriétaires divis ou indivis.

Pour ces deux dernières catégories, celui qui a la part la plus considérable sur l'immeuble sera préféré à celui qui a une part moindre.

En cas d'égalité, le sort décidera entre ceux qui veulent bénéficier de la préemption.

79. S'il y a contestation sur l'importance de leur part, le président du tribunal, sur ordonnance, la fera déterminer par un expert.

Le tirage au sort, en cas d'égalité, se fera devant le greffier du tribunal qui en dressera procès-verbal.

80. Le cohéritier, le copropriétaire, le propriétaire du sol ou le superficiaire qui voudra exercer la préemption, devra en faire une notification à l'acquéreur de l'immeuble dans le délai de huitaine augmenté du délai des distances, sans que ce délai puisse jamais être supérieur à deux mois, à partir du jour où ils auront eu connaissance de la vente, avec offres réelles de rembourser à l'acquéreur son prix d'acquisition ainsi que le prix des améliorations et tous les loyaux coûts accessoires.

Passé ce délai, ils seront déchus de l'exercice de ce droit.

81. L'acquéreur, après inscription de son droit, pourra notifier son contrat d'acquisition à tout ayant-droit à la préemption, qui en sera déchu s'il ne l'exerce dans le délai de huitaine à partir de cette notification, comme il est dit à l'article précédent.

82. Le droit de préemption se prescrit dans tous les cas par six mois à partir du jour de la vente.

TITRE III.

De l'enzel.

83. L'enzel est une propriété foncière grevée d'une rente perpétuelle.

84. Le montant des arrérages doit être inscrit avec le droit lui-même.

85. Les arrérages se prescrivent par cinq ans.

86. En aucun cas le crédi-rentier ne pourra, à moins de convention contraire, être contraint à recevoir le remboursement de sa rente.

87. Il a sur l'immeuble tenu à enzel un privilège pour le payement de sa rente, et le droit suit l'immeuble en quelque main qu'il passe.

88. En cas de non payement de la rente par le débi-rentier, il peut poursuivre la vente de l'immeuble tenu à enzel pour avoir payement des arrérages échus.

89. En cas d'insuffisance du prix de vente l'enzeliste (débi-rentier) ne sera tenu personnellement que des arrérages des deux dernières années qui pourront être dues.

TITRE IV.

De l'usufruit des immeubles.

90. L'usufruit immobilier est le droit de jouir d'un immeuble

dont un autre a la propriété comme le propriétaire lui-même, mais à la charge d'en conserver la substance.

91. L'usufruit est établi par la loi ou par la volonté de l'homme.

92. L'usufruit peut être établi, ou purement, ou à certain jour, ou à condition.

93 (1). Il peut être établi :
1° Sur la propriété immobilière;
2° Sur l'enzel;
3° Sur la rente de l'enzel;
4° Sur l'emphytéose pour le temps de sa durée;
5° Sur la superficie;
6° Sur l'antichrèse;
7° Sur les hypothèques.

SECTION I.

Des droits de l'usufruitier.

94. L'usufruitier a le droit de jouir de toute espèce de fruits, soit naturels, soit industriels, soit civils, que peut produire l'immeuble dont il a l'usufruit.

95. Les fruits naturels sont ceux qui sont le produit spontané de la terre. Le produit et le croît des animaux sont aussi des fruits naturels.

96. Les fruits industriels d'un fonds sont ceux qu'on obtient par la culture.

97 (2). Les fruits civils sont les loyers des maisons, les prix

(1) **Ancien texte** : *Loi du 1er juillet* 1885. — Il peut être établi :
1° Sur la propriété immobilière ;
2° Sur l'enzel ;
3° Sur la rente de l'enzel;
4° Sur l'emphytéose pour le temps de sa durée;
5° Sur la superficie.

(2) **Ancien texte** : *Loi du 1er juillet* 1885. — Les fruits civils sont les loyers des maisons, les prix des baux à ferme et les arrérages de la rente de l'enzel.

des baux à ferme, les arrérages de la rente de l'enzel et les intérêts des créances hypothécaires.

98. Les fruits naturels et industriels, pendants par branches ou par racines au moment où l'usufruit est ouvert, appartiennent à l'usufruitier.

Ceux qui sont dans le même état au moment où finit l'usufruit appartiennent au propriétaire, sans récompense de part ni d'autre des labours et des semences, mais aussi sans préjudice de la portion des fruits qui pourrait être acquise au colon partiaire, s'il en existait un au commencement ou à la cessation de l'usufruit.

99. Les fruits civils sont réputés s'acquérir jour par jour, et appartiennent à l'usufruitier, à proportion de la durée de son usufruit.

100. Si l'usufruit comprend des choses dont on ne peut faire usage sans les consommer, l'usufruitier a le droit de s'en servir, mais à la charge d'en rendre de pareille quantité, qualité et valeur, ou leur estimation, à la fin de l'usufruit.

101. Si l'usufruit comprend des choses qui, sans se consommer de suite, se détériorent peu à peu par l'usage, l'usufruitier a le droit de s'en servir pour l'usage auquel elles sont destinées, et n'est obligé de les rendre, à la fin de l'usufruit, que dans l'état où elles se trouvent, non détériorées par son dol ou par sa faute.

102. Si l'usufruit comprend des bois taillis, l'usufruitier est tenu d'observer l'ordre et la quotité des coupes, conformément à l'aménagement et à l'usage constant des propriétaires, sans indemnité toutefois en faveur de l'usufruitier ou de ses héritiers, pour les coupes, soit de taillis, soit de baliveaux, soit de futaie, qu'il aurait négligé de faire pendant sa jouissance.

Les arbres qu'on peut tirer d'une pépinière sans la dégrader, ne font aussi partie de l'usufruit qu'à la charge par l'usufruitier de se conformer aux usages des lieux pour le remplacement.

103. L'usufruitier profite encore, toujours en se conformant aux époques et à l'usage des anciens propriétaires, des parties de bois de haute futaie qui ont été mises en coupes réglées, soit que ces coupes se fassent périodiquement sur une certaine étendue de terrain, soit qu'elles se fassent d'une certaine quantité d'arbres pris indistinctement sur toute la surface du domaine.

104. Dans tous les autres cas, l'usufruitier ne peut toucher aux arbres de haute futaie; il peut seulement employer, pour faire les réparations dont il est tenu, les arbres arrachés ou brisés par accident; il peut même, pour cet objet, en faire abattre s'il est nécessaire, mais à la charge d'en faire constater la nécessité avec le propriétaire.

105. Il peut prendre, dans les bois, des échalas, pour les vignes; il peut aussi prendre sur les arbres les produits annuels ou périodiques; le tout suivant l'usage du pays ou la coutume des propriétaires.

106. Les arbres fruitiers qui meurent, ceux-mêmes qui sont arrachés ou brisés par accident appartiennent à l'usufruitier, à la charge de les remplacer par d'autres.

107 (1). L'usufruitier peut jouir par lui-même, donner à ferme dans les conditions du code civil français, ou même vendre ou céder son droit à titre gratuit.

108. L'usufruitier jouit de l'augmentation survenue par alluvion à l'immeuble dont il a l'usufruit.

109. Il jouit des droits de servitude, de passage, et généralement de tous les droits dont le propriétaire peut jouir, et il en jouit comme le propriétaire lui-même.

110. Il jouit aussi de la même manière que le propriétaire, des mines et carrières qui sont en exploitation à l'ouverture de l'usufruit; et néanmoins, s'il s'agit d'une exploitation qui ne puisse être faite sans une concession, l'usufruitier ne pourra en jouir qu'après l'avoir obtenue conformément à la loi.

Il n'a aucun droit aux mines et carrières non encore ouvertes, ni aux tourbières dont l'exploitation n'est pas encore commencée, ni au trésor qui pourrait être découvert pendant la durée de l'usufruit.

(1) **Ancien texte** : *Loi du 1er juillet* 1885. — L'usufruitier peut jouir par lui-même, donner à ferme à un autre, ou même vendre ou céder son droit à titre gratuit.

111. Le propriétaire ne peut, par son fait, ni de quelque manière que ce soit, nuire aux droits de l'usufruitier.

De son côté, l'usufruitier ne peut, à la cessation de l'usufruit, réclamer aucune indemnité pour les améliorations qu'il prétendrait avoir faites, encore que la valeur de l'immeuble en fût augmentée.

Il peut cependant, ou ses héritiers, enlever les glaces, tableaux et autres ornements qu'il aurait fait placer, mais à la charge de rétablir les lieux dans leur premier état.

SECTION II.

Des obligations de l'usufruitier.

112. L'usufruitier prend les immeubles dans l'état où ils sont; mais il ne peut entrer en jouissance qu'après en avoir fait dresser l'état, en présence du propriétaire, ou lui dûment appelé.

113. Il donne caution de jouir en bon père de famille, s'il n'en est dispensé par l'acte constitutif de l'usufruit; cependant, les pères et mères ayant l'usufruit légal du bien de leurs enfants, le vendeur ou le donateur sous réserve d'usufruit, ne sont pas tenus de donner caution.

114. Si l'usufruitier ne trouve pas de caution, les immeubles sont donnés à ferme ou mis en séquestre.

Le prix des fermes appartient, dans ce cas, à l'usufruitier.

115. Le retard de donner caution ne prive pas l'usufruitier des fruits auxquels il peut avoir droit; ils lui sont dus du moment où l'usufruit a été ouvert.

116. L'usufruitier n'est tenu qu'aux réparations d'entretien.

Les grosses réparations demeurent à la charge du propriétaire, à moins qu'elles n'aient été occasionnées par le défaut de réparations d'entretien, depuis l'ouverture de l'usufruit; auquel cas l'usufruitier en est aussi tenu.

117. Les grosses réparations sont celles des gros murs et des voûtes, le rétablissement des poutres et des couvertures entières;

Celui des digues et des murs de soutènement et de clôture aussi en entier.

Toutes les autres réparations sont d'entretien.

118. Ni le propriétaire, ni l'usufruitier, ne sont tenus de rebâtir ce qui est tombé de vétusté, ou ce qui a été détruit par cas fortuit.

119. L'usufruitier est tenu, pendant sa jouissance, de toutes les charges annuelles de l'immeuble, telles que les contributions et autres qui, dans l'usage, sont censées charges des fruits.

120. A l'égard des charges qui peuvent être imposées sur la propriété pendant la durée de l'usufruit, l'usufruitier et le propriétaire y contribuent ainsi qu'il suit :

Le propriétaire est obligé de les payer, et l'usufruitier doit lui tenir compte des intérêts.

Si elles sont avancées par l'usufruitier, il a la répétition du capital à la fin de l'usufruit.

121. Le legs fait par un testateur, d'une rente viagère ou pension alimentaire, doit être acquitté par le légataire universel de l'usufruit dans son intégrité, et par le légataire à titre universel de l'usufruit dans la proportion de sa jouissance, sans aucune répétition de leur part.

122. L'usufruitier à titre particulier n'est pas tenu des dettes auxquelles le fonds est hypothéqué ; s'il est forcé de les payer, il a son recours contre le propriétaire, sauf le cas où il est usufruitier en vertu d'un legs et où l'objet de l'usufruit a été hypothéqué avant ou depuis le testament, soit pour une dette de la succession, soit même pour la dette d'un tiers. Dans ce cas, en effet, celui qui doit acquitter le legs n'est pas tenu de le dégager, à moins qu'il n'ait été chargé de le faire par une disposition expresse du testateur.

123. L'usufruitier, ou universel, ou à titre universel, doit contribuer avec le propriétaire au payement des dettes, ainsi qu'il suit :

On estime la valeur du fonds sujet à usufruit; on fixe ensuite la contribution aux dettes à raison de cette valeur.

Si l'usufruitier veut avancer la somme pour laquelle le fonds doit contribuer, le capital lui en est restitué à la fin de l'usufruit, sans aucun intérêt.

Si l'usufruitier ne veut pas faire cette avance, le propriétaire a le choix, ou de payer cette somme, et dans ce cas l'usufruitier lui tient compte des intérêts pendant la durée de l'usufruit, ou de faire vendre jusqu'à due concurrence une portion des biens soumis à l'usufruit.

124. L'usufruitier n'est tenu que des frais des procès qui concernent la jouissance, et des autres condamnations auxquelles ces procès pourraient donner lieu.

125. Si, pendant la durée de l'usufruit, un tiers commet quelque usurpation sur le fonds, ou attente autrement aux droits du propriétaire, l'usufruitier est tenu de le dénoncer à celui-ci : faute de ce, il est responsable de tout le dommage qui peut en résulter pour le propriétaire, comme il le serait de dégradations commises par lui-même.

SECTION III.

Comment l'usufruit prend fin.

126. L'usufruit s'éteint :

1° Par la mort de l'usufruitier;

2° Par l'expiration du temps pour lequel il a été accordé;

3° Par la consolidation ou la réunion sur la même tête, des deux qualités d'usufruitier et de propriétaire;

4° Par le non-usage du droit pendant vingt ans;

5° Par la perte totale de l'immeuble sur lequel l'usufruit est établi.

127. L'usufruit peut aussi cesser par l'abus que l'usufruitier fait de sa jouissance, soit en commettant des dégradations sur le fonds, soit en le laissant dépérir faute d'entretien.

Les créanciers de l'usufruitier peuvent intervenir dans les contestations pour la conservation de leurs droits; ils peuvent offrir la réparation des dégradations commises, et des garanties pour l'avenir.

Les juges peuvent, suivant la gravité des circonstances, ou prononcer l'extinction absolue de l'usufruit, ou n'ordonner la rentrée du propriétaire dans la jouissance de l'objet qui en est grevé, que sous la charge de payer annuellement à l'usufruitier, ou à ses ayants-cause, une somme déterminée jusqu'à l'instant où l'usufruit aurait dû cesser.

128. L'usufruit qui n'est pas accordé à des particuliers, ne dure que trente ans.

129. L'usufruit accordé jusqu'à ce qu'un tiers ait atteint un âge fixe dure jusqu'à cette époque, encore que le tiers soit mort avant l'âge fixé.

130. La vente de l'immeuble sujet à usufruit ne fait aucun changement dans le droit de l'usufruitier; il continue de jouir de son usufruit s'il n'y a pas formellement renoncé.

131. Les créanciers de l'usufruitier peuvent faire annuler la renonciation qu'il aurait faite à leur préjudice.

132. Si une partie seulement de l'immeuble soumis à l'usufruit est détruite, l'usufruit se conserve sur ce qui reste.

133. Si l'usufruit n'est établi que sur un bâtiment, et que ce bâtiment soit détruit par un incendie ou autre accident, ou qu'il s'écroule de vétusté, l'usufruitier n'aura le droit de jouir ni du sol ni des matériaux.

Si l'usufruit était établi sur un domaine dont le bâtiment faisait partie, l'usufruitier jouirait du sol et des matériaux.

TITRE V.

De l'usage et de l'habitation.

---

134. Les droits d'usage et d'habitation s'établissent et se perdent de la même manière que l'usufruit.

135. On ne peut en jouir, comme dans le cas de l'usufruit, sans donner préalablement caution et sans faire des états.

136. L'usager et celui qui a un droit d'habitation doivent jouir en bon père de famille.

137. Les droits d'usage et d'habitation se règlent par le titre qui les a établis, et reçoivent, d'après ses dispositions, plus ou moins d'étendue.

138. Si le titre ne s'explique pas sur l'étendue de ces droits, ils sont réglés ainsi qu'il suit.

139. Celui qui a l'usage des fruits d'un fonds ne peut en exiger qu'autant qu'il lui en faut pour ses besoins et ceux de sa famille.

Il peut en exiger pour les besoins même des enfants qui lui sont survenus depuis la concession de l'usage.

140. L'usager ne peut céder ni louer son droit à un autre.

141. Celui qui a un droit d'habitation dans une maison peut y demeurer avec sa famille, quand même il n'aurait pas été marié à l'époque où ce droit lui a été donné.

142. Le droit d'habitation se restreint à ce qui est nécessaire pour l'habitation de celui à qui ce droit est concédé, et de sa famille.

143. Le droit d'habitation ne peut être ni cédé ni loué.

144. Si l'usager absorbe tous les fruits du fonds, ou s'il occupe la totalité de la maison, il est assujetti aux frais de culture, aux réparations d'entretien, et au payement des contributions, comme l'usufruitier.

S'il ne prend qu'une partie des fruits, ou s'il n'occupe qu'une partie de la maison, il contribue au prorata de ce dont il jouit.

145. L'usage des bois et forêts est réglé par des lois particulières.

TITRE VI.

De l'emphytéose.

146. L'emphytéose est un droit réel immobilier qui consiste à avoir la pleine jouissance d'un immeuble appartenant à autrui sous la condition de lui payer une redevance annuelle, soit en argent, soit en nature, en reconnaissance de son droit de propriété.

147. L'emphytéose ne pourra être établie que pour une durée d'au moins vingt ans, et jamais au delà de quatre-vingt-dix-neuf ans.

Tout bail d'une durée de vingt ans et au-dessus sera présumé bail emphytéotique, à moins de stipulations contraires, soit dans le bail, soit dans un acte séparé.

148. L'emphytéote exerce tous les droits attachés à la propriété du fonds, mais il ne peut rien faire pour en diminuer la valeur.

Il a par exemple la faculté d'aliéner son droit, de l'hypothéquer et de grever le fonds emphytéotique pour la durée de sa jouissance.

149 (1). L'emphytéose s'éteint,

1° Par la confusion;

2° Par la destruction du fonds.

TITRE VII.

De la superficie.

150. Le droit de superficie est un droit réel immobilier qui

(1) **Ancien texte** : *Loi du 1er juillet* 1885. — L'emphytéose s'éteint :
1° Par la confusion;
2° Par la destruction du fonds;
3° Par la prescription.

consiste à avoir des bâtiments, ouvrages ou plantations sur un fonds appartenant à autrui.

151. Celui qui a le droit de superficie peut toujours l'aliéner et l'hypothéquer.

Il peut grever de servitudes les biens qui font l'objet de son droit, mais dans la limite qui lui appartient pour l'exercice de ce droit.

152 (1). Le droit de superficie s'éteint :

1° Par la confusion ;

2° Par la destruction du fonds.

TITRE VIII.

Des servitudes foncières.

---

153. Une servitude est une charge imposée sur un immeuble pour l'usage et l'utilité d'un immeuble appartenant à un autre propriétaire.

154. Elle dérive ou de la situation naturelle des lieux, ou des obligations imposées par la loi, ou des conventions entre les propriétaires; dans les deux premiers cas elle n'est pas assujettie à l'inscription.

CHAPITRE I.

DES SERVITUDES QUI DÉRIVENT DE LA SITUATION DES LIEUX.

155. Les fonds inférieurs sont assujettis envers ceux qui sont

(1) Ancien texte : *Loi du 1er juillet* 1885. — Le droit de superficie s'éteint :

1° Par la confusion ;

2° Par la destruction du fonds ;

3° Par la prescription.

plus élevés à recevoir les eaux qui en découlent naturellement sans que la main de l'homme y ait contribué.

Le propriétaire inférieur ne peut point élever de digue qui empêche cet écoulement.

Le propriétaire supérieur ne peut rien faire qui aggrave la servitude du fonds inférieur.

156 (1). Abrogé.

157. Tout propriétaire peut clore son héritage sauf l'exception portée en l'article 189.

158 (2). Abrogé.

CHAPITRE II.

DES SERVITUDES ÉTABLIES PAR LA LOI.

159. Les servitudes établies par la loi ont pour objet l'utilité publique ou communale, ou l'utilité des particuliers.

160. Celles établies pour l'utilité publique ou communale ont pour objet le marchepied le long des rivières navigables ou flottables, la construction ou réparation des chemins et autres ouvrages publics ou communaux.

Tout ce qui concerne cette espèce de servitude est déterminé par les lois ou des règlements particuliers.

161. La loi assujettit les propriétaires à différentes obligations l'un à l'égard de l'autre indépendamment de toute convention.

162 (3). Partie de ces obligations est réglée par les lois locales.

(1) Abrogé par la loi du 15 mars 1892. **Ancien texte** : *Loi du 1er juillet* 1885. — Tout propriétaire peut obliger son voisin au bornage de leurs immeubles contigus Le bornage, entre deux immeubles immatriculés, se fait à frais communs.

(2) Abrogé par la loi du 15 mars 1892. **Ancien texte** : *Loi du 1er juillet* 1885. — Le propriétaire qui veut se clore, perd son droit au parcours et vaine pâture, en proportion du terrain qu'il y soustrait.

(3) **Ancien texte** : *Loi du 1er juillet* 1885. — Partie de ces obligations est réglée par les lois sur la police rurale.

Les autres sont relatives au mur et au fossé mitoyens, aux vues sur la propriété du voisin, à l'égout des toits, au droit de passage.

Les autres sont relatives au mur et au fossé mitoyens, aux vues sur la propriété du voisin, à l'égout des toits, au droit de passage.

SECTION I.

Du mur et du fossé mitoyens.

163. Dans les villes et les campagnes, tout mur servant de séparation entre bâtiments jusqu'à l'héberge, ou entre cours et jardins, et même entre clos dans les champs est présumé mitoyen, s'il n'y a titre ou marque du contraire.

164. Il y a marque de non-mitoyenneté lorsque la sommité du mur est droite et à plomb de son parement d'un côté, et présente de l'autre un plan incliné;

Lors encore qu'il n'y a que d'un côté ou un chaperon ou des filets et corbeaux de pierre qui y auraient été mis en bâtissant le mur.

Dans ces cas, le mur est censé appartenir exclusivement au propriétaire du côté duquel sont l'égout ou les corbeaux et filets de pierre.

165. Le dessus d'une rue est présumé dépendance du domaine public s'il n'y a titre ou marque du contraire.

Il y a marque de propriété privée lorsqu'il existe des constructions au-dessus de la rue ou au moins des arceaux joignant les murs élevés de chaque côté de la rue.

Lorsqu'une construction ou l'arceau placés au-dessus de la rue sera détruit par vétusté, accident ou autrement, le propriétaire perdra le bénéfice de la présomption qui en résultait à son profit.

Il ne pourra en aucun cas reconstruire à moins d'une autorisation spéciale.

La propriété privée du dessus d'une rue a pour conséquence la mitoyenneté du mur sur lequel s'appuie l'arceau ou la construction, à moins de titre contraire.

166. La réparation et la reconstruction du mur mitoyen sont à la charge de tous ceux qui y ont droit et proportionnellement au droit de chacun.

167. Cependant tout copropriétaire d'un mur mitoyen peut se dispenser de contribuer aux réparations et reconstructions en abandonnant le droit de mitoyenneté, pourvu que le mur mitoyen ne soutienne pas un bâtiment qui lui appartienne.

168. Tout copropriétaire peut faire bâtir contre un mur mitoyen, et y faire placer des poutres ou solives dans toute l'épaisseur du mur, à cinquante-cinq millimètres près, sans préjudice du droit qu'a le voisin de faire réduire à l'ébauchoir la poutre jusqu'à la moitié du mur, dans le cas où il voudrait lui-même asseoir des poutres dans le même lieu, ou y adosser une cheminée.

169. Tout propriétaire peut faire exhausser le mur mitoyen, mais il doit payer seul la dépense de l'exhaussement, les réparations d'entretien au-dessus de la hauteur de la clôture commune, et, en outre, l'indemnité de la charge en raison de l'exhaussement et suivant la valeur.

170. Si le mur mitoyen n'est pas en état de supporter l'exhaussement, celui qui veut l'exhausser doit le faire reconstruire en entier à ses frais, et l'excédent d'épaisseur doit se prendre de son côté.

171. L'un des voisins ne peut pratiquer dans le corps d'un mur mitoyen aucun enfoncement, ni y appliquer ou appuyer aucun ouvrage sans le consentement de l'autre ou sans avoir, à son refus, fait régler par experts les moyens nécessaires pour que le nouvel ouvrage ne soit pas nuisible aux droits de l'autre.

172. Nul n'est tenu de céder à son voisin la mitoyenneté de son mur; cependant dans le cas d'exhaussement d'un mur mitoyen, le voisin qui n'y a pas contribué peut en acquérir la mitoyenneté en payant la moitié de la dépense qu'a coûtée l'exhaussement, et la valeur de la moitié du sol fourni pour l'excédent d'épaisseur, s'il y en a.

173. Lorsque les différents étages d'une maison appartiennent à divers propriétaires, si les titres de propriété ne règlent pas le mode de réparations et reconstructions, elles doivent être faites ainsi qu'il suit :

Les gros murs et le toit sont à la charge de tous les propriétaires, chacun en proportion de la valeur de l'étage qui lui appartient.

Le propriétaire de chaque étage fait le plancher sur lequel il marche.

Le propriétaire du premier étage fait l'escalier qui y conduit; le propriétaire du second étage fait, à partir du premier, l'escalier qui conduit chez lui, et ainsi de suite.

174 (1). Lorsqu'on reconstruit un mur mitoyen ou une maison, les servitudes actives et passives se continuent à l'égard du nouveau mur ou de la nouvelle maison, sans toutefois qu'elles puissent être aggravées.

175 (2). Toute clôture qui sépare des fonds de terre est réputée mitoyenne, à moins qu'il n'y en ait qu'un seul en état de clôture, ou s'il n'y a titre ou marque contraire.

Pour les fossés, il y a marque de non-mitoyenneté lorsque la levée ou le rejet de la terre se trouve d'un côté seulement du fossé.

Le fossé est censé appartenir exclusivement à celui du côté duquel le rejet se trouve.

176. La clôture mitoyenne doit être entretenue à frais com-

(1) **Ancien texte** : *Loi du* 1er *juillet* 1885. — Lorsqu'on reconstruit un mur mitoyen ou une maison, les servitudes actives et passives se continuent à l'égard du nouveau mur ou de la nouvelle maison, sans toutefois qu'elles puissent être aggravées, et pourvu que la reconstruction se fasse avant que la prescription soit acquise.

(2) **Anciens textes** :

Loi du 1er *juillet* 1885. — Toute clôture qui sépare des fonds de terre est réputée mitoyenne, à moins qu'il n'y en ait qu'un seul en état de clôture, ou s'il y a titre, prescription ou marque contraire.

Pour les fossés, il y a marque de non-mitoyenneté lorsque la levée ou le rejet de la terre se trouve d'un côté seulement du fossé. Le fossé est censé appartenir exclusivement à celui du côté duquel le rejet se trouve.

Loi du 16 *mai* 1886. — Toute clôture qui sépare des fonds de terre est réputée mitoyenne, à moins qu'il n'y en ait qu'un seul en état de clôture, ou s'il n'y a titre, prescription ou marque contraire.

Pour les fossés, il y a marque de non-mitoyenneté lorsque la levée ou le rejet de la terre se trouve d'un côté seulement du fossé.

muns; mais le voisin peut se soustraire à cette obligation en renonçant à la mitoyenneté.

Cette faculté cesse si le fossé sert habituellement à l'écoulement des eaux.

177. Le voisin dont l'héritage joint un fossé ou une haie non mitoyens ne peut contraindre le propriétaire de ce fossé ou de cette haie à lui céder la mitoyenneté.

Le copropriétaire d'une haie mitoyenne peut la détruire jusqu'à la limite de sa propriété, à la charge de construire un mur sur cette limite.

La même règle est applicable au copropriétaire d'un fossé mitoyen qui ne sert qu'à la clôture.

178. Tant que dure la mitoyenneté de la haie, les produits en appartiennent aux propriétaires par moitié.

179. Les arbres qui se trouvent dans la haie mitoyenne sont mitoyens comme la haie. Les arbres plantés sur la ligne séparative de deux immeubles sont aussi réputés mitoyens. Lorsqu'ils meurent ou lorsqu'ils sont coupés ou arrachés, ces arbres sont partagés par moitié. Les fruits sont recueillis à frais communs et partagés aussi par moitié, soit qu'ils tombent naturellement, soit que la chute en ait été provoquée, soit qu'ils aient été cueillis.

Chaque propriétaire a le droit d'exiger que les arbres mitoyens soient arrachés.

180. Il n'est permis d'avoir des arbres, arbrisseaux et arbustes près de la limite du fonds voisin qu'à la distance prescrite par les règlements particuliers actuellement existants, ou par des usages constants et reconnus, et, à défaut de règlements et usages, qu'à la distance de deux mètres de la ligne séparative des deux fonds pour les plantations dont la hauteur dépasse deux mètres, et à la distance d'un demi-mètre pour les autres plantations.

Les arbres, arbustes et arbrisseaux de toute espèce peuvent être plantés en espalier, de chaque côté du mur séparatif sans que l'on soit tenu d'observer aucune distance, mais ils ne pourront dépasser la crête du mur.

Si le mur n'est pas mitoyen, le propriétaire seul a le droit d'y appuyer ses espaliers.

181 (1). Le voisin peut exiger que les arbres, arbrisseaux et arbustes, plantés à une distance moindre que la distance légale, soient arrachés ou réduits à la hauteur déterminée dans l'article précédent, à moins qu'il n'y ait titre, ou inscription contraire.

Si les arbres meurent, ou s'ils sont coupés ou arrachés, le voisin ne peut les remplacer qu'en observant les distances légales.

182 (2). Celui sur le fonds duquel avancent les branches des arbres du voisin peut contraindre celui-ci à les couper. Les fruits tombés naturellement de ces branches lui appartiennent.

Si ce sont les racines qui avancent sur son fonds, il a le droit de les y couper lui-même.

SECTION II.

De la distance et des ouvrages intermédiaires requis pour certaines constructions.

183. Celui qui fait creuser un puits ou une fosse d'aisance près d'un mur mitoyen ou non,

Celui qui veut y construire une cheminée ou âtre, forge, four ou fourneau,

Y adosser une étable,

Ou établir contre ce mur un magasin de sel ou amas de matières corrosives,

(1) **Ancien texte** : *Loi du 1er juillet* 1885. — Le voisin peut exiger que les arbres, arbrisseaux et arbustes, plantés à une distance moindre que la distance légale, soient arrachés ou réduits à la hauteur déterminée dans l'article précédent, à moins qu'il n'y ait titre, destination du père de famille ou prescription par vingt ans.

Si les arbres meurent, ou s'ils sont coupés ou arrachés, le voisin ne peut les remplacer qu'en observant les distances légales.

(2) **Ancien texte** : *Loi du 1er juillet* 1885. — Celui sur le fonds duquel avancent les branches des arbres du voisin peut contraindre celui-ci à les couper. Les fruits tombés naturellement de ces branches lui appartiennent.

Si ce sont les racines qui avancent sur son fonds, il a le droit de les y couper lui-même.

Ce droit de couper les racines ou de faire couper les branches est imprescriptible

Est obligé à laisser la distance prescrite par les règlements et usages particuliers sur ces objets, ou à faire les ouvrages prescrits par les mêmes règlements et usages, pour éviter de nuire au voisin.

SECTION III.

Des vues sur la propriété de son voisin.

184. L'un des voisins ne peut, sans le consentement de l'autre, pratiquer dans le mur mitoyen aucune fenêtre ou ouverture, en quelque manière que ce soit, même à verre dormant.

185. Une fenêtre ne peut être ouverte sur le fonds du voisin, même dans une rue, si son bord extérieur n'est distant de trois mètres au moins de la limite de ce fonds ou du mur de la maison élevée sur ce fonds, à moins du consentement des voisins intéressés, donné conformément aux règlements ou usages locaux.

Il en est de même des fenêtres et des portes à ouvrir dans les impasses quelle qu'en soit la largeur.

186. Aucune fenêtre donnant vue dans l'intérieur de l'habitation du voisin ne pourra être ouverte sans son consentement.

187. L'élévation des constructions urbaines sera déterminée par arrêté municipal.

Les personnes qui auraient à réclamer contre l'ouverture d'une porte ou d'une fenêtre, ou l'élévation d'une construction, faites contrairement aux dispositions de la présente section, auront un délai de six mois à dater de l'ouverture ou de la construction, pour formuler leur opposition; passé ce délai elle ne sera plus recevable.

SECTION IV.

De l'égout des toits.

188. Tout propriétaire doit établir des toits de manière que les eaux pluviales s'écoulent sur son terrain ou sur la voie publique; il ne peut les faire verser sur le fonds de son voisin.

SECTION V.

Du droit de passage.

189. Le propriétaire dont les fonds sont enclavés et qui n'a sur la voie publique aucune issue, ou qu'une issue insuffisante pour l'exploitation soit agricole, soit industrielle de sa propriété, peut réclamer un passage sur les fonds de ses voisins, à la charge d'une indemnité proportionnée au dommage qu'il peut occasionner.

190. Le passage doit régulièrement être pris du côté où le trajet est le plus court du fonds enclavé à la voie publique.

Néanmoins il doit être fixé dans l'endroit le moins dommageable à celui sur le fonds duquel il est accordé.

191. Si l'enclave résulte de la division d'un fonds par suite d'une vente, d'un échange d'un partage ou de tout autre contrat, le passage ne peut être demandé que sur les terrains qui ont fait l'objet de ces actes.

Toutefois, dans le cas où un passage suffisant ne pourrait être établi sur les fonds divisés, l'article 189 serait applicable.

192. L'assiette et le mode de servitude de passage pour cause d'enclave sont déterminés par vingt ans d'usage continu.

L'action en indemnité, dans le cas prévu par l'article 189, est prescriptible, et le passage peut être continué, quoique l'action en indemnité ne soit plus recevable.

CHAPITRE III.

DES SERVITUDES ÉTABLIES PAR LE FAIT DE L'HOMME.

SECTION I.

Des diverses espèces de servitudes qui peuvent être établies sur les immeubles.

193. Il est permis aux propriétaires d'établir sur leurs immeubles, ou en faveur de leurs immeubles, telles servitudes que bon leur semble, pourvu néanmoins que les services établis ne soient imposés ni à la personne, ni en faveur de la personne, mais seulement à un fonds et pour un fonds, et pourvu que ces services n'aient d'ailleurs rien de contraire à l'ordre public.

L'usage et l'étendue des servitudes ainsi établies se règlent par le titre qui les constitue; à défaut de titre, par les règles ci-après.

194. Les servitudes sont établies ou pour l'usage des bâtiments, ou pour celui des fonds de terre.

Celles de la première espèce s'appellent urbaines, soit que les bâtiments auxquels elles sont dues soient situés à la ville ou à la campagne.

Celles de la seconde espèce se nomment rurales.

195. Les servitudes sont ou continues ou discontinues.

Les servitudes continues sont celles dont l'usage est ou peut être continuel sans avoir besoin du fait actuel de l'homme : tels sont les conduites d'eau, les égouts, les vues et autres de cette espèce.

Les servitudes discontinues sont celles qui ont besoin du fait actuel de l'homme pour être exercées : tels sont les droits de passage, puisage, pacage et autres semblables.

196. Les servitudes sont apparentes ou non apparentes.

Les servitudes apparentes sont celles qui s'annoncent par des ouvrages extérieurs, tels qu'une porte, une fenêtre, un aqueduc.

Les servitudes non apparentes sont celles qui n'ont pas de signe extérieur de leur existence, comme, par exemple, la prohibition de bâtir sur un fonds ou de ne bâtir qu'à une hauteur déterminée.

SECTION II.

Comment s'établissent les servitudes.

197 (1). Les servitudes ne peuvent s'établir que par titre.

198 (2). Abrogé.

199 (3). Abrogé.

200 (4). Abrogé.

201 (5). Abrogé.

202. Quand on établit une servitude, on est censé accorder tout ce qui est nécessaire pour en user.

Ainsi la servitude de puiser de l'eau à la fontaine d'autrui, emporte nécessairement le droit de passage.

(1) **Ancien texte** : *Loi du* 1er *juillet* 1885. — Les servitudes continues et apparentes s'acquièrent par titre ou par la possession de vingt ans.

(2) Abrogé par la loi du 15 mars 1892. **Ancien texte** : *Loi du* 1er *juillet* 1885. — Les servitudes continues non apparentes et les servitudes discontinues apparentes ou non apparentes, ne peuvent s'établir que par titres.

La possession même immémoriale ne suffit pas pour les établir.

(3) Abrogé par la loi du 15 mars 1892. **Ancien texte** : *Loi du* 1er *juillet* 1885. — La destination du père de famille vaut titre à l'égard des servitudes continues et apparentes.

(4) Abrogé par la loi du 15 mars 1892. **Ancien texte** : *Loi du* 1er *juillet* 1885. — Il n'y a destination du père de famille que lorsqu'il est prouvé que les deux fonds actuellement divisés ont appartenu au même propriétaire, et que c'est par lui que les choses ont été mises dans l'état duquel résulte la servitude.

(5) Abrogé par la loi du 15 mars 1892. **Ancien texte** : *Loi du* 1er *juillet* 1885. — Le titre constitutif de la servitude, à l'égard de celles qui ne peuvent s'acquérir par la prescription, ne peut être remplacé que par un titre recognitif de la servitude, et émané du propriétaire du fonds asservi.

SECTION III.

Des droits du propriétaire du fonds auquel la servitude est due.

203. Celui auquel est due une servitude, a droit de faire tous les ouvrages nécessaires pour en user et pour la conserver.

204. Ces ouvrages sont à ses frais, et non à ceux du propriétaire du fonds assujetti, à moins que le titre d'établissement de la servitude ne dise le contraire.

205. Dans le cas même où le propriétaire du fonds assujetti est chargé par le titre de faire à ses frais les ouvrages nécessaires pour l'usage ou la conservation de la servitude, il peut toujours s'affranchir de la charge, en abandonnant le fonds assujetti au propriétaire du fonds auquel la servitude est due.

206. Si le fonds pour lequel la servitude a été établie vient à être divisé, la servitude reste due pour chaque portion, sans néanmoins que la condition du fonds assujetti soit aggravée.

Ainsi, par exemple, s'il s'agit d'un droit de passage, tous les copropriétaires seront obligés de l'exercer par le même endroit.

207. Le propriétaire du fonds débiteur de la servitude ne peut rien faire qui tende à en diminuer l'usage ou à le rendre plus incommode.

Ainsi il ne peut changer l'état des lieux, ni transporter l'exercice de la servitude dans un endroit différent de celui où elle a été primitivement assignée.

Mais cependant, si cette assignation primitive était devenue plus onéreuse au propriétaire du fonds assujetti, ou si elle l'empêchait d'y faire des réparations avantageuses, il pourrait offrir au propriétaire de l'autre fonds un endroit aussi commode pour l'exercice de ses droits et celui-ci ne pourrait pas le refuser.

208. De son côté, celui qui a un droit de servitude, ne peut en user que suivant son titre, sans pouvoir faire, ni dans le fonds qui doit la servitude, ni dans le fonds à qui elle est due, de changement qui aggrave la condition du premier.

SECTION IV.

Comment s'éteignent les servitudes.

209 (1). Lorsqu'un immeuble se trouve dans un état tel qu'on ne puisse user d'une servitude et que le non usage a duré pendant 20 ans, la radiation de cette servitude est prononcée par jugement.

210 (2). Abrogé.

211 (3). Abrogé.

212 (4). Abrogé.

213. Les vingt ans commencent à courir, selon les diverses espèces de servitudes, ou du jour où l'on a cessé d'en jouir lorsqu'il s'agit de servitudes discontinues, ou du jour où il a été fait un acte contraire à la servitude, lorsqu'il s'agit de servitudes continues.

214 (5). Abrogé.

215 (6). Abrogé.

(1) **Ancien texte** : *Loi du 1er juillet* 1885. — Les servitudes cessent lorsque les immeubles se trouvent en tel état qu'on ne peut plus en user.

(2) Abrogé par la loi du 15 mars 1892. **Ancien texte** : *Loi du 1er juillet* 1885. — Elles revivent si les immeubles sont rétablis de manière qu'on puisse en user, à moins qu'il ne se soit déjà écoulé un espace de temps suffisant pour faire présumer l'extinction de la servitude, ainsi qu'il est dit à l'article 213.

(3) Abrogé par la loi du 15 mars 1892. **Ancien texte** : *Loi du 1er juillet* 1885. — Toute servitude est éteinte lorsque le fonds à qui elle est due et celui qui la doit sont réunis dans la même main.

(4) Abrogé par la loi du 15 mars 1892. **Ancien texte** : *Loi du 1er juillet* 1885. — La servitude est éteinte par le non usage pendant vingt ans.

(5) Abrogé par la loi du 15 mars 1892. **Ancien texte** : *Loi du 1er juillet* 1885. — Le mode de la servitude peut se prescrire comme la servitude même et de la même manière.

(6) Abrogé par la loi du 15 mars 1892. **Ancien texte** : *Loi du 1er juillet* 1885. — Si le fonds en faveur duquel la servitude est établie, appartient à plusieurs par indivis, la jouissance de l'un empêche la prescription à l'égard de tous.

216 (1). Abrogé.

TITRE IX.

De l'antichrèse.

217. L'antichrèse est la remise d'un immeuble par le débiteur à son créancier pour sûreté de sa dette.

218. L'antichrèse ne s'établit que par écrit.

219. Le créancier n'acquiert par ce contrat que la faculté de percevoir les fruits de l'immeuble, à la charge de les imputer annuellement sur les intérêts, s'il lui en est dû, et ensuite sur le capital de sa créance.

220. Le créancier est tenu, s'il n'en est autrement convenu, de payer les contributions et les charges annuelles de l'immeuble qu'il tient en antichrèse.

Il doit également, sous peine de dommages et intérêts, pourvoir à l'entretien et aux réparations utiles et nécessaires de l'immeuble, sauf à prélever sur les fruits toutes les dépenses relatives à ces divers objets.

221. Le débiteur ne peut, avant l'entier acquittement de la dette, réclamer la jouissance de l'immeuble qu'il a remis en antichrèse.

Mais le créancier qui veut se décharger des obligations exprimées en l'article précédent, peut toujours, à moins qu'il n'ait renoncé à ce droit, contraindre le débiteur à reprendre la jouissance de son immeuble.

222. Le créancier ne devient point propriétaire de l'immeuble par le seul défaut de payement au terme convenu ; toute clause

(1) Abrogé par la loi du 15 mars 1892. **Ancien texte** : *Loi du* 1er *juillet* 1885. — Si parmi les copropriétaires il s'en trouve un contre lequel la prescription n'ait pu courir, comme un mineur, il aura conservé le droit de tous les autres.

contraire est nulle : en ce cas, il peut poursuivre l'expropriation de son débiteur par les voies légales.

223. Lorsque les parties ont stipulé que les fruits se compenseront avec les intérêts, ou totalement, ou jusqu'à une certaine concurrence, cette convention s'exécute comme toute autre qui n'est point prohibée par les lois.

224. L'antichrèse peut être donnée par un tiers pour le débiteur.

225. L'antichrèse est indivisible nonobstant la divisibilité de la dette entre les héritiers du débiteur ou ceux du créancier.

L'héritier du débiteur qui a payé sa portion de la dette, ne peut demander la restitution de sa portion dans l'immeuble remis en antichrèse, tant que la dette n'est pas entièrement acquittée.

Réciproquement l'héritier du créancier qui a reçu sa portion de la dette, ne peut remettre l'immeuble tenu à antichrèse, au préjudice de ceux de ses cohéritiers qui ne sont pas payés.

226. Tout ce qui est statué au présent titre, ne préjudicie point aux droits que des tiers pourraient avoir sur l'immeuble remis en antichrèse.

Si le créancier, muni à ce titre, a d'ailleurs sur le fonds, des privilèges ou hypothèques légalement établis et conservés, il les exerce à son ordre et comme tout créancier.

227. Le créancier répond, selon le droit commun, de la perte ou détérioration de l'immeuble qui serait survenue par sa négligence.

Le débiteur doit tenir compte au créancier des dépenses utiles et nécessaires que celui-ci a faites pour la conservation de l'immeuble remis en antichrèse.

TITRE X.

Des privilèges.

---

228. Le privilège est un droit réel immobilier que la qualité de la créance donne à un créancier d'être préféré aux autres créanciers même hypothécaires.

Il n'est pas assujetti à l'inscription, sauf celui du crédi-rentier de l'enzel, et dans ce cas l'inscription prise aura la même durée que le privilège.

229 (1). Les créances privilégiées sur le prix des immeubles sont les suivantes et s'exercent suivant l'ordre établi ci-après :

1° Les frais de justice ;

2° Les droits du Trésor;

3° Les arrérages dus au crédi-rentier de l'enzel.

230 (2). Ces privilèges, excepté celui du crédi-rentier de l'enzel, ne s'exercent sur le prix des immeubles qu'à défaut de mobilier.

(1) **Ancien texte** : *Loi du* 1er *juillet* 1885. — Les créances privilégiées sur le prix des immeubles sont les suivantes et s'exercent suivant l'ordre établi ci-après :

1° Les frais de justice ;

2° Les droits du Trésor;

3° Les frais funéraires ;

4° Les frais quelconques de la dernière maladie, concurremment entre ceux à qui ils sont dus;

5° Les salaires des gens de service pour l'année échue et ce qui est dû de l'année courante ;

6° Les fournitures de subsistances faites au débiteur et à sa famille, savoir : pendant les six derniers mois, par les marchands en détail, tels que boulangers, bouchers et autres; et pendant la dernière année, par les maîtres de pension et marchands en gros;

7° Les arrérages dus au crédi-rentier de l'enzel.

(2) **Ancien texte** : *Loi du* 1er *juillet* 1885. — Tous ces privilèges, excepté celui du crédi-rentier de l'enzel, ne s'exercent sur le prix des immeubles qu'à défaut de mobilier.

TITRE XI.

Des hypothèques.

---

231. L'hypothèque est un droit réel immobilier sur les immeubles affectés à l'acquittement d'une obligation.

Elle est, de sa nature, indivisible, et subsiste en entier sur tous les immeubles affectés, sur chacun et sur chaque portion de ces immeubles.

Elle les suit dans quelques mains qu'ils passent.

232. L'hypothèque n'a lieu que dans les cas et suivant les formes autorisés par la loi.

233 (1). Sont seuls susceptibles d'hypothèques :

1° La propriété immobilière qui est dans le commerce;

2° L'usufruit des immeubles pour le temps de sa durée;

3° L'enzel;

4° L'emphytéose pour le temps de sa durée;

5° La superficie.

234. L'hypothèque acquise s'étend aux accessoires réputés immeubles, et aux améliorations survenues à l'immeuble hypothéqué.

235 (2). Abrogé.

(1) **Ancien texte** : *Loi du 1er juillet* 1885. — Sont seuls susceptibles d'hypothèque :

1° La propriété immobilière qui est dans le commerce;

2° L'usufruit des immeubles pour le temps de sa durée;

3° L'enzel;

4° La rente de l'enzel;

5° L'emphytéose pour le temps de sa durée;

6° La superficie.

(2) Abrogé par la loi du 15 mars 1892. **Ancien texte** : *Loi du 1er juillet* 1885. — L'inscription d'une hypothèque sera annulée et ne produira aucun effet, même à l'égard des tiers, si elle est prise dans le délai pendant lequel les actes faits avant l'ouverture des faillites sont déclarés nuls.

236 (1). Abrogé.

237. Le créancier inscrit pour un capital produisant intérêts ou arrérages a droit d'être colloqué pour une année seulement et pour l'année courante, au même rang d'hypothèque que pour son capital, à condition toutefois que ce droit résulte de l'acte, qu'il soit inscrit et que le taux de l'intérêt soit indiqué dans l'acte et l'inscription.

238. L'hypothèque est volontaire ou forcée. Elle ne s'acquiert dans les deux cas que par l'inscription. Les inscriptions prises auront la même durée que l'hypothèque.

CHAPITRE I.

DES HYPOTHÈQUES FORCÉES.

239 (2). L'hypothèque forcée est celle qui est acquise en vertu d'une décision de justice, sans le consentement du débiteur, et dans les cas ci-après déterminés :

1° Aux mineurs et aux interdits sur les immeubles des tuteurs et de leurs cautions;

2° A la femme sur les immeubles de son mari, pour sa dot, ses droits matrimoniaux, l'indemnité des obligations du mari dont elle est tenue et le remploi du prix de ses biens aliénés;

3° Au vendeur, à l'échangiste, ou au co-partageant sur l'im-

(1) Abrogé par la loi du 15 mars 1892. **Ancien texte** : *Loi du 1er juillet* 1885. — Il en est de même entre les créanciers d'une succession, si l'inscription n'a été faite par l'un d'eux que depuis l'ouverture et dans le cas où la succession n'est acceptée que sous bénéfice d'inventaire.

(2) **Ancien texte** : *Loi du 1er juillet* 1885. — L'hypothèque forcée est celle qui est acquise en vertu d'une décision de justice, sans le consentement du débiteur, et dans les cas ci-après déterminés :

1° Aux mineurs et aux interdits sur les immeubles des tuteurs et de leurs cautions;

2° A la femme sur les immeubles de son mari, pour sa dot, ses droits matrimoniaux, l'indemnité des obligations du mari dont elle est tenue et le remploi du prix de ses biens aliénés;

3° Au vendeur sur l'immeuble vendu, quand il n'a pas été réservé d'hypothèque conventionnelle pour le payement du prix.

meuble vendu, échangé ou partagé, quand il n'a pas été réservé d'hypothèque conventionnelle pour le payement du prix ou de la soulte d'échange ou de partage.

240. A l'ouverture d'une tutelle ou d'une interdiction, le conseil de famille désigne contradictoirement avec le tuteur ceux de ses immeubles qui seront grevés d'hypothèque et fixe la somme pour laquelle l'inscription sera prise.

241. Si, dans le cours de la tutelle ou de l'interdiction, les garanties, données par le tuteur, se trouvent modifiées ou deviennent insuffisantes, le conseil de famille peut en exiger de nouvelles; si elles sont devenues excessives, il peut les diminuer.

242. Dans tous les cas, à défaut du consentement du tuteur, la délibération du conseil de famille sera soumise à l'homologation du tribunal et le droit à l'hypothèque résultera du jugement de ce tribunal.

243. La convention matrimoniale, s'il y en a, détermine les immeubles du mari qui sont grevés d'hypothèque, l'objet auquel s'applique la garantie, et la somme jusqu'à concurrence de laquelle l'inscription peut être prise.

244. S'il n'a pas été stipulé d'hypothèque ou en cas d'insuffisance des garanties déterminées par le contrat, la femme peut, dans le cours du mariage, et en vertu d'un jugement du tribunal, à défaut du consentement du mari, pour toutes les causes de recours qu'elle peut avoir contre lui soit à raison d'obligations par elles souscrites, ou d'aliénation de ses propres, ou de donations ou de successions auxquelles elle est appelée, requérir inscription d'une hypothèque sur les immeubles de son mari.

Le jugement, dans ce cas, détermine, la somme pour laquelle l'inscription sera prise, l'objet à garantir, et les immeubles sur lesquels l'inscription se fera.

Lorsque les garanties seront devenues excessives, le mari pourra en demander la diminution au tribunal.

245. Le mari ou le tuteur pourra toujours être dispensé de l'hypothèque en constituant un gage mobilier ou une caution, lorsque cette substitution sera reconnue suffisante par une décision de justice.

246. Le vendeur d'un immeuble peut, dans le contrat de vente, stipuler de son acheteur une hypothèque sur l'immeuble vendu, pour garantie du payement total ou partiel du prix.

Il peut également stipuler qu'en cas de nouvelle transmission de la propriété de l'immeuble avant payement total ou partiel du prix, il conservera l'action en résolution de la vente.

247. A défaut de stipulation d'hypothèque, le vendeur peut, en vertu d'un jugement du tribunal, requérir l'inscription sur le dit immeuble.

Le jugement pourra également, sur les conclusions du vendeur, lui accorder la conservation de son action en résolution en cas de transmission ultérieure de la propriété de l'immeuble avant payement total ou partiel du prix.

248. A défaut d'inscription de la clause de conservation de l'action résolutoire, résultant du contrat ou du jugement, la résolution de la vente ne pourra en aucun cas être opposée aux tiers.

249. Dans ces divers cas le président du tribunal pourra, en cas d'urgence, ordonner toutes inscriptions conservatoires, lesquelles n'auront d'effet que jusqu'au jugement définitif. Si le jugement définitif maintient tout ou partie de l'inscription, ce qui aura été conservé prendra rang à la date de l'inscription prise conservatoirement.

CHAPITRE II.

DES HYPOTHÈQUES VOLONTAIRES.

250 (1). Les hypothèques volontaires ne peuvent être consen-

(1) **Ancien texte** : — *Loi du 1er juillet* 1885. — Les hypothèques volontaires ne s'établissent que par un écrit authentique ou sous seing privé. Elles ne peuvent être consenties que par ceux qui ont la capacité d'aliéner les immeubles qu'ils y soumettent.

ties que par ceux qui ont la capacité d'aliéner les immeubles qu'ils y soumettent.

251. Les écrits faits en pays étrangers peuvent donner hypothèque sur des immeubles sis en Tunisie, à condition de se conformer aux dispositions de la présente loi.

252 (1). Ceux qui n'ont sur l'immeuble qu'un droit suspendu par une condition, ou résoluble dans certains cas, ou sujet à rescision, ne peuvent consentir qu'une hypothèque soumise aux mêmes conditions ou à la même rescision.

Cette disposition ne pourra, toutefois, conformément à l'article 16 ci-dessus, préjudicier aux droits que les créanciers hypothécaires de bonne foi auraient fait inscrire régulièrement.

253. Les biens des mineurs et des interdits, et ceux des absents, tant que la possession n'en est déférée que provisoirement, ne peuvent être hypothéqués que pour les causes et dans les formes établies par la loi.

SECTION I.

De l'hypothèque testamentaire.

254. L'hypothèque testamentaire est celle qui est établie, pour un chiffre déterminé, par le testateur, sur un ou plusieurs de ses immeubles spécialement désignés dans le testament, pour garantir les legs par lui faits.

SECTION II.

De l'hypothèque conventionnelle.

255. Il n'y a d'hypothèque conventionnelle valable, et pou-

(1) **Ancien texte** : *Loi du 1er juillet* 1885. — Ceux qui n'ont sur l'immeuble qu'un droit suspendu par une condition, ou résoluble dans certains cas, ou sujet à rescision, ne peuvent consentir qu'une hypothèque soumise aux mêmes conditions ou à la même rescision.

vant en conséquence être inscrite, que celle qui, soit dans le titre constitutif de la créance, soit dans un titre postérieur, déclare spécialement la nature et la situation de chacun des immeubles actuellement appartenant au débiteur, sur lesquels il consent l'hypothèque de la créance.

256. Si les immeubles affectés à l'hypothèque ont péri ou éprouvé des dégradations, de manière qu'ils soient devenus insuffisants pour la sûreté du créancier, celui-ci a le droit de réclamer le remboursement de sa créance.

Néanmoins le débiteur sera admis à offrir un supplément d'hypothèque si la perte ou les dégradations ont eu lieu sans sa faute.

257. L'hypothèque conventionnelle n'est valable, et ne peut en conséquence être inscrite, qu'autant que la somme pour laquelle elle est consentie est déterminée dans l'acte.

Si la créance résultant de l'obligation est conditionnelle, la condition sera mentionnée dans l'inscription.

258. L'hypothèque consentie pour sûreté d'un crédit ouvert, à concurrence d'une somme déterminée qu'on s'oblige à fournir, est valable, et peut en conséquence être inscrite ; elle prend rang à la date de son inscription sans égard aux époques successives de la délivrance des fonds.

CHAPITRE III.

DU RANG DES HYPOTHÈQUES ENTRE ELLES.

259. L'hypothèque soit volontaire soit forcée n'existe à l'égard des tiers et n'a rang entre les créanciers que du jour de l'inscription prise dans la forme et de la manière prescrites par la présente loi.

260. Tous les créanciers inscrits le même jour exercent en concurrence une hypothèque de la même date, sans distinction entre l'inscription du matin et celle du soir, quand même cette différence serait marquée par le conservateur.

CHAPITRE IV.

DE L'EFFET DES HYPOTHÈQUES CONTRE LES TIERS DÉTENTEURS.

261. Les créanciers ayant une hypothèque inscrite sur un immeuble, le suivent en quelques mains qu'il passe pour être colloqués et payés suivant l'ordre de leur inscription.

262. Si le tiers détenteur ne remplit pas les formalités qui seront ci-après établies pour purger sa propriété, il demeure, par l'effet seul des inscriptions, obligé, comme détenteur, à toutes les dettes hypothécaires; il jouit des termes et délais accordés au débiteur originaire.

263. Le tiers détenteur est tenu, dans le même cas, s'il ne paye tous les intérêts et capitaux exigibles, à quelque somme qu'ils puissent monter, de délaisser l'immeuble hypothéqué sans aucune réserve.

264. Faute par le tiers détenteur de satisfaire pleinement à l'une de ces obligations, chaque créancier hypothécaire a droit de faire vendre sur lui l'immeuble hypothéqué, trente jours après commandement fait au débiteur originaire, et sommation faite au tiers détenteur de payer la dette exigible ou de délaisser l'immeuble.

265. Le délaissement par hypothèque peut être fait par tous les tiers détenteurs qui ne sont pas personnellement obligés à la dette et qui ont la capacité d'aliéner.

266. Il peut l'être même après que le tiers détenteur a reconnu l'obligation ou subi condamnation en cette qualité seulement. Le délaissement n'empêche pas que, jusqu'à l'adjudication, le tiers détenteur ne puisse reprendre l'immeuble, en payant toute la dette et les frais.

267. Le délaissement par hypothèque se fait au greffe du tribunal de la situation des biens, et il en est donné acte par ce tribunal.

Le greffier doit en prévenir immédiatement le conservateur qui en fera mention sur le titre de propriété.

Sur la pétition du plus diligent des intéressés, il est créé à l'immeuble délaissé un curateur sur lequel la vente de l'immeuble est poursuivie dans les formes prescrites pour les expropriations.

268. Les détériorations qui procèdent du fait ou de la négligence du tiers détenteur, au préjudice des créanciers hypothécaires, donnent lieu contre lui à une action en indemnité; mais il ne peut répéter ses impenses et améliorations que jusqu'à concurrence de la plus-value résultant de l'amélioration.

269. Les fruits de l'immeuble hypothéqué ne sont dus par le tiers détenteur qu'à compter du jour de la sommation de payer ou de délaisser; et, si les poursuites commencées ont été abandonnées pendant trois ans, à compter de la nouvelle sommation qui sera faite.

270. Les droits réels immobiliers dont le tiers détenteur avait le bénéfice ou qu'il subissait avant sa possession sur un immeuble délaissé ou adjugé à la suite d'une purge d'hypothèque, renaissent après le délaissement ou après l'adjudication faite sur lui.

Dans le cas où l'inscription aurait été radiée à la suite de la confusion, une nouvelle inscription serait nécessaire pour faire revivre le droit, mais l'intéressé pourra la requérir.

271. Le tiers détenteur qui a payé la dette hypothécaire, ou délaissé l'immeuble hypothéqué, ou subi l'expropriation de cet immeuble, a son recours, tel que de droit, contre le débiteur principal.

272. Le tiers détenteur qui veut purger sa propriété, en payant le prix, observe les formalités qui sont établies dans le chapitre VI ci-après.

CHAPITRE V.

DE L'EXTINCTION DES HYPOTHÈQUES.

273 (1). Les hypothèques s'éteignent :

1° Par l'extinction de l'obligation principale;

2° Par la renonciation du créancier;

3° Par l'accomplissement des formalités et conditions prescrites aux tiers détenteurs pour purger les immeubles par eux acquis.

274 (2). Abrogé.

CHAPITRE VI.

DU MODE DE PURGER LES IMMEUBLES DES HYPOTHÈQUES.

275. L'immeuble, bien que changeant de propriétaire, reste affecté de tous les droits réels immobiliers inscrits sur le titre de propriété.

276. Le nouveau propriétaire qui voudra obtenir la radiation des inscriptions hypothécaires prises sur l'immeuble dont la propriété lui est transmise, devra, après avoir fait inscrire son droit de propriété, soit avant les poursuites autorisées par le chapitre IV qui précède, soit dans le mois au plus tard à compter de la première sommation qui lui est faite, notifier à tous les créanciers inscrits, au domicile par eux élu :

(1) **Ancien texte** : *Loi du 1er juillet* 1885. — Les hypothèques s'éteignent :

1° Par l'extinction de l'obligation principale;

2° Par la renonciation du créancier;

3° Par l'accomplissement des formalités et conditions prescrites aux tiers détenteurs pour purger les immeubles par eux acquis;

4° Par la prescription.

(2) Abrogé par la loi du 15 mars 1892. **Ancien texte** : *Loi du 1er juillet* 1885. — La prescription est acquise au débiteur, quant aux biens qui sont dans ses mains, par le temps fixé pour la prescription de sa dette.

Elle n'est acquise au tiers détenteur que par vingt ans.

1° Extrait de l'acte transmissif de propriété contenant sa date et sa qualité et la désignation des parties;

2° Le prix de l'acquisition et les charges faisant partie du prix; l'évaluation de ces charges, celle du prix même s'il consiste en une rente viagère ou perpétuelle ou en toute obligation autre que celle de payer un capital fixe; enfin l'évaluation de l'immeuble s'il a été donné ou cédé à tout autre titre qu'à celui de vente;

3° Un certificat d'inscriptions de toutes les hypothèques qui pèsent sur l'immeuble, y compris celle du vendeur qui aurait bénéficié des articles 246 ou 247 de la présente loi.

277. Le nouveau propriétaire ne pourra faire usage de la faculté accordée par le précédent article que sous condition de faire la notification prescrite dans l'année de l'inscription de son droit de propriété.

278. Le nouveau propriétaire déclarera, par le même acte, qu'il est prêt d'acquitter les dettes et charges hypothécaires jusqu'à concurrence du prix ou de la valeur déclarée, sans déduction aucune au profit du vendeur ou de tout autre.

Sauf disposition contraire dans les titres de créances, il jouira des termes et délais accordés au débiteur originaire et il observera ceux stipulés contre ce dernier.

Les créances non échues qui ne viennent que pour partie en ordre utile seront immédiatement exigibles vis-à-vis du nouveau propriétaire jusqu'à cette concurrence, et pour le tout à l'égard du débiteur.

279. Si parmi les créanciers se trouve un vendeur ayant à la fois l'hypothèque qu'il aurait fait inscrire et l'action résolutoire qu'il aurait conservée par l'inscription, conformément aux articles 246 ou 247 de la présente loi, il aura quarante jours, à partir de la notification à lui faite, pour opter entre ces deux droits, sous peine d'être déchu de l'action en résolution et de ne pouvoir plus réclamer que son hypothèque.

S'il opte pour la résolution du contrat, il devra, à peine de déchéance, le déclarer au greffe du tribunal devant lequel l'ordre doit être poursuivi. Le greffier doit en prévenir immédiatement le conservateur qui en fera mention sur le titre de propriété.

La déclaration du vendeur sera faite dans le délai ci-dessus fixé, et suivie dans les dix jours de la demande en résolution.

A partir du jour où le vendeur aura opté pour l'action résolutoire, la purge sera suspendue et ne pourra être reprise qu'après la renonciation de la part du vendeur à l'action résolutoire, ou après le rejet de cette action.

Les dispositions qui précèdent sont applicables aux coéchangistes et au donataire.

280. Lorsque le nouveau propriétaire a fait la notification ci-dessus énoncée dans le délai fixé, tout créancier dont l'hypothèque est inscrite peut requérir la mise de l'immeuble aux enchères et adjudications publiques, à la charge :

1° Que cette réquisition sera signifiée au nouveau propriétaire dans les quarante jours, au plus tard, de la notification faite à la requête de ce dernier, en y ajoutant deux jours par cinq myriamètres de distance entre le domicile élu et le domicile réel du créancier le plus éloigné du tribunal qui doit connaître de l'ordre;

2° Qu'elle contiendra soumission du requérant ou d'une personne présentée par lui, de porter le prix à un dixième en sus de celui stipulé dans le contrat, ou déclaré par le nouveau propriétaire. Cette enchère portera sur le prix principal et les charges, sans aucune déduction, mais non sur les frais du premier contrat;

3° Que la même signification sera faite, dans le même délai, au précédent propriétaire et au débiteur principal;

4° Que l'original et les copies de ces exploits seront signés par le créancier requérant, ou par son fondé de procuration expresse, lequel, en ce cas, est tenu de donner copie de sa procuration. Ils devront aussi être signés, le cas échéant, par le tiers enchérisseur;

5° Que le requérant offrira de donner caution personnelle ou hypothécaire jusqu'à concurrence du prix et des charges.

Le tout à peine de nullité.

281. A défaut, par les créanciers, d'avoir requis la mise aux enchères dans le délai et les formes prescrits, la valeur de l'immeuble demeure définitivement fixée au prix stipulé dans le contrat, ou déclaré par le nouveau propriétaire.

Les inscriptions qui ne viennent pas en ordre utile sur le prix seront rayées pour la partie qui l'excèdera, par suite de l'ordre amiable ou judiciaire dressé conformément aux lois de la procédure

Le nouveau propriétaire se libérera des hypothèques, soit en payant aux créanciers inscrits en ordre utile les créances exigibles ou dont l'acquittement lui est facultatif, soit en consignant le prix jusqu'à concurrence de ces créances.

Il reste soumis aux hypothèques venant en ordre utile, à raison des créances non exigibles dont il ne voudrait ou ne pourrait se libérer.

282. En cas de revente par suite de surenchère, elle aura lieu suivant les formes de la procédure civile.

283. L'adjudicataire est tenu, au delà du prix de son adjudication, de restituer à l'acquéreur ou au donataire dépossédé les frais et loyaux coûts de son contrat, ceux de son dépôt à la conservation de la propriété foncière, ceux d'inscription, ceux de notification et ceux faits par lui pour parvenir à la revente.

284. Le désistement du créancier requérant la mise aux enchères ne peut, même quand le créancier payerait le montant de la soumission, empêcher l'adjudication publique, si ce n'est du consentement exprès de tous les autres créanciers hypothécaires, ou si ces derniers, sommés par huissier, au domicile par eux élus, de poursuivre l'adjudication dans la quinzaine, n'y donnent point suite.

285. L'acquéreur qui se sera rendu adjudicataire aura son recours tel que de droit contre le vendeur, pour le remboursement de ce qui excède le prix stipulé par son titre, et pour l'intérêt de cet excédent, à compter du jour de chaque payement.

286. Dans le cas où le titre du nouveau propriétaire comprendrait des immeubles et des meubles, ou plusieurs immeubles, les uns hypothéqués, les autres non hypothéqués, aliénés pour un seul et même prix, ou pour des prix distincts et séparés, soumis ou non à la même exploitation, le prix de chaque immeuble frappé d'inscriptions particulières et séparées, sera déclaré dans la notification du nouveau propriétaire, par ventilation, s'il y a lieu, du prix total exprimé dans le titre.

Le créancier surenchérisseur ne pourra, en aucun cas, être contraint d'étendre sa soumission ni sur le mobilier, ni sur d'autres immeubles que ceux qui sont hypothéqués à sa créance, sauf le recours du nouveau propriétaire contre ses auteurs, pour l'indemnité du dommage qu'il épouverait soit de la division des objets de son acquisition soit de celle des exploitations.

TITRE XII.

De l'expropriation forcée.

287. Le créancier peut poursuivre l'expropriation des droits réels immobiliers suivants appartenant au débiteur.

1° La propriété immobilière;

2° L'enzel;

3° L'usufruit des immeubles;

4° L'emphytéose;

5° La superficie.

288. Néanmoins la part indivise d'un cohéritier dans les immeubles d'une succession ne peut être mise en vente par ses créanciers personnels, avant le partage ou la licitation qu'ils peuvent provoquer s'ils le jugent convenable, ou dans lesquels ils ont le droit d'intervenir conformément aux lois sur les successions.

289. Les immeubles d'un mineur, même émancipé, ou d'un interdit, ne peuvent être mis en vente avant la discussion du mobilier.

290. La discussion du mobilier n'est pas requise avant l'expropriation des immeubles possédés par indivis entre un majeur et un mineur ou un interdit, si la dette leur est commune, ni dans le cas où les poursuites ont été commencées contre un majeur, ou avant l'interdiction.

291. L'expropriation des immeubles qui font partie de la communauté se poursuit contre le mari débiteur, seul, quoique la femme soit obligée à la dette.

Celle des immeubles de la femme qui ne sont point entrés en communauté se poursuit contre le mari et la femme, laquelle, au refus du mari de procéder avec elle, ou si le mari est mineur, peut être autorisée en justice.

En cas de minorité du mari et de la femme, ou de minorité de la femme seule, si son mari majeur refuse de procéder avec elle, il est nommé par le tribunal un tuteur à la femme, contre lequel la poursuite est exercée.

292. Le créancier ne peut poursuivre la vente des immeubles qui ne lui sont pas hypothéqués que dans le cas d'insuffisance de ceux qui lui sont hypothéqués.

293. Il ne pourra être procédé simultanément à la vente de divers immeubles, appartenant au même débiteur, qu'après autorisation sur requête délivrée par le président du tribunal.

294 (1). Si le débiteur justifie, par baux inscrits, que le revenu net et libre de ses immeubles pendant une année suffit pour le payement de la dette, en capital, intérêts et frais et s'il en offre la délégation au créancier, la poursuite peut être suspendue par les juges, sauf à être reprise s'il survient quelque opposition ou obstacle au payement.

295 (2). La vente forcée des immeubles ne peut être pour-

(1) **Ancien texte** : *Loi du 1er juillet* 1885. — Si le débiteur justifie, par baux authentiques, que le revenu net et libre de ses immeubles pendant une année suffit pour le payement de la dette, en capital, intérêts et frais et s'il en offre la délégation au créancier, la poursuite peut être suspendue par les juges, sauf à être reprise s'il survient quelque opposition ou obstacle au payement.

(2) **Anciens textes** :

Loi du 1er juillet 1885. — La vente forcée des immeubles ne peut être poursuivie qu'en vertu d'un titre authentique et exécutoire pour une dette certaine et liquide. Si la dette est en espèces non liquidées, la poursuite est valable ; mais l'adjudication ne pourra être faite qu'après la liquidation.

Loi du 16 mai 1886. — La vente forcée des immeubles ne peut être poursuivie qu'en vertu d'un titre inscrit et exécutoire pour une dette certaine et liquide. Si la

suivie qu'en vertu d'un titre inscrit ou exécutoire pour une dette certaine et liquide. Si la dette est en espèces non liquidées, la poursuite est valable; mais l'adjudication ne pourra être faite qu'après la liquidation.

296. Le cessionnaire d'un titre exécutoire ne peut poursuivre l'expropriation qu'après que la signification du transport a été faite au débiteur.

297. La poursuite peut avoir lieu en vertu d'un jugement provisoire ou définitif, exécutoire par provision, nonobstant appel; mais l'adjudication ne peut se faire qu'après un jugement définitif en dernier ressort, ou passé en force de chose jugée.

La poursuite ne peut s'exercer en vertu de jugements rendus par défaut durant le délai de l'opposition.

298. La poursuite ne peut être annulée sous prétexte que le créancier l'aurait commencée pour une somme plus forte que celle qui lui est due.

299. Toute poursuite en expropriation d'immeubles doit être précédée d'un commandement de payer, fait, à la diligence et requête du créancier, à la personne du débiteur ou à son domicile par le ministère d'un huissier.

Si ce commandement est signifié au conservateur, celui-ci l'inscrira, et l'immeuble du débiteur ne pourra faire l'objet d'aucune autre inscription pendant le cours de l'instance en expropriation.

Les formes du commandement, celles de la poursuite, de l'expropriation, l'ordre et la distribution du prix et la manière d'y procéder sont réglées par les lois sur la procédure.

dette est en espèces non liquidées, la poursuite est valable; mais l'adjudication ne pourra être faite qu'après la liquidation.

Loi du 6 novembre 1888. — La vente forcée des immeubles ne peut être poursuivie qu'en vertu d'un titre exécutoire pour une dette certaine et liquide. Si la dette est en espèces non liquidées, la poursuite est valable; mais l'adjudication ne pourra être faite qu'après la liquidation.

TITRE XIII.

De la prescription.

300 (1). Abrogé.

301 (2). Abrogé.

302 (3). Abrogé.

303 (4). Abrogé.

304 (5). Abrogé.

305 (6). Abrogé.

306 (7). Abrogé.

307 (8). Abrogé.

308 (9). Abrogé.

(1) Abrogé par la loi du 15 mars 1892. **Ancien texte**: *Loi du* 1er *juillet* 1885. — La prescription est un moyen d'acquérir ou de se libérer par un certain laps de temps, et sous les conditions déterminées par la loi.

(2) Abrogé par la loi du 15 mars 1892. **Ancien texte** : *Loi du* 1er *juillet* 1885. — On ne peut, d'avance, renoncer à la prescription; on peut renoncer à la prescription acquise.

(3) Abrogé par la loi du 15 mars 1892. **Ancien texte** : *Loi du* 1er *juillet* 1885. — La renonciation à la prescription est expresse ou tacite : la renonciation tacite résulte d'un fait qui suppose l'abandon du droit acquis.

(4) Abrogé par la loi du 15 mars 1892. **Ancien texte** : *Loi du* 1er *juillet* 1885. — Celui qui ne peut aliéner ne peut renoncer à la prescription acquise.

(5) Abrogé par la loi du 15 mars 1892. **Ancien texte** : *Loi du* 1er *juillet* 1885. — Les juges ne peuvent pas suppléer d'office le moyen résultant de la prescription.

(6) Abrogé par la loi du 15 mars 1892. **Ancien texte** : *Loi du* 1er *juillet* 1885. — La prescription peut être opposée en tout état de cause, même devant la Cour d'appel, à moins que la partie qui n'aurait pas opposé le moyen de la prescription ne doive, par les circonstances, être présumée y avoir renoncé.

(7) Abrogé par la loi du 15 mars 1892. **Ancien texte** : *Loi du* 1er *juillet* 1885. — Les créanciers, ou toute autre personne ayant intérêt à ce que la prescription soit acquise, peuvent l'opposer encore que le débiteur ou le propriétaire y renonce.

(8) Abrogé par la loi du 15 mars 1892. **Ancien texte** : *Loi du* 1er *juillet* 1885. — On ne peut prescrire le domaine des choses qui ne sont point dans le commerce, notamment le domaine public.

(9) Abrogé par la loi du 15 mars 1892. **Ancien texte** : *Loi du* 1er *juillet* 1885. — L'État, les établissements publics et les communes sont soumis aux mêmes prescriptions que les particuliers, et peuvent également les opposer.

309 (1). Abrogé.
310 (2). Abrogé.
311 (3). Abrogé.
312 (4). Abrogé.
313 (5). Abrogé.
314 (6). Abrogé.
315 (7). Abrogé.
316 (8). Abrogé.
317 (9). Abrogé.
318 (10). Abrogé.

(1) Abrogé par la loi du 15 mars 1892. **Ancien texte** : *Loi du 1er juillet* 1885. — La possession est la détention ou la jouissance d'un immeuble ou d'un droit que nous tenons ou que nous exerçons par nous-mêmes, ou par un autre qui la tient ou qui l'exerce en notre nom.

(2) Abrogé par la loi du 15 mars 1892. **Ancien texte** : *Loi du 1er juillet* 1885. — Pour pouvoir prescrire, il faut une possession continue et non interrompue, paisible, publique, non équivoque, et à titre de propriétaire.

(3) Abrogé par la loi du 15 mars 1892. **Ancien texte** : *Loi du 1er juillet* 1885. — On est toujours présumé posséder pour soi, et à titre de propriétaire, s'il n'est prouvé qu'on a commencé à posséder pour un autre.

(4) Abrogé par la loi du 15 mars 1892. **Ancien texte** : *Loi du 1er juillet* 1885. — Quand on a commencé à posséder pour autrui, on est toujours présumé posséder au même titre, s'il n'y a preuve du contraire.

(5) Abrogé par la loi du 15 mars 1892. **Ancien texte** : *Loi du 1er juillet* 1885. — Les actes de pure faculté et ceux de simple tolérance ne peuvent fonder ni possession ni prescription.

(6) Abrogé par la loi du 15 mars 1892. **Ancien texte** : *Loi du 1er juillet* 1885. — Les actes de violence ne peuvent fonder non plus une possession capable d'opérer la prescription.

La possession utile ne commence que lorsque la violence a cessé.

(7) Abrogé par la loi du 15 mars 1892. **Ancien texte** : *Loi du 1er juillet* 1885. — Le possesseur actuel qui prouve avoir possédé anciennement, est présumé avoir possédé dans le temps intermédiaire, sauf la preuve contraire.

(8) Abrogé par la loi du 15 mars 1892. **Ancien texte** : *Loi du 1er juillet* 1885. — Pour compléter la prescription, on peut joindre à sa possession celle de son auteur, de quelque manière qu'on lui ait succédé, soit à titre universel ou particulier, soit à titre lucratif ou onéreux.

(9) Abrogé par la loi du 15 mars 1892. **Ancien texte** : *Loi du 1er juillet* 1885. — Ceux qui possèdent pour autrui, ne prescrivent jamais, par quelque laps de temps que ce soit.

Ainsi le fermier, l'antichrésiste, l'usufruitier, l'emphytéote et tous autres qui détiennent précairement l'immeuble du propriétaire, ne peuvent le prescrire.

(10) Abrogé par la loi du 15 mars 1892. **Ancien texte** : *Loi du 1er juillet* 1885.— Les héritiers de ceux qui tenaient l'immeuble à quelqu'un des titres désignés par l'article précédent, ne peuvent non plus prescrire.

319 (1). Abrogé.

320 (2). Abrogé.

321 (3). Abrogé.

322 (4). Abrogé.

323 (5). Abrogé.

324 (6). Abrogé.

325 (7). Abrogé.

326 (8). Abrogé.

327 (9). Abrogé.

328 (10). Abrogé.

(1) Abrogé par la loi du 15 mars 1892. **Ancien texte** : *Loi du 1er juillet* 1885. — Néanmoins, les personnes énoncées dans les articles 317 et 318 peuvent prescrire, si le titre de leur possession se trouve interverti, soit par une cause venant d'un tiers, soit par la contradiction qu'elles ont opposée au droit du propriétaire.

(2) Abrogé par la loi du 15 mars 1892. **Ancien texte** : *Loi du 1er juillet* 1885. — Ceux à qui les fermiers, antichrésistes et autres détenteurs précaires ont transmis l'immeuble en qualité de propriétaires, peuvent le prescrire.

(3) Abrogé par la loi du 15 mars 1892. **Ancien texte** : *Loi du 1er juillet* 1885. — On ne peut point se changer à soi-même la cause et le principe de sa possession.

(4) Abrogé par la loi du 15 mars 1892. **Ancien texte** : *Loi du 1er juillet* 1885. — On peut prescrire la libération des droits et charges qui pèsent sur l'immeuble, même s'ils résultent de contrats.

(5) Abrogé par la loi du 15 mars 1892. **Ancien texte** : *Loi du 1er juillet* 1885. — La prescription peut être interrompue ou naturellement ou civilement.

(6) Abrogé par la loi du 15 mars 1892. **Ancien texte** : *Loi du 1er juillet* 1885. — Il y a interruption naturelle, lorsque le possesseur est privé, pendant plus d'un an, de la jouissance de l'immeuble, soit par l'ancien propriétaire, soit même par un tiers.

(7) Abrogé par la loi du 15 mars 1892. **Ancien texte** : *Loi du 1er juillet* 1885. — Une citation en justice, un commandement ou une saisie, signifiés à celui qu'on veut empêcher de prescrire, forment l'interruption civile.

(8) Abrogé par la loi du 15 mars 1892. **Ancien texte** : *Loi du 1er juillet* 1885. — La citation en conciliation devant le bureau de paix, interrompt la prescription, du jour de sa date, lorsqu'elle est suivie d'une assignation en justice donnée dans les délais de droit.

(9) Abrogé par la loi du 15 mars 1892. **Ancien texte** : *Loi du 1er juillet* 1885. — La citation en justice, donnée même devant un juge incompétent, interrompt la prescription.

(10) Abrogé par la loi du 15 mars 1892. **Ancien texte** : *Loi du 1er juillet* 1885. — L'interruption est regardée comme non avenue :

Si l'assignation est nulle par défaut de forme ;

Si le demandeur se désiste de sa demande ;

S'il laisse périmer l'instance ou si la demande est rejetée.

329 (1). Abrogé.

330 (2). Abrogé.

331 (3). Abrogé.

332 (4). Abrogé.

333 (5). Abrogé.

334 (6). Abrogé.

335 (7). Abrogé.

336 (8). Abrogé.

337 (9). Abrogé.

338 (10). Abrogé.

(1) Abrogé par la loi du 15 mars 1892. **Ancien texte** : *Loi du 1er juillet* 1885. — La prescription est interrompue par la reconnaissance que le débiteur ou le possesseur fait du droit de celui contre lequel il prescrivait.

(2) Abrogé par la loi du 15 mars 1892. **Ancien texte** : *Loi du 1er juillet* 1885. — La prescription est encore interrompue par tout acte de propriétaire fait par celui contre qui la prescription court : telle l'inscription d'une hypothèque ou de tout autre droit réel immobilier consenti par lui.

(3) Abrogé par la loi du 15 mars 1892. **Ancien texte** : *Loi du 1er juillet* 1885. — L'interpellation faite, conformément aux articles ci-dessus, à l'un des codétenteurs, ou sa reconnaissance, interrompt la prescription contre tous les autres, même contre leurs héritiers.

(4) Abrogé par la loi du 15 mars 1892. **Ancien texte** : *Loi du 1er juillet* 1885. — La prescription court contre toutes personnes, à moins qu'elles ne soient dans quelque exception établie par une loi.

(5) Abrogé par la loi du 15 mars 1892. **Ancien texte** : *Loi du 1er juillet* 1885. — La prescription ne court pas contre les mineurs, les interdits et les absents.

(6) Abrogé par la loi du 15 mars 1892. **Ancien texte** : *Loi du 1er juillet* 1885. — Les immeubles propres à la femme sont imprescriptibles pendant le cours du mariage.

(7) Abrogé par la loi du 15 mars 1892. **Ancien texte** : *Loi du 1er juillet* 1885. — La prescription court contre une succession vacante, quoique non pourvue d'un curateur.

Elle court encore pendant les trois mois pour faire inventaire, et les quarante jours pour délibérer.

(8) Abrogé par la loi du 15 mars 1892. **Ancien texte** : *Loi du 1er juillet* 1885. — La prescription d'un immeuble ne peut courir que du jour de la dernière inscription à laquelle il a donné lieu.

(9) Abrogé par la loi du 15 mars 1892. **Ancien texte** : *Loi du 1er juillet* 1885. — La prescription se compte par jours, et non par heures. Elle est acquise lorsque le dernier jour du terme est accompli.

(10) Abrogé par la loi du 15 mars 1892. **Ancien texte** : *Loi du 1er juillet* 1885. — Celui qui possède un immeuble de bonne foi, par un juste titre, à titre de propriétaire, et conformément aux dispositions de la présente loi en ce qui concerne la possession, en prescrit la propriété par dix ans.

339 (1). Abrogé.

340 (2). Abrogé.

341 (3). Abrogé.

TITRE XIV.

De l'inscription des droits réels immobiliers.

CHAPITRE I.

DU DÉPÔT ET DE LA CONSERVATION DES ACTES.

342 (4). Tout droit réel relatif à un immeuble déjà immatriculé n'existera, à l'égard des tiers, que par le fait et du jour de son inscription sur le titre par le conservateur de la propriété foncière, sans préjudice des droits et actions réciproques des parties pour l'inexécution de leurs conventions.

343 (5). Tous faits ou conventions ayant pour effet de trans-

(1) Abrogé par la loi du 15 mars 1892. **Ancien texte** : *Loi du 1er juillet* 1885. — La bonne foi est toujours présumée, et c'est à celui qui allègue la mauvaise foi à la prouver.

(2) Abrogé par la loi du 15 mars 1892. **Ancien texte** : *Loi du 1er juillet* 1885. — Il suffit que la bonne foi ait existé au moment de l'acquisition.

(3) Abrogé par la loi du 15 mars 1892. **Ancien texte** : *Loi du 1er juillet* 1885. — Toutes les actions réelles sont prescrites par vingt ans, sans que celui qui allègue cette prescription soit obligé d'en rapporter un titre, ou qu'on puisse lui opposer l'exception déduite de la mauvaise foi.

(4) **Anciens textes** :

Loi du 1er juillet 1885. — Tout droit réel relatif à un immeuble déjà immatriculé n'existera que par le fait et du jour de son inscription à la conservation de la propriété foncière, sans préjudice des droits et actions réciproques des parties pour l'inexécution de leurs conventions.

Loi du 16 *mai* 1886. — Tout droit réel relatif à un immeuble déjà immatriculé n'existera, à l'égard des tiers, que par le fait et du jour de son inscription à la conservation de la propriété foncière, sans préjudice des droits et actions réciproques des parties pour l'inexécution de leurs conventions.

(5) **Anciens textes** :

Loi du 1er juillet 1885. — Tous écrits constatant un fait ou une convention ayant pour effet de transmettre, déclarer, modifier ou éteindre un droit réel immobilier, d'en

mettre, déclarer, modifier ou éteindre un droit réel immobilier, d'en changer le titulaire ou de modifier toute autre condition de son inscription, tous baux d'immeubles excédant une année,

changer le titulaire ou de modifier toute autre condition de son inscription, toutes décisions judiciaires ayant le même effet, tous baux d'immeubles excédant une année, seront, pour être inscrits, déposés, soit en original, soit en expédition, à la conservation de la propriété foncière.

Ils seront conservés dans les archives, et des copies, faisant foi de leur contenu et de la date du dépôt pourront être délivrées à toutes époques aux intéressés.

Loi du 16 *mai* 1886. — Tous faits ou conventions ayant pour effet de transmettre, déclarer, modifier ou éteindre un droit réel immobilier, d'en changer le titulaire ou de modifier toute autre condition de son inscription, tous baux d'immeubles excédant une année, toute quittance ou cession d'une somme équivalente à plus d'une année de loyers ou fermages non échus, ou à plus d'une année d'arrérages non échus de la rente de l'enzel seront, pour être opposables aux tiers, constatés par écrit et inscrits à la conservation de la propriété foncière.

Les écrits indiqueront l'état civil des parties contractantes et mentionneront leur contrat de mariage, s'il en a été fait un, ainsi que la date de ce contrat, les noms et résidence de l'officier public qui l'aura reçu. Ils seront, ainsi que toute décision judiciaire ayant le même effet, déposés, soit en original, soit en expédition à la conservation de la propriété foncière.

Ils seront conservés dans les archives et des copies faisant foi de leur contenu et de la date du dépôt pourront être délivrées à toutes époques aux intéressés.

Les signatures des parties apposées au bas des écrits autres que les actes authentiques ou judiciaires seront, avant le dépôt, légalisées :

En ce qui concerne les Européens, par l'une des autorités suivantes :

Le président du tribunal civil.

Les juges de paix;

Les contrôleurs civils;

Les présidents des municipalités, s'ils sont de nationalité européenne; et au cas contraire, le vice-président de cette nationalité;

Les consuls, vice-consuls et agents consulaires, pour leurs nationaux et protégés.

En ce qui concerne les indigènes par :

Le premier ministre ou son délégué;

Le président du tribunal civil;

Les juges de paix;

Les contrôleurs civils;

Les présidents des municipalités s'ils sont indigènes; et au cas contraire le vice-président indigène;

Les cadis.

Les écrits rédigés par les notaires seront signés par les parties dont les signatures seront légalisées ainsi qu'il est dit ci-dessus.

Si les parties ne savent ou ne peuvent signer la reconnaissance de l'écrit aura lieu devant l'une des autorités désignés ci-dessus, en présence de deux témoins du sexe masculin, sachant signer et ayant la capacité nécessaire pour contracter.

Le magistrat ou fonctionnaire certifiera la reconnaissance de l'écrit et la signera avec les témoins.

Les légalisations et reconnaissances devront, dans tous les cas, être revêtues du

toute quittance ou cession d'une somme équivalente à plus d'une année de loyers ou fermages non échus, ou à plus d'une année d'arrérages non échus de la rente de l'enzel seront, pour être opposables aux tiers, constatés par écrits et inscrits sur le titre par le conservateur de la propriété foncière.

Les écrits indiqueront l'état civil des parties contractantes et mentionneront leur contrat de mariage, s'il en a été fait un, ainsi que la date de ce contrat, les noms et résidence de l'officier public qui l'aura reçu. Ils seront, ainsi que toute décision judiciaire ayant le même effet, déposés soit en original, soit en expédition à la conservation de la propriété foncière.

Ils seront conservés dans les archives et des copies faisant foi de leur contenu et de la date du dépôt pourront être délivrées à toutes époques aux intéressés.

Les signatures des parties apposées au bas des écrits autres que les actes authentiques ou judiciaires seront, avant le dépôt, légalisées :

En ce qui concerne les Européens, par l'une des autorités suivantes :

Le président du tribunal civil;

Les juges de paix;

Les contrôleurs civils;

Les présidents des municipalités, s'ils sont de nationalité européenne; et au cas contraire, le vice-président de cette nationalité;

Les consuls, vice-consuls et agents consulaires, pour leurs nationaux et protégés.

En ce qui concerne les indigènes par :

Le premier ministre ou son délégué;

sceau des magistrats ou fonctionnaires désignés ci-dessus dont les signatures seront elles-mêmes légalisées selon les règles ordinaires.

Si le nom, l'état ou la demeure des parties ou des témoins ne sont pas connus du magistrat ou du fonctionnaire qui procédera à la légalisation ou devant lequel aura lieu la reconnaissance de l'écrit, ils devront lui être attestés par deux témoins connus de lui et ayant les mêmes qualités que celles indiquées ci-dessus.

A défaut d'exécution de ces prescriptions, le conservateur refusera l'inscription.

Si plusieurs originaux ou expéditions des pièces énumérées ci-dessus lui sont remises avec une demande d'inscription, le conservateur n'en conservera qu'une, et devra remettre les autres aux intéressés après y avoir mentionné que l'inscription requise a été effectuée.

Le président du tribunal civil;

Les juges de paix;

Les contrôleurs civils;

Les présidents des municipalités s'ils sont indigènes; et au cas contraire le vice-président indigène;

Les cadis.

Les écrits rédigés par les notaires tunisiens seront signés par les parties dont les signatures seront légalisées, ainsi qu'il est dit ci-dessus.

Si les parties ne savent ou ne peuvent signer, la reconnaissance de l'écrit aura lieu devant l'une des autorités désignées ci-dessus, en présence de deux témoins du sexe masculin, sachant signer et ayant la capacité nécessaire pour contracter.

Le magistrat ou fonctionnaire certifiera la reconnaissance de l'écrit et la signera avec les témoins.

Les légalisations et reconnaissances devront, dans tous les cas, être revêtues du sceau des magistrats ou fonctionnaires désignés ci-dessus dont les signatures seront elles-mêmes légalisées selon les règles ordinaires.

Si le nom, l'état ou la demeure des parties ou des témoins ne sont pas connus du magistrat ou du fonctionnaire qui procèdera à la légalisation ou devant lequel aura lieu la reconnaissance de l'écrit, ils devront lui être attestés par deux témoins connus de lui et ayant les mêmes qualités que celles indiquées ci-dessus.

A défaut d'exécution de ces prescriptions, le conservateur refusera l'inscription.

Si plusieurs originaux ou expéditions des pièces énumérées ci-dessus lui sont remises pour être inscrites, le conservateur n'en conservera qu'une, et devra remettre les autres aux intéressés après y avoir mentionné que l'inscription a été effectuée.

344 (1). Le conservateur tiendra, indépendamment du regis-

(1) **Anciens textes :**

Loi du 1er juillet 1885. — Le conservateur tiendra :

1° Un registre d'ordre des formalités préalables à l'immatriculation;

2° Un registre de dépôt où seront constatés par numéros d'ordre, et à mesure qu'elles s'effectueront, les remises des demandes d'inscription;

3° Un registre d'inscription des droits réels immobiliers autres que la propriété.

Ces registres seront arrêtés chaque jour par le conservateur.

tre des titres de propriété prévu par l'article 45 de la présente loi :

1° Un registre d'ordre des formalités préalables à l'immatriculation;

2° Un registre de dépôt où seront constatées par numéro d'ordre et à mesure qu'elles s'effectueront, les remises des décisions du tribunal mixte ordonnant l'immatriculation; celles des documents à fin d'inscription, de transcription de saisie, et généralement de tous actes ou écrits à inscrire, transcrire, ou mentionner.

Ce dernier registre est arrêté chaque jour par le conservateur.

345. Le registre de dépôts sera tenu en double et l'un des doubles sera déposé, sans frais, et dans les trente jours qui suivront sa clôture, au greffe du tribunal de première instance de Tunis.

346. Le conservateur donnera au déposant, s'il le demande, pour chaque document déposé, une reconnaissance qui reproduira la mention du registre des dépôts et rappellera le numéro d'ordre sous lequel cette mention a été portée.

347 (1). Le conservateur tiendra encore :

1° Une table alphabétique des titulaires des droits réels et des baux inscrits à la conservation de la propriété foncière;

2° Une table alphabétique des titres de propriété.

Loi du 16 *mai* 1886. — Le conservateur tiendra :

1° Un registre d'ordre des formalités préalables à l'immatriculation;

2° Un registre de dépôt où seront constatés par numéros d'ordre, et à mesure qu'elles s'effectueront, les remises des décisions du tribunal mixte ordonnant l'immatriculation; celles des demandes d'inscription, de transcriptions de saisies, et généralement de tous actes ou écrits à inscrire, transcrire, mentionner ou afficher.

3° Un registre d'inscription des décisions ordonnant l'immatriculation et de tous les bordereaux énoncés dans l'article 362.

Ces deux derniers registres seront arrêtés chaque jour par le conservateur.

(1) **Ancien texte** : *Loi du* 1er *juillet* 1885. — Le conservateur tiendra encore.

1° Une table alphabétique des titulaires des droits réels et des baux inscrits à la conservation de la propriété foncière;

2° Une table alphabétique des titres de propriété;

3° Un répertoire dans lequel seront portés par extraits, au fur et à mesure des actes, sous le nom de chaque immeuble faisant l'objet d'un titre de propriété, les inscriptions qui le concernent.

348 (1). Le président du tribunal civil et le procureur de la République pourront demander personnellement la communication sans déplacement des registres de la conservation.

349. Tous les registres du conservateur sont cotés et paraphés par chaque page, par première et dernière, par l'un des juges du tribunal.

350 (2). Toute personne au nom de laquelle inscription est prise à la conservation de la propriété foncière doit faire élection de domicile en Tunisie au chef-lieu d'une justice de paix. Faute de quoi toutes significations lui seront valablement faites au greffe de la justice de paix dans le ressort de laquelle sont situés les immeubles.

Il est loisible à celui au nom duquel une inscription a été prise, ou à ses représentants, de changer de domicile par lui élu, à la charge d'en choisir et indiquer un autre dans le même chef-lieu de justice de paix.

(1) **Ancien texte** : *Loi du* 1er *juillet* 1885. — Le président du tribunal et le procureur de la République devront vérifier tous les registres du conservateur au moins une fois tous les trois mois.

(2) **Anciens textes** :

Loi du 1er *juillet* 1885. —Toute personne au nom de laquelle inscription est prise à la conservation de la propriété foncière doit faire élection de domicile dans une des villes de la Régence, chef-lieu de justice de paix. Faute de quoi, toutes significations lui seront valablement faites à la conservation même de la propriété foncière. Elles seront affichées pendant un mois, dans un tableau à ce destiné.

Il est loisible à celui au nom duquel une inscription a été prise, ou à ses représentants, de changer de domicile par lui élu, à la charge d'en choisir et indiquer un autre dans un chef-lieu de justice de paix de la Régence.

Loi du 16 *mai* 1886. — Toute personne au nom de laquelle inscription est prise à la conservation de la propriété foncière doit faire élection de domicile au chef-lieu de la justice de paix dans le ressort de laquelle sont situés les immeubles. Faute de quoi, toutes significations lui seront valablement faites à la conservation même de la propriété foncière. Elles seront affichées pendant un mois, dans un tableau à ce destiné.

Il est loisible à celui au nom duquel une inscription a été prise, ou à ses représentants, de changer de domicile par lui élu, à la charge d'en choisir et indiquer un autre dans le même chef-lieu dej ustice de paix.

CHAPITRE II.

DU MODE D'OPÉRER LES INSCRIPTIONS ET LES RADIATIONS OU RÉDUCTIONS D'INSCRIPTIONS.

SECTION I.

Des obligations du conservateur.

351 (1). Les inscriptions et transcriptions de saisie sont portées, rayées, réduites ou rectifiées par le conservateur de la propriété foncière au moyen de mentions sommaires faites sur le registre des titres de propriété.

352 (2). Le conservateur est tenu de délivrer à tous ceux qui le requièrent, soit un certificat établissant la conformité des copies du titre de propriété avec le même titre, soit copie littérale de toutes les mentions concernant un droit réel immobilier ou de celles qui seront spécialement désignées dans la réquisition des parties, soit certificat qu'il n'en existe aucune.

Il pourra également délivrer, sur réquisition expresse, le relevé sommaire des inscriptions concernant un droit réel immobilier; ce relevé ne sera fourni qu'à titre de simple renseignement, et n'engagera point la responsabilité du conservateur.

(1) **Anciens textes :**

Loi du 1er juillet 1885. — Les inscriptions sont portées, rayées, réduites ou rectifiées par le conservateur de la propriété foncière sur le registre d'inscriptions prévu par l'article 344. Celles qui affectent directement la propriété ou l'enzel seront en même temps portées sur le titre de propriété, mais sans mention du bénéficiaire.

Loi du 6 mai 1886. — Les inscriptions sont portées, rayées, réduites ou rectifiées par le conservateur de la propriété foncière sur le registre d'inscriptions prévu par l'article 344. Les inscriptions qui affectent directement la propriété ou l'enzel, c'est-à-dire celles des mutations de propriété dans les cas autres que ceux prévus par l'article 46 de la présente loi; celles des faits ou conventions qui peuvent modifier, soit la capacité ou le domicile élu du propriétaire ou enzeliste, soit l'objet, la nature ou l'étendue de son droit; les radiations, réductions ou rectifications des mêmes inscriptions seront, en outre, mentionnées sommairement sur le titre de propriété. Ces mentions n'indiqueront pas les bénéficiaires de droits réels autres que le nouveau propriétaire ou enzeliste et l'usufruitier à vie.

(2) **Anciens textes :**

Loi du 1er juillet 1885. — Le conservateur est tenu de délivrer à tous requé-

Toute réquisition sera inscrite, datée et signée.

Si le requérant qui se présente à la conservation ne sait écrire, la réquisition sera remplie par le conservateur.

Dans tous les cas, elle devra être reproduite en tête des états ou certificats.

353 (1). Hors des cas prévus par la loi, le conservateur ne peut ni refuser, ni retarder une inscription, une radiation, réduction ou rectification d'inscription régulièrement demandée, la délivrance de la copie du titre de propriété aux personnes qui y ont droit en vertu des articles 51 et 52 de la présente loi, et à toute personne, des certificats d'inscriptions, sous peine de dommages-intérêts.

354 (2). Si le conservateur a des doutes sur la capacité des parties, il procédera à une inscription provisoire et imposera au requérant un délai de quinzaine augmenté du délai des distances, pour produire les justifications nécessaires. Ce délai courra à partir du lendemain de la remise de la notification, soit à la partie, soit au domicile élu; si le dernier jour du délai se trouve

rants des certificats relatant, à leur volonté, tout ou partie des inscriptions prises sur un immeuble si plusieurs originaux ou expéditions des pièces énumérées à l'art. 343 ci-dessus, lui sont remis avec une demande d'inscription, il n'en conservera qu'un et devra remettre les autres aux intéressés après y avoir apposé que l'inscription requise a été effectuée.

Loi du 16 *mai* 1886. — Le conservateur est tenu de délivrer à tous ceux qui le requièrent, soit un certificat établissant la conformité des copies du titre de propriété avec le même titre; soit copie littérale de toutes les inscriptions concernant un droit réel immobilier, ou de celles qui seront spécialement désignées dans la réquisition des parties, soit certificat qu'il n'en existe aucune.

Il pourra également délivrer, sur réquisition expresse, le relevé sommaire des inscriptions concernant un droit réel immobilier; ce relevé ne sera fourni qu'à titre de simple renseignement, et n'engagera point la responsabilité du conservateur.

Toute réquisition sera écrite datée et signée.

Si le requérant qui se présente à la conservation ne sait écrire, la réquisition sera remplie par le conservateur.

Dans tous les cas, elle devra être reproduite en tête des états ou certificats.

(1) **Ancien texte** : *Loi du* 1er *juillet* 1885. — Le conservateur ne peut refuser, ni retarder une inscription, une radiation, réduction ou rectification d'inscription régulièrement demandée, la délivrance de la copie du titre de propriété aux personnes qui y ont droit en vertu des articles 51 et 52 de la présente loi, et à toute personne, des certificats d'inscriptions, sous peine de dommages et intérêts.

(2) **Anciens textes** :

Loi du 1er *juillet* 1885. — Si le conservateur a des doutes sur la sincérité des si-

être un dimanche ou jour férié, ce jour là ne sera pas compté.

Si les justifications sont faites dans le délai légal, l'inscription définitive prendra date du jour de l'inscription provisoire.

Au cas contraire, l'inscription provisoire sera nulle.

Quand les justifications seront jugées insuffisantes par le conservateur, l'inscription définitive ne pourra être prise, s'il s'agit d'un justiciable des tribunaux français, qu'en vertu d'un jugement du tribunal civil rendu sur simple requête, contradictoirement avec le procureur de la République, et ayant acquis l'autorité de la chose jugée.

L'instance sera introduite dans les huit jours qui suivent l'expiration du délai fixé par le premier alinéa du présent article; l'instruction se fera par simples mémoires remis au parquet.

Le ministère des défenseurs ne sera pas obligatoire.

Les jugements seront rendus dans les trois mois, au plus tard, à compter de l'introduction des instances, sur le rapport d'un juge, fait en audience publique et sur les conclusions du procureur de la République. Ils seront sans appel et ne pourront être attaqués par voie de cassation.

S'il s'agit d'un indigène, l'instance sera introduite dans le même délai, et le jugement sera rendu, dans les trois mois, par le tribunal de l'ouzara.

L'inscription ordonnée par le tribunal prendra rang également du jour de l'inscription provisoire.

gnatures apposées au bas d'un acte présenté à l'inscription ou sur l'identité de la personne qui la requiert, il procèdera à une inscription provisoire, et imposera au requérant un délai de huitaine augmenté du délai des distances, pour faire légaliser les signatures et justifier de son identité.

Si l'acte est régulier et l'identité reconnue, l'inscription définitive prendra date du jour de l'inscription provisoire.

Loi du 16 *mai* 1886. — Si le conservateur a des doutes sur la capacité des parties, il procèdera à une inscription provisoire, et imposera au requérant un délai de quinzaine augmenté du délai des distances, pour produire les justifications nécessaires. Ce délai courra à partir du lendemain de la remise de la notification soit à la partie, soit au domicile élu; si le dernier jour du délai se trouve être un dimanche ou jour férié, ce jour-là ne sera pas compté.

Si les justifications sont faites dans le délai légal, l'inscription définitive prendra date du jour de l'inscription provisoire.

Au cas contraire, l'inscription provisoire sera nulle.

Quand les justifications seront jugées insuffisantes par le conservateur, l'inscription

Les frais de l'instance resteront, dans tous les cas, à la charge du requérant.

355 (1). Lorsque des omissions ou des erreurs auront été commises dans le titre de propriété ou dans les inscriptions, les parties intéressées pourront en demander la rectification.

Le conservateur pourra en outre, rectifier d'office et sous sa responsabilité, les irrégularités provenant de son chef.

Dans tous les cas, les premières inscriptions devront être laissées intactes, et les corrections seront inscrites à la date courante.

356. En cas de refus de la part du conservateur, le tribunal pourra ordonner des corrections qui seront faites dans les mêmes conditions; il pourra également ordonner, s'il y a lieu, la délivrance de la copie d'un titre de propriété ou d'un certificat.

SECTION II.

De la réquisition d'inscription.

357 (2). Toute personne intéressée pourra, en produisant les pièces dont le dépôt est prescrit par la présente loi, requérir du conservateur l'inscription, la radiation, la réduction ou la rectification de l'inscription d'un droit réel immobilier. Toutefois, pour être inscrit, ce droit devra être tenu directement du titulaire de l'inscription précédemment prise. En conséquence, dans

définitive ne pourra être prise, s'il s'agit d'un justiciable des tribunaux français, qu'en vertu d'un jugement du tribunal civil rendu sur simple requête, contradictoirement avec le procureur de la République et ayant acquis l'autorité de la chose jugée.

L'instance sera introduite dans les huit jours qui suivent l'expiration du délai fixé par le premier alinéa du présent article; elle sera instruite et jugée dans la forme tracée par l'article 40 ci-dessus.

S'il s'agit d'un indigène, l'instance sera introduite dans le même délai, et le jugement sera rendu, dans les trois mois, par le tribunal de l'ouzara.

L'inscription ordonnée par le tribunal prendra rang également du jour de l'inscription provisoire.

Les frais de l'instance resteront, dans tous les cas, à la charge du requérant.

(1) **Ancien texte** : *Loi du 1er juillet* 1885. — Lorsque des omissions ou des erreurs auront été commises dans le titre de propriété ou les inscriptions, le conservateur pourra les corriger sous sa responsabilité à condition toutefois de laisser intactes les premières inscriptions dans leur forme et teneur, et de n'inscrire les corrections qu'à leur date.

(2) **Anciens textes** :

Loi du 1er juillet 1885. — Toute personne intéressée pourra, soit par elle-même

le cas où un droit réel immobilier aura fait l'objet de plusieurs mutations ou conventions successives, la dernière mutation ou convention ne pourra être inscrite avant les précédentes.

358 (1). Le privilège du crédi-rentier de l'enzel sera inscrit d'office par le conservateur au moment de l'immatriculation de l'immeuble, ou au moment du dépôt de l'acte constitutif de l'enzel sur un immeuble déjà immatriculé ou à la requête du crédi-rentier.

Le conservateur devra également, au moment de l'inscription d'un jugement d'adjudication, prendre d'office, au profit du débiteur saisi, du colicitant, ou de leurs ayants-droit, une hypothèque pour sûreté du payement du prix de l'adjudication, dont le payement préalable ne lui serait pas justifié.

359 (2). L'inscription des droits des mineurs et des interdits sera faite à la requête des tuteurs ou subrogés tuteurs, et, à défaut, à la requête des membres du conseil de famille, du procureur de la République, des juges de paix, du consul, des parents, des amis des incapables et des incapables eux-mêmes.

360 (3). L'inscription des droits de la femme mariée se fait à la requête du mari, ou, à défaut, à la requête de la femme, de ses parents ou de ses amis.

soit par un tiers muni de pouvoirs réguliers, requérir du conservateur, l'inscription, la radiation, la réduction ou la rectification de l'inscription d'un droit réel immobilier

Loi du 16 *mai* 1886. — Toute personne intéressée pourra, soit par elle-même, soit par un tiers muni de pouvoirs réguliers, requérir du conservateur, l'inscription, la radiation, la réduction ou la rectification de l'inscription d'un droit réel immobilier. Toutefois, pour être inscrit, ce droit devra être tenu directement du titulaire de l'inscription précédemment prise. En conséquence, dans le cas où un droit réel immobilier aura fait l'objet de plusieurs mutations ou conventions successives, la dernière mutation ou convention ne pourra être inscrite avant les précédentes.

(1) **Ancien texte** : *Loi du* 1er *juillet* 1885. — Le privilège du crédi-rentier de l'enzel sera inscrit d'office par le conservateur au moment de l'immatriculation de l'immeuble, ou au moment du dépôt de l'acte constitutif de l'enzel sur un immeuble déjà immatriculé, ou à la requête du crédi-rentier.

(2) **Ancien texte** : *Loi du* 1er *juillet* 1885. — L'inscription des hypothèques des mineurs et des interdits sera faite à la requête des tuteurs ou subrogés tuteurs, et, à défaut, à la requête des membres du conseil de famille, du procureur de la République, des juges de paix, du consul, des parents, des amis des incapables et des incapables eux-mêmes.

(3) **Ancien texte** : *Loi du* 1er *juillet* 1885. — L'inscription des hypothèques de

361. L'hypothèque testamentaire sera inscrite par le conservateur, sur le dépôt du testament ou de la copie authentique, à la requête du légataire.

SECTION III.

Des obligations du requérant une inscription.

362 (1). Le requérant une inscription, la radiation, réduction ou rectification d'une inscription devra remettre au conservateur, pour chaque droit réel, les pièces dont le dépôt est prescrit par la présente loi.

363. Les inscriptions à faire sur les biens d'une personne

la femme mariée se fait à la requête du mari, ou, à défaut, à la requête de la femme de ses ascendants, de ses parents ou de ses amis.

(1) **Anciens textes** :

Loi du 1er *juillet* 1885. — Le requérant une inscription, la radiation, réduction ou rectification d'une inscription devra déposer les pièces dont il est parlé à l'art. 343, et produire, en outre, un bordereau contenant :

1° Les noms, prénoms, domiciles et professions des parties devant figurer dans l'inscription ;

2° Leur élection de domicile,

3° L'indication du droit réel immobilier ou du bail dont l'inscription, la radiation, réduction ou la rectification de l'inscription est demandée, avec les conditions et clauses auxquelles est subordonnée son existence ou son exercice ;

4° La désignation de l'immeuble auquel s'applique le droit réel ou qui a fait l'objet du bail.

Loi du 16 *mai* 1886. — Le requérant une inscription, la radiation, réduction ou rectification d'une inscription devra remettre au conservateur, pour chaque droit réel, les pièces dont le dépôt est prescrit par la présente loi et produire, en outre, deux bordereaux contenant :

1° Les noms, prénoms, surnoms, domiciles et professions des parties devant figurer dans l'inscription ;

2° Leur élection de domicile conformément à l'article 350 :

3° L'indication du droit réel immobilier ou du bail dont l'inscription, la radiation, la réduction ou la rectification de l'inscription est demandée avec les conditions et clauses auxquelles est subordonnée son existence ou son exercice ;

4° La désignation, conformément au titre de propriété, de l'immeuble auquel s'applique le droit réel ou qui a fait l'objet du bail et, dans le cas où un immeuble sera morcelé ou partagé, le nom sous lequel chaque partie devra être désignée sur les nouveaux titres de propriété ;

5° La date et la nature du titre ;

6° Les énonciations prescrites par les art. 237, 368, 370 et suivants ;

Le conservateur, après en avoir mentionné le contenu sur son registre, remet au requérant l'un des bordereaux, au pied duquel il certifie avoir fait l'inscription.

décédée pourront être faites sous la simple désignation du défunt.

364. En cas de décès d'un détenteur d'un droit réel immobilier non inscrit, inscription pourra, avant liquidation ou partage, être prise au nom de la succession, sur la seule production de l'acte de décès, et ces inscriptions seront modifiées après partage, en conformité de l'acte de partage qui sera produit.

365 (1). En cas de donation, l'inscription se fera sur le dépôt de l'acte de donation ou d'une expédition.

366 (2). Pour obtenir l'inscription nominative de droits réels immobiliers résultant de l'ouverture d'une succession, les requérants produiront, outre l'acte de décès, s'il s'agit d'une succession *ab intestat*, un certificat constatant leur état civil et leurs droits exclusifs à l'hérédité.

Ces certificats seront établis, en Tunisie, par les juges de paix ou par les agents consulaires, pour les nationaux et protégés des diverses nations européennes, et, pour les tunisiens, par les juges de paix ou les cadis. Les certificats établis hors de la Tunisie seront passés en la forme authentique.

S'il s'agit d'une succession testamentaire, les mêmes pièces et, de plus, l'acte testamentaire ou une expédition de cet acte et, s'il y a lieu, le consentement des héritiers ou des légataires universels, ou la décision du tribunal autorisant l'envoi en possession.

367 (3). Abrogé.

(1) **Ancien texte** : *Loi du 1er juillet* 1885. — En cas de donation, l'inscription se fera sur le dépôt de l'acte de donation ou d'une expédition, accompagné d'une requête du donataire ou de son fondé de pouvoirs.

(2) **Ancien texte** : *Loi du 1er juillet* 1885. — Pour obtenir l'inscription nominative de droits réels immobiliers résultant de l'ouverture d'une succession, les requérants produiront, outre l'acte de décès.

S'il s'agit d'une succession ab intestat, un certificat authentique constatant leur état civil et leurs droits exclusifs à l'hérédité.

Ces certificats seront établis, en Tunisie, par les agents consulaires, pour les nationaux et protégés des diverses nations européennes, et, pour les Tunisiens, par les cadis.

S'il s'agit d'une succession testamentaire, les mêmes pièces et, de plus, l'acte testamentaire ou une expédition de cet acte.

(3) Abrogé par la loi du 15 mars 1892. **Anciens textes** :

Loi du 1er juillet 1885. — L'inscription, la radiation, réduction ou rectification de

SECTION IV.

De la forme des inscriptions.

§ 1. — *De l'inscription des droits réels immobiliers et des baux.*

368 (1). Les inscriptions ou mentions sur les titres de droits réels immobiliers et de baux indiquent :

Pour la propriété immobilière : le propriétaire ;

Pour l'enzel : le propriétaire, le crédi-rentier et le montant annuel de la rente ;

Pour l'usufruit des immeubles, l'usage et l'habitation, l'emphytéose et la superficie : le propriétaire et l'usufruitier, l'usager, l'emphytéote et le superficiaire ;

Pour les servitudes foncières : le fonds servant sur le titre de propriété du fonds dominant et réciproquement ;

Pour l'antichrèse et l'hypothèque : le propriétaire, le créancier et le montant de la créance ;

Pour les baux : le locataire et le prix annuel du bail.

369. L'inscription, la radiation et la réduction d'inscription mentionnent, à peine de nullité, la date à laquelle elles ont été effectuées.

l'inscription de droits réels immobiliers résultant de la prescription, ne pourront être opérées qu'en vertu d'un jugement rendu contre le titulaire inscrit du droit prescrit.

Loi du 16 *mai* 1886. — L'inscription, la radiation, réduction ou rectification de l'inscription de droits réels immobiliers résultant de la prescription, ne pourront être opérées qu'en vertu d'un jugement rendu contre le titulaire inscrit du droit prescrit, et ayant acquis l'autorité de la chose jugée.

(1) **Ancien texte** : *Loi du* 1er *juillet* 1885. — Les inscriptions de droits réels immobiliers et de baux indiquent à peine de nullité,

Pour la propriété immobilière : le propriétaire ;

Pour l'enzel : le propriétaire, le crédi-rentier et le montant annuel de la rente ;

Pour l'usufruit des immeubles, l'usage et l'habitation, l'emphytéose et la superficie : le propriétaire et l'usufruitier, l'usager, l'emphytéote et le superficiaire ;

Pour les servitudes foncières : le fonds servant sur le titre de propriété du fonds dominant, et réciproquement ;

Pour l'antichrèse et l'hypothèque : le propriétaire, le créancier et le montant de la créance ;

Pour les baux : le propriétaire, le locataire et le prix annuel du bail.

370 (1). Abrogé.

371. En cas de vente à réméré, la clause de réméré devra toujours être inscrite.

372. Le droit concédé au locataire ou à l'emphytéote d'acheter le fonds ou de renouveler le bail, la durée du bail et les anticipations du payement du loyer, devront être mentionnés dans l'inscription pour être opposables aux tiers.

373 (2). Abrogé.

§ 2. — *De la conformité du titre de propriété et des copies.*

374. Toutes les fois qu'une inscription sera portée sur le titre de propriété, elle devra l'être en même temps sur les copies du titre que le conservateur aurait délivrées.

375 (3). A défaut de production de ces copies, si la formalité est destinée à constater un fait ou une stipulation qui suppose le consentement des porteurs, le conservateur refusera l'inscription.

Dans les autres cas, il fera l'inscription, la portera sur le titre de propriété, la notifiera aux détenteurs des copies désignés dans les articles 51 et 52 et, jusqu'à ce que la concordance entre le titre et les copies ait été rétablie, il refusera toute nouvelle inscription prise de leur consentement.

376. En cas de perte de la copie d'un titre de propriété, le conservateur ne pourra en délivrer une nouvelle que sur le vu d'un jugement du tribunal l'ordonnant.

(1) Abrogé par la loi du 15 mars 1892. **Ancien texte** : *Loi du 1er juillet* 1885. — Les droits immobiliers et les baux sont inscrits avec l'indication sommaire de toutes les conditions et clauses auxquelles sont subordonnés leur existence et leur exercice.

(2) Abrogé par la loi du 15 mars 1892. **Ancien texte** : *Loi du 1er juillet* 1885. — L'inscription fait aussi connaître le domicile élu des personnes qui y figurent.

(3) **Ancien texte** : *Loi du 1er juillet* 1885. — A défaut de production de ces copies, si l'inscription est requise par le porteur des copies, le conservateur refusera de la porter sur le titre; dans les autres cas, il inscrira, notifiera l'inscription aux détenteurs des copies désignés dans les articles 51 et 52 et, jusqu'à ce que la concordance entre le titre et les copies soit rétablie, il refusera toute nonvelle inscription prise de leur consentement.

CHAPITRE III.

DE LA RESPONSABILITÉ DU CONSERVATEUR.

377 (1). Le conservateur est responsable du préjudice résultant :

1° De l'omission sur ses registres, des inscriptions régulièrement requises en ses bureaux ;

2° De l'omission, sur les copies, des inscriptions portées sur le titre, sauf l'hypothèse prévue par l'article 375 ;

3° Du défaut de mention, savoir : sur les titres de propriété, des inscriptions affectant directement la propriété ou l'enzel ; et dans les états ou certificats, d'une ou de plusieurs des inscriptions existantes, à moins qu'il ne se soit exactement conformé aux réquisitions des parties, ou que le défaut de mention ne provienne de désignations insuffisantes qui ne pourraient lui être imputées.

378 (2). L'immeuble à l'égard duquel le conservateur aurait omis, dans les copies du titre de propriété ou dans les certificats, un ou plusieurs des droits inscrits qui devaient y figurer légalement, en demeure affranchi dans les mains du nouveau possesseur, sauf la responsabilité du conservateur, s'il y a lieu.

Néanmoins, cette disposition ne préjudicie pas au droit des créanciers hypothécaires de se faire colloquer, suivant l'ordre qui leur appartient, tant que le prix n'a pas été payé par l'acquéreur, ou tant que l'ordre ouvert entre les créanciers n'est pas devenu définitif.

379. Le conservateur est tenu de se conformer dans l'exercice de ses fonctions, à toutes les dispositions de la présente loi, à peine

(1) **Ancien texte** : *Loi du 1er juillet* 1885. — Le conservateur est responsable du préjudice résultant :

1° De l'omission sur les titres de propriété des inscriptions requises en ses bureaux ;

2° Du défaut de mention dans les copies de titres et dans les certificats d'inscriptions d'un ou de plusieurs droits inscrits sur le titre.

(2) **Ancien texte** : *Loi du 1er juillet* 1885. — L'immeuble à l'égard duquel le conservateur aurait omis, dans les copies ou dans les certificats, un ou plusieurs des droits inscrits sur les titres, en demeure affranchi dans les mains du nouveau possesseur, sauf la responsabilité du conservateur.

Néanmoins, cette disposition ne préjudicie pas au droit des créanciers hypothécaires de se faire colloquer, suivant l'ordre qui leur appartient, tant que le prix n'a pas été payé par l'acquéreur, ou tant que l'ordre ouvert entre les créanciers n'est pas devenu définitif.

d'une amende de cent à deux mille francs pour la première contravention. En cas de récidive, l'amende sera doublée et la destitution pourra même être prononcée; le tout sans préjudice des dommages et intérêts des parties, lesquels seront payés avant l'amende.

380. Les mentions de dépôts sont faites sur les registres de suite, sans aucun blanc ni interligne, à peine, contre le conservateur, de cinq cents à trois mille francs d'amende, et de dommages et intérêts des parties, payables aussi de préférence à l'amende.

DISPOSITIONS GÉNÉRALES

381 (1)(2). Les dispositions des articles 147, 148 et s'il y a lieu, de l'article 463 du code pénal français sont applicables :

1° A toutes personnes qui auront falsifié, contrefait ou altéré les titres de propriété, copies, états, ou certificats délivrés par le conservateur en conformité de la présente loi, ou fait usage de documents ainsi falsifiés, contrefaits ou altérés :

2° A celles qui, dans les écrits présentés à l'inscription, auront commis un faux, soit par contrefaçon ou altération d'écritures ou de signatures, soit par supposition de personnes ou par fa-

(1) **Ancien texte** : *Loi du 1er juillet* 1885. — Un décret ultérieur fixera la date d'application de la présente loi dans toute la Régence.

(2) Code pénal. Art. 147. — Seront punis des travaux forcés à temps toutes autres personnes qui auront commis un faux en écriture authentique et publique, ou en écriture de commerce ou de banque :

Soit par contrefaçon ou altération d'écritures ou de signatures ;

Soit par fabrication de conventions, dispositions, obligations ou décharges, ou par leur insertion après coup dans ces actes;

Soit par addition ou altération de clauses, de déclarations ou de faits que ces actes avaient pour objet de recevoir et de constater.

Art. 148. — Dans tous les cas exprimés au présent paragraphe, celui qui aura fait usage des actes faux sera puni des travaux forcés à temps.

Art. 463. — Les peines prononcées par la loi contre celui ou ceux des accusés reconnus coupables, en faveur de qui le jury aura déclaré les circonstances atténuantes, seront modifiées ainsi qu'il suit : — Si la peine prononcée par la loi est la mort, la cour appliquera la peine des travaux forcés à perpétuité ou celle des travaux forcés à temps. — Si la peine est celle des travaux forcés à perpétuité, la cour appliquera celle des travaux forcés à temps ou celle de la réclusion. — Si la peine est celle de la déportation dans une enceinte fortifiée, la cour appliquera celle de la déportation simple ou celle de la détention; mais, dans les cas prévus par les articles 96 et 97, la peine de

brication de conventions, dispositions ou décharges, ou par leur insertion après coup dans ces écrits, soit par addition ou altération de clauses, de déclarations ou de faits que ces écrits avaient pour objet de recevoir ou de constater;

3° A celles qui auront fait usage des écrits faux;

4° A celles qui, sciemment, auront servi de témoins pour la reconnaissance, dans les cas prévus par l'article 343 de la présente loi, d'écrits reconnus faux.

Il sera fait application des mêmes peines aux personnes désignées dans les articles 59 et 60 du code pénal (1).

la déportation simple sera seule appliquée. — Si la peine est celle de la déportation, la cour appliquera la peine de la détention ou celle du bannissement. — Si la peine est celle des travaux forcés à temps, la cour appliquera la peine de la réclusion ou les dispositions de l'article 401, sans toutefois pouvoir réduire la durée de l'emprisonnement au-dessous de deux ans. — Si la peine est celle de la réclusion, de la détention, du bannissement ou de la dégradation civique, la cour appliquera les dispositions de l'article 401, sans toutefois pouvoir réduire la durée de l'emprisonnement au-dessous d'un an. — Dans le cas où le Code prononce le maximum d'une peine afflictive, s'il existe des circonstances atténuantes, la cour appliquera le minimum de la peine ou même la peine inférieure. — Dans tous les cas où la peine de l'emprisonnement et celle de l'amende sont prononcées par le Code pénal, si les circonstances paraissent atténuantes, les tribunaux correctionnels sont autorisés, même en cas de récidive, à réduire ces deux peines comme suit : — Si la peine prononcée par la loi, soit à raison de la nature du délit, soit à raison de l'état de récidive du prévenu, est un emprisonnement dont le minimum ne soit pas inférieur à un an ou une amende dont le minimum ne soit pas inférieur à cinq cents francs, les tribunaux pourront réduire l'emprisonnement jusqu'à six jours et l'amende jusqu'à seize francs. — Dans tous les autres cas, ils pourront réduire l'emprisonnement même au-dessous de six jours et l'amende même au-dessous de seize francs. Ils pourront aussi prononcer séparément l'une ou l'autre de ces peines et même substituer l'amende à l'emprisonnement sans qu'en aucun cas elle puisse être au-dessous des peines de simple police.

(1) CODE PÉNAL. ART. 59. — Les complices d'un crime ou d'un délit seront punis de la même peine que les auteurs mêmes de ce crime ou de ce délit, sauf le cas où la loi en aurait disposé autrement.

ART. 60. — Seront punis comme complices d'une action qualifiée crime ou délit, ceux qui, par dons, promesses, menaces, abus d'autorité, ou de pouvoir, machinations ou artifices coupables, auront provoqué à cette action, ou donné des instructions pour la commettre ;

Ceux qui auront procuré des armes, des instruments, ou tout autre moyen qui aura servi à l'action, sachant qu'ils devaient y servir ;

Ceux qui auront, avec connaissance, aidé ou assisté l'auteur ou les auteurs de l'action, dans les faits qui l'auront préparée ou facilitée, ou dans ceux qui l'auront consommée ; sans préjudice des peines qui seront spécialement portées par le présent code contre les auteurs de complots ou de provocations attentatoires à la sûreté intérieure ou extérieure de l'État, même dans le cas où le crime qui était l'objet des conspirateurs ou des provocateurs n'aurait pas été commis.

COMPÉTENCE

DES JURIDICTIONS FRANÇAISES

EN MATIÈRES IMMOBILIÈRES.

RAPPORT

AU PRÉSIDENT DE LA RÉPUBLIQUE FRANÇAISE.

Monsieur le Président,

Parmi les réformes que le Bey, par la convention du 8 juin 1883, conclue avec le Gouvernement de la République, s'est engagé à entreprendre dans la Régence de Tunis et qui sont aujourd'hui en voie d'exécution, celle qui a pour objet la constitution de la propriété foncière, peut être considérée comme présentant une importance particulière, tant au point de vue de nos compatriotes et des étrangers établis en Tunisie, qu'en ce qui concerne les indigènes eux-mêmes.

Cette réforme accomplie depuis deux ans, suivant les vues du Gouvernement de la République, donne aux propriétaires de toute nationalité la faculté de placer leurs immeubles sis en Tunisie sous le régime d'une loi spéciale et sous la juridiction des tribunaux français, à charge de les soumettre préalablement à l'immatriculation que prononce un tribunal mixte, composé de quatre magistrats français et trois indigènes.

Cette procédure, qui a l'avantage de donner toute sécurité à nos colons et de ménager en même temps les droits acquis et les usages des indigènes, a soulevé, dans son application, une question qu'il importe de ne pas laisser en suspens. On s'est demandé si les juridictions françaises n'avaient pas le droit ou même le devoir de reviser et au besoin de modifier, quand ils leur seraient présentés, les titres de propriété dressés par le conservateur de la propriété foncière en suite de la décision du tribunal mixte. Le droit de revision en suspendant l'effet de l'immatriculation, aurait pour conséquence de laisser subsister l'incertitude dans laquelle se trouve actuellement la propriété dans la Régence et que la nouvelle loi immobilière avait précisément pour objet de faire cesser. Il entraînerait par conséquent, aussi bien en ce qui concerne l'intérêt des propriétaires qu'au point de vue de l'ordre public, les plus graves inconvénients.

Afin de prévenir toute possibilité d'un malentendu à ce sujet, nous avons pensé qu'il y avait lieu de préciser le caractère irrévocable, à l'égard de nos juridictions, des décisions du tribunal mixte. C'est pourquoi nous vous proposons d'user des pouvoirs qui vous ont été donnés en matière de réforme judiciaire dans la régence par l'article 1er de la convention du 8 juin 1883, sanctionnée par la loi du 9 avril 1884, pour déterminer d'une manière indiscutable la valeur des titres de propriété des immeubles immatriculés et les conditions dans lesquelles, d'un commun accord entre le Gouvernement de la République et celui du Bey, la compétence immobilière en Tunisie a été conférée aux tribunaux français.

Si vous voulez bien partager cette manière de voir, nous vous prions de revêtir de votre approbation le décret joint au présent rapport.

Nous vous prions d'agréer, Monsieur le Président, l'assurance de notre profond respect.

Le ministre des affaires étrangères,

RENÉ GOBLET.

Le garde des sceaux, ministre de la justice et des cultes.

J. FERROUILLAT.

DÉCRET

DU PRÉSIDENT DE LA RÉPUBLIQUE.

Relatif à la détermination de la compétence des juridictions de Tunisie en matière immobilière.

Le Président de la République Française,

Sur le rapport du ministre des affaires étrangères, et du garde des sceaux, ministre de la justice et des cultes,

Vu la loi du 27 mars 1883 ;

Vu la loi du 9 avril 1884,

DÉCRÈTE :

Article 1er. — Les droits réels sur les immeubles immatriculés sont régis par les lois tunisiennes spécialement édictées pour cette catégorie d'immeubles, et les litiges y relatifs ressortiront aux juridictions françaises dans la Régence.

Article 2. — Le titre dressé en suite de la décision du tribunal mixte prononçant l'immatriculation est définitif et inattaquable ; il formera, devant les juridictions françaises, le point de départ unique de la propriété et des droits réels qui l'affectent, à l'exclusion de tous autres droits non inscrits.

Les inscriptions portées ultérieurement sur ces titres feront foi devant les mêmes juridictions dans les limites fixées par les lois qui régissent en Tunisie les immeubles immatriculés.

Article 3. — Le ministre des affaires étrangères et le garde des sceaux, ministre de la justice et des cultes, sont chargés, chacun en ce qui le concerne, de l'exécution du présent décret.

Fait à Paris, le 17 juillet 1888.

CARNOT.

Par le Président de la République :

Le ministre des affaires étrangères,

René GOBLET.

Le garde des sceaux, ministre de la justice et des cultes.

J. FERROUILLAT.

IMMATRICULATION DES IMMEUBLES

VENDUS

A LA BARRE DES TRIBUNAUX FRANÇAIS

DÉCRET

DU 16 MARS 1892 (17 CHABAN 1309),

sur les ventes immobilières poursuivies devant les tribunaux français.

NOUS, ALI PACHA BEY POSSESSEUR DU ROYAUME DE TUNIS,

Considérant que les ventes immobilières poursuivies devant les tribunaux français portent parfois sur des immeubles dont ni la consistance matérielle ni l'état juridique ne sont suffisamment définis, qu'il y a lieu de donner à tous les intéressés le moyen d'obtenir une sécurité complète pour les droits qui font l'objet d'une vente judiciaire;

Avons décrété et décrétons ce qui suit;

Article 1er. — Il pourra être procédé, conformément aux prescriptions ci-après, à l'immatriculation de tout immeuble qui fera l'objet d'une vente poursuivie devant les tribunaux français.

CHAPITRE I.

DE L'IMMATRICULATION PRÉALABLE.

Art. 2. — L'immatriculation préalable à l'adjudication pourra être requise, savoir :

En matière de saisie par le créancier poursuivant;

En matière de licitation par l'un des colicitants;

Pour les biens de mineurs, par les tuteurs ou subrogés tuteurs, avec l'autorisation du conseil de famille.

Les frais de l'immatriculation seront en tous cas avancés par le requérant : leur montant sera compris parmi les dépens à supporter par l'adjudicataire en sus du prix principal, et annoncés avant l'ouverture des enchères conformément à l'art. 701 du code de procédure français.

Art. 3. — Le tribunal pourra d'office subordonner la vente à l'immatriculation préalable si le titre ne lui a pas été produit avant l'adjudication ou s'il apprécie que le titre produit n'est pas suffisant.

Art. 4. — En matière de saisie, la réquisition d'immatriculation sera établie au nom du saisi par le poursuivant ou son défenseur qui y joindra la copie, certifiée conforme par le défenseur, du commandement à fin de saisie-immobilière du procès-verbal de saisie.

Il y joindra également tous titres de propriété, contrats, actes publics ou privés ou documents quelconques, dûment traduits, de nature à faire connaître les droits réels existant sur l'immeuble et qui pourraient se trouver entre ses mains.

Le dépôt de ces pièces aura pour effet d'immobiliser les fruits dans les termes des articles 682 et 685 du code de procédure civile.

Art. 5. — En matière de licitation et pour les ventes de biens des mineurs, il sera procédé pour le dépôt de la réquisition d'immatriculation, conformément aux art. 22 à 24 inclus de la loi foncière.

Art. 6. — La procédure d'immatriculation se poursuivra conformément aux dispositions de la loi foncière.

Après l'expiration du délai imparti pour la production des oppositions, à peine de forclusion, et la rédaction du plan définitif, le poursuivant déposera au greffe son cahier des charges, et la procédure de saisie immobilière suivra son cours jusqu'à l'adjudication exclusivement.

Art. 7. — L'adjudication ne pourra avoir lieu qu'après jugement définitif du tribunal mixte.

Au cas où le jugement modifierait la consistance ou la situation juridique de l'immeuble telles qu'elles sont définies par le cahier des charges le poursuivant serait tenu de faire publier un dire rectificatif pour arriver à l'adjudication.

Art. 8. — Le titre de propriété, établi en vertu de la décision du tribunal mixte ordonnant l'immatriculation restera entre les mains du conservateur de la propriété foncière jusqu'au moment où la mutation de propriété au nom de l'adjudicataire pourra être effectuée régulièrement.

Toutefois, lorsque l'immatriculation aura été prononcée sur la réquisition d'un saisissant, le titre établi au nom du saisi pourra être délivré à celui-ci s'il est fourni main-levée conventionnelle ou judiciaire de la saisie immobilière pratiquée contre lui.

CHAPITRE II.

DE L'IMMATRICULATION POSTÉRIEURE A L'ADJUDICATION.

Art. 9. — L'adjudicataire pourra subordonner l'exécution des conditions du cahier des charges à l'immatriculation de l'immeuble.

Art. 10. — S'il veut user de cette faculté il devra, dans les quinze jours de l'adjudication, déposer son prix à la caisse des dépôts et consignations et payer les frais ordinaires de poursuite; dans la quinzaine suivante, il devra remettre au conservateur de la propriété foncière la déclaration prescrite par l'art. 23 de la loi foncière accompagnée du jugement d'adjudication; il consignera en même temps à la conservation de la propriété foncière les frais d'immatriculation ainsi qu'il est dit à l'art. 24 de la dite loi.

Art. 11. — Si la consistance matérielle et l'état juridique de l'immeuble déterminés par l'immatriculation sont conformes aux conditions du cahier des charges, le prix sera distribué après la décision du tribunal mixte.

S'il est établi que la consistance de l'immeuble ou sa situation juridique ne sont pas telles qu'elles ont été définies par le cahier des charges, l'adjudicataire pourra demander une diminution de prix nonobstant toute clause contraire du cahier des charges.

Il pourra, s'il le préfère, demander la nullité de l'adjudication si la différence de valeur est égale à un vingtième de la valeur vénale.

Art. 12. — Faute de remplir les formalités indiquées par l'art. 10 ci-dessus, l'adjudicataire perdra tout recours contre le propriétaire de l'immeuble, le poursuivant et les créanciers.

Art. 13. — Les dispositions des art. 9 à 12 du présent décret ne sont pas applicables aux ventes poursuivies par un créancier possédant sur l'immeuble des droits réels, acquis pour sûreté de sa créance, à une date certaine antérieure à la promulgation du présent décret, ou au plus tard dans les trois mois qui suivront cette promulgation.

Le créancier seul pourra user de la faculté prévue par les art. 2, 4, 6, 7 et 8 ci-dessus.

Vu pour promulgation et mise à exécution.

Tunis, le 16 mars 1892.

Le Ministre Plénipotentiaire,

Résident Général de la République Française,

J. MASSICAULT.

FRAIS D'IMMATRICULATION

DÉCRET

DU 16 MARS 1892 (17 CHABAN 1309),

fixant le montant et le mode de perception des frais d'immatriculation (1).

NOUS ALI PACHA BEY POSSESSEUR DU ROYAUME DE TUNIS,

Vu la loi du 19 ramadan 1302 (1er juillet 1885) modifiée par les lois du 12 chaban 1303 (16 mai 1886) et du 2 rabia el aouel 1306 (2 novembre 1888),

Vu la loi du 15 mars 1892 (16 chaban 1309);

Avons décrété et décrétons ce qui suit :

Art. 1er. — Les frais d'immatriculation comprennent les rétributions et indemnités fixées et payées comme il est dit ci-après.

Les parties supportent directement les frais occasionnés par les mesures préparatoires qui peuvent être ordonnées par le tribunal mixte.

Art. 2. — Le salaire du conservateur comprend :

1° Une indemnité fixe de dix-huit francs.

2° Une rétribution proportionnelle égale au $\frac{1}{1000}$ de la valeur vénale de l'immeuble immatriculé ; la perception du droit proportionnel suit les sommes et valeurs de 100 francs en 100 francs.

Art. 3. — Les rétributions, indemnités et frais des géomètres

(1) Abrogeant et remplaçant les art. de 1 à 3 inclus du décret du 6 avril 1886 2 redjeb 1303) et les tarifs A, B et C annexés au même décret.

du service topographique sont fixés conformément au décret du 27 redgeb 1303 (1er mai 1886).

La rétribution des interprètes assistant au bornage est fixée par le décret spécial sur les interprètes.

Art. 4. — Les indemnités fixes du caïd, des greffiers et de l'administration du journal officiel sont fixées ainsi qu'il suit :

Il est alloué au greffier de la justice de paix pour rédaction, copie et transcription de tous actes et pièces, par immatriculation : . . . . 5 fr.

Il est alloué au caïd pour les correspondances, publications, avis à adresser aux parties, rédaction des certificats et autres actes relatifs à l'immatriculation, une indemnité fixe de . . . 6 fr.

Il est alloué au greffier du tribunal mixte,

1° Pour toutes correspondances relatives à l'immatriculation de chaque immeuble, y compris les avis à adresser aux parties et la tenue des registres, y compris aussi l'expédition des jugements définitifs signée par le greffier et contre-signée par le président du tribunal et délivrée au conservateur de la propriété foncière, une indemnité fixe de . . . . 10 fr.

2° Pour l'expédition de tout jugement avant dire droit au fond, signée, contresignée et délivrée comme il est dit ci-dessus, par rôle de 25 lignes à la page et 15 syllabes à la ligne . . . . 0 fr. 60

Cette dernière rétribution, qui fait partie des frais d'instance, est supportée et payée dans les conditions prévues par l'art. 43 de la loi ci-dessus visée.

Il sera payé à l'administration du journal officiel français et arabe,

Pour l'insertion dans les deux langues de l'extrait de la déclaration d'immatriculation (Art. 25 de la loi du 1er juillet 1885) et de l'avis sommaire de la clôture du procès-verbal de bornage (Art. 27 de la même loi) . . . . 6 fr.

L'administration du journal sera tenue de remettre au conservateur le nombre nécessaire de placards extraits du journal officiel, édition française et édition arabe, contenant l'insertion.

Art. 5. — Les frais d'immatriculation sont payés sur un article spécial du budget et ordonnancés, savoir :

Pour les payements au profit des caïds, greffiers, de l'administration du journal officiel, des agents du service topographique ou des interprètes assistant au bornage provisoire par le directeur général des travaux publics, sur un certificat du chef du service topographique.

Les salaires du conservateur sont prélevés directement sur la consignation spécifiée à l'art. 7 ci-après.

Art. 6. — Le remboursement partiel des frais d'immatriculation au Trésor de l'État est assurée par la perception d'une taxe comprenant :

1° Le chiffre du barême ci-annexé correspondant à la contenance de l'immeuble telle qu'elle résulte du bornage provisoire.

Ce barême est revisable par décret;

2° Une somme égale à 3 pour mille de la valeur vénale de l'immeuble.

Art. 7. — Le montant de la taxe, calculé d'après la contenance présumée de l'immeuble et d'après sa valeur vénale déclarée, est déposé à la conservation foncière en même temps que la réquisition d'immatriculation.

Il reste consigné jusqu'après l'établissement du plan et le calcul exact de la contenance du bornage provisoire par le service topographique. Le versement au Trésor est fait par le conservateur sur le vu d'un certificat du chef du service topographique, rendu exécutoire par le directeur général des travaux publics, établissant la contenance.

L'excédent de la consignation est restitué au requérant.

Art. 8. — Dans le cas où les opérations du bornage provisoire feraient apparaître une contenance approximative supérieure à la contenance présumée de la réquisition, le chef du service topographique exigerait, avant de faire exécuter le plan, une consignation complémentaire. Le montant total des sommes consignées serait porté à un chiffre suffisant pour couvrir :

1° Le chiffre du barême correspondant à la contenance approximative telle qu'elle résulte du croquis de bornage, majorée de 20 % ;

2° Le 3 pour mille de la valeur vénale.

Le conservateur pourra toujours, après avoir notifié sa propre évaluation à la partie intéressée, faire procéder à l'expertise pour établir la valeur vénale de l'immeuble.

Art. 9. — Sont abrogés les articles 1 à 3 inclus du décret du 2 redjeb 1303 (16 avril 1886) modifiés par le décret du 13 ramadan 1303 (15 juin 1886) et les tarifs A, B et C annexés au même décret.

Barème du remboursement partiel au Trésor de l'État, par les propriétaires, des frais d'immatriculation.

1° Contenances :

de 0 à 100 hectares.... — 1 fr. par hectare.

de 100 à 500 hectares... — 100 fr. et 0 fr. 75 par hectare en plus des cent premiers.

de 500 à 1000 hectares. — 400 fr. et 0 fr. 50 par hectare en plus des cinq cents premiers.

à partir de 1000 hectares. — 650 fr. et 0 fr. 25 par hectare en plus des mille premiers.

2° En plus trois pour mille de la valeur vénale de l'immeuble.

Le minimum de la perception est de 30 francs.

Vu pour promulgation et mise à exécution.
Tunis, le 16 mars 1892.
Le Ministre Plénipotentiaire,
Résident Général de la République Française,

J. Massicault.

RÈGLEMENT SUR LE SERVICE

DE LA

CONSERVATION FONCIÈRE

DÉCRET

DU 12 RAMADAN 1303 (14 JUIN 1886),

sur l'organisation du service de la conservation de la propriété foncière modifié par le décret du 16 mars 1892 (17 chaban 1309).

NOUS, ALI PACHA BEY, POSSESSEUR DU ROYAUME DE TUNIS.

Vu l'article 21 de la loi du 1er juillet 1885 (19 ramadan 1302) ainsi conçu :
« Il est institué à Tunis une conservation de la propriété foncière de la Ré-
« gence ;
« Le conservateur de la propriété foncière est chargé :
« 1° De l'immatriculation des immeubles;
« 2° De la constitution des titres de propriété;
« 3° De la conservation des actes relatifs aux immeubles immatriculés;
« 4° De l'inscription des droits et charges sur ces immeubles ;
Vu le décret du 12 chaban 1303 (16 mai 1886).
Vu le décret du 12 ramadan 1303 (14 juin 1886) sur l'organisation de la conservation foncière.
Vu la loi du 15 mars 1892 (16 chaban 1309),

Avons décrété et décrétons ce qui suit :

TITRE I.

De la conservation de la propriété foncière.

CHAPITRE I.

DISPOSITIONS GÉNÉRALES.

1 (1). Le conservateur est nommé par nous, sur la proposition du Résident Général de la République Française.

2 (2) (3). Le bureau de la conservation sera ouvert aux heures fixées par arrêté du Résident Général les dimanches et jours fériés exceptés.

Les jours fériés sont :

Le 1er janvier de l'année grégorienne, le lundi qui suit les jours de Pâques et de la Pentecôte, l'Ascension, le 14 juillet, le 15 août (Assomption), le 1er novembre (Toussaint) et le 25 décembre (Noël).

3. Avant d'entrer en fonctions, le conservateur fera enregistrer sa commission au greffe du tribunal civil de Tunis, il prêtera devant le même tribunal le serment de remplir avec fidélité les fonctions qui lui sont confiées.

En cas d'absence ou d'empêchement du conservateur, il sera suppléé par un employé désigné par le Résident Général de la République Française sur la proposition du conservateur. Le préposé demeurera garant de sa gestion, sauf son recours contre ceux qui l'auront remplacé.

(1) Décret du 14 juin 1886 modifié comme ci-dessus par le décret du 16 mars 1892.

(2) Par arrêté résidentiel du 17 mars 1892 les heures d'ouverture du bureau de la conservation de la propriété foncière sont fixées ainsi qu'il suit :

1° A partir du 1er octobre jusqu'au 30 juin inclusivement de 8 heures du matin à midi et de 2 heures à 4 heures du soir ;

2° A partir du 1er juillet jusqu'au 30 septembre inclusivement de 8 heures du matin à midi.

(3) Décret du 14 juin 1886 modifié comme ci-dessus par le décret du 16 mars 1892.

L'indemnité de l'intérimaire sera fixée par le Résident Général de la République Française sur la proposition du conservateur.

S'il y a vacance du bureau, par mort ou autrement, le cas de démission excepté, il sera rempli, en attendant la nomination du nouveau titulaire, par un employé désigné par le Résident Général de la République Française.

L'intérimaire demeurera responsable de sa gestion et il aura droit à la totalité des salaires.

Le préposé démissionnaire ne pourra quitter ses fonctions avant l'installation de son successeur, à peine de répondre de tous dommages-intérêts auxquels la vacance momentanée du bureau pourrait donner lieu.

CHAPITRE II.

DU CAUTIONNEMENT QUE DOIT FOURNIR LE CONSERVATEUR.

4. Le conservateur fournira un cautionnement qui pourra être constitué, en tout ou en partie, soit en immeubles urbains bâtis, situés à Tunis et immatriculés conformément à la loi du 19 ramadan 1302 (1er juillet 1885), soit en obligations de la dette générale tunisienne 4 0/0, ou en rentes 3 0/0 non amortissables sur l'État Français.

Le cautionnement pourra être fait en valeurs de même nature appartenant à des tiers. Quels qu'en soient les propriétaires, les biens ou valeurs affectés ne doivent ni remplacer des constitutions dotales, ni provenir de constitutions de cette espèce, ni appartenir à des mineurs, à des interdits à des absents à des communes ou à des établissements publics ou religieux. Enfin, les titulaires doivent en avoir la libre disposition.

5. Le cautionnement ci-dessus demeure spécialement et exclusivement affecté à la responsabilité du préposé à la conservation pour les erreurs et omissions dont la loi le rend garant envers le public.

6. L'acte de cautionnement contiendra affectation spéciale.

Cette affectation subsistera pendant toute la durée des fonctions et dix ans après; passé lequel délai, les biens servant de cautionnement seront affranchis de plein droit de toutes actions de recours qui n'auraient pas été intentées dans cet intervalle.

Le préposé à la conservation aura domicile dans le bureau où il remplira ses fonctions, pour les actions auxquelles sa responsabilité pourrait donner lieu. Ce domicile est de plein droit; il durera aussi longtemps que la responsabilité du préposé; toutes poursuites à cet égard pourront y être dirigées contre lui, quand même il serait sorti de place, ou contre ses ayants-cause.

7 (1). Le conservateur qui aura constitué son cautionnement en immeubles aura la faculté de les remplacer, en tout ou en partie, par d'autres immeubles, par des obligations tunisiennes ou par des rentes sur l'État Français et réciproquement, pourvu que les valeurs substituées réunissent les conditions exigées par le présent décret, notamment par l'article 4, et que toutes les règles et conditions applicables à la constitution du cautionnement soient observées.

L'affectation des immeubles obligations ou rentes remplacés cesse de plein droit du jour où le nouveau cautionnement est définitivement constitué.

Lorsqu'il s'agira d'un des changements prévus par le présent article, et que le conservateur ne sera plus en exercice, l'acte ne contiendra affectation que pour le temps pendant lequel la responsabilité du conservateur envers les tiers pourra rester engagée.

8 (2). Le cautionnement sera de trente mille francs (30,000 f.).

Les règles tracées pour les cautionnements des comptables du Trésor par l'art. 2 du décret du 2 janvier 1887, sont applicables à ce cautionnement. Ces règles seront adoptées pour les cautionnements fournis jusqu'à ce jour, les prescriptions antérieures étant en tant que de besoin modifiées.

(1) *Décret du* 14 *juin* 1886, modifié comme ci-dessus par le décret du 16 mars 1892.
(2) *Ibid.*

SECTION I.

Du cautionnement en immeubles.

9 (1). Le cautionnement en immeubles sera reçu par le tribunal civil de Tunis, contradictoirement avec le procureur de la République près le même tribunal. Le conservateur sera tenu d'en justifier au Résident Général de la République Française au plus tard dans le mois de l'enregistrement de sa commission.

L'inscription du cautionnement sera faite à la diligence et aux frais du préposé.

Elle subsistera pendant toute la durée de sa responsabilité.

L'inscription n'a lieu que jusqu'à concurrence du cautionnement fourni et sur les immeubles qui en sont l'objet. Elle est indéfinie. Elle ne peut être ni purgée, ni prescrite, même par les tiers détenteurs, tant que les immeubles sont affectés à la garantie de la gestion du conservateur.

SECTION II.

Du cautionnement en obligations tunisiennes et en rentes françaises (3 pour % perpétuel).

10. Pour constituer son cautionnement en obligations ou en rentes le conservateur sera tenu d'en faire la déclaration au receveur général des finances. Il joindra à cette déclaration la lettre d'avis de sa nomination.

L'acte de cautionnement en obligations ou en rentes est fait entre le receveur général des finances et les propriétaires des titres, en autant d'originaux qu'il y a de parties contractantes.

Il est fait, en outre, un original pour tenir lieu de l'expédition du dit acte dont le dépôt devra, dans ce cas, être fait au greffe par le conservateur avant sa prestation de serment. Les numéros des obligations, les séries et les numéros des rentes affectées y sont indiqués en toutes lettres.

(1) *Décret du* 14 *juin* 1886, modifié comme ci-dessus par le décret du 16 mars 1892.

Les titres sont déposés à la caisse du receveur général des finances qui détache, au fur et à mesure des échéances, les coupons destinés à permettre le payement des arrérages et les remet, contre décharge, aux propriétaires des titres.

11 (1). Les rentes françaises affectées à titre de cautionnement devront être capitalisées au denier vingt de manière à présenter, par le résultat de cette capitalisation, un chiffre égal à celui du cautionnement en immeubles dont les dites rentes tiennent lieu.

SECTION III.

De la libération du cautionnement.

12 (2). La libération du cautionnement est prononcée par le tribunal civil du Tunis, et par jugement rendu sur simple requête présentée par le propriétaire des immeubles, des obligations ou des rentes, ou par ses ayants-droit, et le procureur de la République entendu.

Il est produit à l'appui de la requête :

1° Un certificat du Résident Général de la République Française constatant la date à laquelle le conservateur a cessé ses fonctions ;

2° Un certificat du receveur général des finances et du greffier près le tribunal de Tunis, constatant qu'il n'existe ni opposition, ni action en garantie ou responsabilité contre le conservateur.

13. Sur la remise d'une expédition du jugement prononçant la libération du cautionnement, le conservateur de la propriété foncière radie l'inscription prise sur les immeubles.

Sur la production de semblable expédition, le receveur général des finances remet au propriétaire les titres affectés au cautionnement.

Si le propriétaire des titres est décédé, son ayant-droit fournit, en outre, un certificat de propriété.

(1) *Décret du* 14 *juin* 1886, modifié comme ci-dessus par le décret du 16 mars 1892

(2) *Ibid.*

Il sera procédé de la même manière dans le cas de libération du cautionnement à la suite de substitution.

14. Lorsque, à défaut par le conservateur d'avoir acquitté le montant des condamnations prononcées contre lui, et en exécution d'un jugement ou d'un arrêt ayant acquis force de chose jugée, il y a lieu de réaliser tout ou partie des titres affectés au cautionnement, le receveur général provoque la vente et y fait procéder jusqu'à due concurrence, après notification à lui faite du jugement ou de l'arrêt, après remise à lui faite du certificat de l'avoué ou de l'avocat défenseur de la partie poursuivante, contenant la date de la signification du jugement faite au domicile de la partie condamnée et sur l'attestation du greffier qu'il n'existe contre le jugement ni opposition ni appel.

Le produit de la négociation est versé par l'agent qui a qualité pour procéder à la vente, à la caisse du receveur général des finances, lequel reste chargé d'en opérer la remise à qui de droit, sur la production des justifications prescrites par les lois et règlements.

15. Lorsque le cautionnement constitué soit en immeubles, soit en obligations ou en rentes, appartient partie à des tiers et partie au conservateur, et qu'il doit être réalisé par suite des condamnations encourues par ce dernier, il est procédé d'abord à la vente totale ou partielle des biens ou des titres appartenant au conservateur et, subsidiairement, à celle des biens ou des titres fournis par des tiers.

Si ces derniers biens ou titres sont la propriété de plusieurs intéressés, la vente en est faite, à défaut d'accord entre ces derniers, proportionnellement à l'importance de la somme pour laquelle chacun d'eux s'est engagé.

16. Dans les quinze jours qui suivent la réalisation, le conservateur est tenu de remplacer ou de compléter le cautionnement dont tout ou partie a été vendu, en observant les formes et les conditions exigées pour le cautionnement primitif.

CHAPITRE III.

DU TRAITEMENT DU CONSERVATEUR.

17 (1). Il sera payé au conservateur par les requérants, pour les copies qu'il délivrera, outre le papier timbré, les sommes énoncées au tarif faisant l'objet du tableau annexé au présent décret.

CHAPITRE IV.

DES REGISTRES SERVANT A RECEVOIR LES ACTES DE LA CONSERVATION.

18 (2). Les registres servant à recevoir les actes de la conservation seront cotés et paraphés conformément à l'article 349 de la loi du 19 ramadan 1302 (1er juillet 1885). Cette formalité sera remplie sans frais, dans les trois jours de la présentation des registres.

Les actes seront datés et consignés de suite, sans blanc et jour par jour; ils seront numérotés suivant le rang qu'ils tiendront dans les registres et signés du préposé.

19 (3). Le dépôt du double du registre dont la tenue est prescrite par l'article 345 de la loi du 19 ramadan 1302 (1er juillet 1885), est effectué par le conservateur dans le délai fixé par la loi.

Le jour même de la réception du registre le greffier dresse acte de la remise et il en fait parvenir le récépissé au conservateur.

Le tout a lieu sans frais.

Les doubles des registres sont gardés au greffe sous clef. Il

(1) *Décret du* 14 *juin* 1886, modifié comme ci-dessus par le décret du 16 mars 1892.
(2) *Ibidem.*
(3) *Ibidem.*

est interdit au greffier d'en donner connaissance à toute autre personne qu'au président du tribunal, au procureur de la République, au conservateur de la propriété foncière et aux agents spécialement désignés par le Résident Général de la République Française.

En cas de destruction des registres des dépôts, les doubles conservés au greffe sont immédiatement remis, contre récépissé, au conservateur de la propriété foncière qui procède à la reconstitution de ces registres, sans qu'il puisse en résulter aucune charge nouvelle pour les parties. Cette reconstitution aura lieu dans la même forme dans les cas de destruction des doubles gardés au greffe.

20 (1). Tous les registres exclusivement consacrés à l'immatriculation ou à la rédaction des titres de propriété, toutes les copies de titres de propriété délivrées par le conservateur de la propriété foncière, tous les actes expressément exigés par la loi pour parvenir à l'immatriculation et qui ne sont pas soumis au timbre par la législation actuellement en vigueur en seront exempts. Les reconnaissances de dépôts, états, certificats et copies d'actes déposés à la conservation, délivrés par le conservateur, seront sur papier timbré.

Les droits de timbre sont fixés ainsi qu'il suit :

PRIX DE CHAQUE FEUILLE.	DÉNOMINATION.	DIMENSION DE LA FEUILLE DÉPLOYÉE ET ROGNÉE		
		Hauteur.	Largeur.	Superficie.
1 fr. 20	Grand papier........................	0.3536	0.5000	0.1768
0 fr. 90	Moyen papier (moitié du grand registre).	0.2973	0.4204	0.1250
0 fr. 60	Petit papier (moitié du grand papier)...	0.2500	0.3536	0.0884
0 fr. 30	Demi-feuille (moitié du petit papier)...	0.2500	0.1768	0.0442

(1) *Décret du 14 juin* 1886, modifié comme ci-dessus par le décret du 16 mars 1892.

TITRE II.

De la perception des droits au profit du Trésor.

CHAPITRE I.

ATTRIBUTIONS DU CONSERVATEUR RELATIVEMENT A LA PERCEPTION DES DROITS

21 (1). Abrogé.

22 (2). Abrogé.

TITRE III.

Des valeurs sur lesquelles le droit proportionnel est assis et de l'expertise.

23 (3). La valeur de la propriété, de l'usufruit et de la jouissance des immeubles et droits réels immobiliers est déterminée, pour la liquidation et le payement des salaires, ainsi qu'il suit, savoir :

1° Pour l'immatriculation, par la déclaration estimative des parties;

2° Pour les échanges, par une évaluation qui doit être faite en capital, d'après le revenu annuel multiplié par seize, sans distraction des charges;

3° Pour les ventes, adjudications, cessions, rétrocessions, licitations et tous autres actes civils ou judiciaires portant constitution ou translation d'enzel, translation de propriété, de su-

(1) Abrogé par le décret du 16 mars 1892.

(2) Abrogé par le décret du 16 mars 1892.

(3) *Décret du 14 juin* 1886, modifié comme ci-dessus par le décret du 16 mars 1892.

perficie, d'usage ou d'habitation, ou de servitude à titre onéreux par le prix exprimé en y ajoutant toutes les charges, en capital, ou par estimation d'expert, dans les cas autorisés par le présent décret;

4° Pour les transmissions entre vifs à titre gratuit :

S'il s'agit de la propriété et de l'enzél, par l'évaluation qui sera faite et portée à seize fois le produit des biens ou le prix des baux courants.

S'il s'agit de l'usufruit, par l'évaluation qui en sera portée à huit fois le produit des biens ou le prix des baux courants.

24 (1). Si les sommes ou valeurs ne sont pas déterminées dans un écrit ou dans un jugement donnant lieu au salaire proportionnel, les parties seront tenues d'y suppléer, avant l'inscription, par une déclaration estimative certifiée et signée au pied de l'acte ou écrit qui restera déposé au bureau de la conservation. Si les parties ne savent ou ne peuvent signer, leur déclaration sera reçue et signée sur l'acte par le conservateur avec les explications nécessaires.

25 (2). Si la valeur en capital ou en revenu énoncée dans l'un des actes, écrits ou déclarations prévus par les articles 23 et 24 qui précèdent paraît inférieure à la valeur réelle en capital ou en revenu à l'époque de l'immatriculation ou de l'inscription, l'expertise pourra en être requise par le conservateur dans les deux années à compter de la date de ces formalités.

26 (3). La demande en expertise sera faite au juge de paix de la situation des biens par une pétition portant nomination d'un expert, et qui sera notifiée à la partie, avec invitation de faire connaître, dans le délai de huitaine, si elle accepte l'expert du conservateur. En cas de désaccord, l'expert sera nommé par le juge de paix sur simple requête, dans les huit jours de la demande.

Le procès-verbal d'expertise sera rapporté, au plus tard, dans

(1) *Décret du 14 juin* 1886, modifié comme ci-dessus par le décret du 16 mars 1892
(2) *Ibidem.*
(3) *Ibidem.*

le mois qui suivra la remise qui aura été faite à l'expert de l'ordonnance du juge de paix.

Les frais de l'expertise seront à la charge de la partie qui succombera.

La partie sera tenue, dans tous les cas, d'acquitter sur le supplément d'estimation constaté par le rapport de l'expert, le salaire du conservateur et la taxe de remboursement au Trésor.

Il sera, en outre, perçu au profit du Trésor, à titre d'amende, une somme égale au montant des taxes et salaires qui n'auront pas été perçus.

Les tuteurs et curateurs supporteront personnellement les peines ci-dessus, lorsqu'ils auront fait des estimations insuffisantes.

Le mari en sera tenu solidairement avec la femme, toutes les fois que celle-ci, pour agir, aura besoin de l'autorisation maritale.

27 (1). Abrogé.

TITRE IV.

Du payement des salaires et de ceux qui doivent les acquitter.

---

28 (2). Les salaires seront payés par le requérant au moment de la réquisition de chaque formalité, sauf le cas où elle sera faite par le ministère public dans l'intérêt des incapables.

Nul ne pourra différer le payement des dits salaires sous le prétexte de contestation sur la quotité ni pour quelque autre motif que ce soit, sauf à se pourvoir en restitution s'il y a lieu.

29 (3). Le recouvrement des salaires qui, par suite d'erreur,

(1) Abrogé par le décret du 16 mars 1892.

(2) *Décret du* 14 *juin* 1886, modifié comme ci-dessus par le décret du 16 mars 1892.

(3) *Ibidem.*

omission ou pour toute autre cause n'auraient pas été versés d'avance en tout ou en partie, sera suivi solidairement contre tous ceux qui auront concouru aux actes, conventions ou déclarations ou qui en profiteront.

30 (1). Abrogé.

TITRE V.

Des salaires acquis et de la prescription.

---

31 (2). Les salaires régulièrement perçus ne pourront être restitués, quels que soient les événements ultérieurs.

32 (3). Abrogé.

TITRE VI.

Des poursuites et instances.

---

33 (4). La solution des difficultés qui pourront s'élever relativement à la perception des frais d'immatriculation avant l'introduction des instances appartiendra au conservateur.

34 (5). Le recouvrement des frais d'immatriculation, ainsi que de tous suppléments exigibles, sera poursuivi par voie de contrainte.

La contrainte sera décernée par le conservateur, visée et rendue exécutoire par le juge de paix et signifiée administra-

(1) Abrogé par le décret du 16 mars 1892.
(2) *Décret du* 16 *juin* 1886, modifié comme ci-dessus par le décret du 16 mars 1892.
(3) *Décret du* 16 *juin* 1886, modifié comme ci-dessus par le décret du 16 mars 1892.
(4) Abrogé par le décret du 16 mars 1892.
(5) *Ibidem*.

tivement dans les conditions prévues par l'article 41 de la loi du 19 ramadan 1302 (1er juillet 1885).

L'exécution de la contrainte ne pourra être interrompue que par une opposition formée par le redevable et motivée, avec assignation à jour fixe, devant le tribunal civil de Tunis.

Dans ce cas, l'opposant sera tenu d'élire domicile à Tunis.

35. L'introduction et l'instruction des instances auront lieu devant le tribunal civil de Tunis.

L'instruction se fera par simples mémoires respectivement signifiés. Le ministère des avoués ou des avocats défenseurs ne sera pas obligatoire pour les parties.

Il n'y aura d'autres frais à supporter pour la partie qui succombera que ceux du papier timbré, des significations et des droits qui auront été perçus par le Trésor sur les divers actes de l'instance,

Les jugements seront rendus sur le rapport d'un juge fait en audience publique, et sur les conclusions du procureur de la République.

Ils seront sans appel et ne pourront être attaqués que par voie de cassation.

TITRE VII.

De l'administration du fonds d'assurance.

---

36 (1). Abrogé.

37 (2). Abrogé.

38 (3). Abrogé.

39 (4). Abrogé.

40 (5). Abrogé.

(1) Abrogé par le décret du 16 mars 1892

(2) *Ibidem.*

(3) *Ibidem.*

(4) *Ibidem.*

(5) *Ibidem.*

TABLEAU (1) *des salaires dus au conservateur de la propriété foncière.*

FORMALITÉS POUR LESQUELLES IL EST DÛ DES SALAIRES AU CONSERVATEUR.	MONTANT DES SALAIRES	
	F.	C.
1° Pour toutes les formalités concernant une immatriculation, jusques et y compris l'établissement du titre de propriété, l'indemnité fixée par l'article 3 du décret du 16 mars 1892.		
Cette indemnité sera dans tous les cas acquise, quelle que soit l'issue de la demande d'immatriculation.		
2° Pour l'établissement de chaque titre de propriété, lors de la mutation, du morcellement ou de la division d'une propriété ou d'un enzel immatriculé..........	18	00
3° Pour chaque copie du titre de propriété délivrée, soit au moment de l'établissement du titre soit ultérieurement, un franc 20 centimes par rôle de 30 lignes à la page et 15 syllabes à la ligne. Ce tarif sera applicable à toutes les copies collationnées et délivrées par le conservateur.		
Toute page commencée sera comptée pour un demi-rôle et rendra exigible un salaire de 0 franc 60 centimes;		
4° Pour chaque mention faite postérieurement à l'établissement du titre de propriété, soit sur le titre même, soit sur chacune des copies..........	1	20
5° Pour l'enregistrement sur les deux registres et pour la reconnaissance des dépôts d'actes à mentionner..........	0	60
6° Pour l'inscription que le conservateur doit faire à la suite du titre de chacun des droits reconnus par la décision ordonnant l'immatriculation..........	1	20
Pour toute inscription ultérieure, soit d'office, soit sur la réquisition des parties, concernant l'un des faits et conventions prévus par l'article 343 de la loi du 19 ramadan 1302 un droit proportionnel de un pour mille sur les adjudications, ventes, reventes, cessions, rétrocessions, échanges, donations entre vifs, et tous autres actes civils et judiciaires, translatifs de propriété ou d'usufruit de biens immeubles avec un minimum de..........	1	20
Sur l'inscription de tous autres faits ou conventions un droit fixe de..........	1	20
7° Pour les certificats constatant simplement la conformité ou la non-conformité des copies du titre de propriété avec le titre même, par chaque copie sur laquelle il est certifié..........	1	20

(1) Modifié comme ci-dessus par le décret du 16 mars 1892.

FORMALITÉS POUR LESQUELLES IL EST DU DES SALAIRES AU CONSERVATEUR.	MONTANT DES SALAIRES.	
	F.	C.
8° Pour chaque certificat négatif : 1° D'inscription ; 2° De mention de saisies et dénonciation de saisies ; 3° De mentions de résolution, nullité ou rescision d'actes inscrits, 1 fr. 20 par individu sur lequel il est certifié et par immeuble faisant l'objet d'un titre distinct de propriété..........	1	20
9° Pour les relevés sommaires délivrés en conformité de l'article 352, 2e alinéa, de la loi du 19 ramadan 1302, 1 fr. 20 par inscription comprise dans chaque relevé	1	20
10° Pour chaque duplicata de quittance........................	0	30
11° Pour la mention de chaque procès-verbal de saisie-immobilière et de chaque exploit de dénonciation de ce procès-verbal au saisi...	1	20
12° Pour la mention des notifications prescrites par les articles 691 et 692 du code de procédure civile français (sommation au saisi, aux créanciers inscrits et aux incapables de prendre connaissance du cahier des charges)..	1	20
13° Pour la radiation de la saisie immobilière..................	1	20
14° Pour la mention du jugement d'adjudication................	1	20
15° Pour la mention du jugement de conversion de saisie........	1	20
16° Pour chaque mention d'un jugement de résolution, nullité ou rescision, soit sur le titre, soit sur une copie et en général pour toute mention en dehors du registre des formalités préalables à l'immatriculation non spécialement tarifée..................................	1	20
17° Pour l'acte constatant le refus du conservateur d'inscrire ou de mentionner dans les cas prévus par la loi.........................	1	20
18° Pour la notification à chaque porteur d'une copie de titre non représentée, et pour tout autre notification faite à la diligence du conservateur, en sus des déboursés................................	1	20

Vu pour promulgation et mise à exécution,

Tunis, le 16 mars 1892,

Le Ministre Plénipotentiaire,

Résident Général de la République Française,

J. MASSICAULT.

RÈGLEMENT

SUR

LES INTERPRÈTES

DÉCRET

DU 16 MARS 1892 (17 CHABAN 1309),

sur les interprètes (1).

NOUS ALI PACHA BEY, POSSESSEUR DU ROYAUME DE TUNIS.

Vu les articles 23, 24, et suivants de la loi foncière du 1er juillet 1885 (19 ramadan 1302) modifiée par la loi du 15 mars 1892 (17 chaban 1309),

Vu le décret du 2 redjeb 1303 (6 avril 1886), modifié par décret du 13 ramadan 1303 (15 juin 1886).

Vu le décret du 9 djoumadi-el-aoual 1304 (2 février 1887).

Avons décrété et décrétons ce qui suit :

Article 1er. — Nul acte ou écrit rédigé en langue arabe ou étrangère ne peut être produit, ou cité dans un écrit produit à la conservation de la propriété foncière ou au tribunal mixte, s'il n'en est remis en même temps une traduction française in-extenso ou par extrait, établie comme il est dit à l'article 23 de la loi foncière.

Art. 2. — Les traductions sont faites et certifiées par les in-

(1) Abrogeant et remplaçant les articles 4 à 24 du décret du 6 avril 1886 (2 redjeb 1303) et le tarif D annexé au même décret.

terprètes-traducteurs désignés conformément à l'article 23 de la loi du 1er juillet 1885 et assermentés.

Art. 3. — Les traductions dûment certifiées font foi en justice de leur contenu, sauf vérification par le tribunal.

Art. 4. — Il y aura à Tunis et, s'il y a lieu, dans les autres localités où la nécessité en sera démontrée, un ou plusieurs interprètes-traducteurs des langues arabe, hébraïque, espagnole, maltaise, anglaise, italienne et allemande.

Art. 5. — Les interprètes-traducteurs recevront du Résident Général de la République Française une lettre de désignation qui leur tiendra lieu de commission. Les interprètes judiciaires pourront être chargés provisoirement des fonctions d'interprètes-traducteurs; ils seront dispensés des formalités ci-après.

Art. 6. — Les interprètes-traducteurs ne pourront être commissionnés qu'après avoir subi un examen devant une commission spéciale composée :

1° Du président du tribunal mixte ou de son délégué, président;

2° Du directeur de l'enseignement public ou de son délégué;

3° D'un juge indigène du tribunal mixte;

4° D'un interprète désigné par le Ministre Résident Général de la République Française à Tunis, rapporteur.

Art. 7. — Les candidats formeront leur demande par écrit. Nulle demande ne sera admise :

1° Si le candidat n'est âgé de 21 ans accomplis; il justifiera de son âge, soit par un acte de naissance, soit par les déclarations de témoins connus, reçues par deux adouls, et par toutes pièces probantes qu'il pourra joindre à ces déclarations;

2° S'il ne produit un certificat de moralité émanant d'une autorité judiciaire ou administrative française;

3° S'il ne justifie, devant la commission spéciale, qu'il sait parler et écrire correctement la langue française; traduire d'après le langage parlé et l'écriture usuelle les langues pour lesquelles il demande à être commissionné, parler familièrement les mêmes langues et les écrire en caractères usuels, et qu'il possède des notions élémentaires de jurisprudence musulmane et de droit civil français.

Art. 8. — Les interprètes-traducteurs prêteront, devant le tribunal civil de Tunis, le serment suivant :

« Je jure d'interpréter fidèlement les pièces et les discours « que je serai chargé de traduire et d'en garder le secret. »

Art. 9. — Avant d'être admis à prêter serment, les interprètes-traducteurs fourniront un cautionnement en numéraire de 1.200 francs qui sera affecté, par privilège, à l'acquit des amendes et condamnations qu'ils encourraient à raison de leurs fonctions.

Le cautionnement est versé à la caisse du receveur général des finances. Il ne porte pas intérêt. Toutefois l'interprète-traducteur a la faculté de convertir ce cautionnement en obligations tunisiennes. Dans ce cas, le service des coupons lui est fait.

Le cautionnement en obligations est capitalisé au denier vingt.

Dans les quinze jours qui suivent la réalisation, l'interprète-traducteur est tenu de remplacer ou de compléter le cautionnement dont tout ou partie a été employé en observant les formes et les conditions exigées pour le cautionnement primitif.

L'affectation du cautionnement subsistera pendant toute la durée des fonctions et une année après, passé lequel délai les valeurs servant de cautionnement seront affranchies de plein droit de toutes actions de recours qui n'auraient point été intentées dans cet intervalle.

Art. 10. — Les traductions sont exécutées in-extenso ou par extrait.

Art. 11. — Les traductions in-extenso sont rédigées avec simplicité et brièveté. Les interprètes reproduisent le sens littéral des textes, sauf à en expliquer l'esprit, s'il y a lieu, par des annotations.

Lorsque l'expression à traduire n'a pas de terme correspondant ou équivalent dans la langue de la traduction, ils rappellent textuellement cette expression, en indiquant toutefois le sens qui leur semble devoir y être attaché.

Art. 12. — Les traductions par extrait comprennent un relevé sommaire indiquant, pour chaque acte ou écrit, la nature, la date et l'objet de l'acte ou écrit, les noms et qualités de toutes les parties en cause, ainsi que de toutes personnes qui ont apposé leur signature ou leur sceau sur l'acte ou l'écrit.

La désignation de l'immeuble devra toujours être traduite in-extenso.

Art. 13. — La rémunération des interprètes-traducteurs et des interprètes judiciaires chargés provisoirement de ces fonctions est réglée conformément au tarif ci-annexé.

Art. 14. — Les noms et demeures des interprètes-traducteurs seront affichés dans l'auditoire du tribunal mixte et des justices de paix de la Régence.

Art. 15. — L'interprète-traducteur tiendra un registre sur lequel il inscrira :

1° Les noms, profession et domicile de la personne qui aura requis la traduction;

2° La date de la remise des pièces à traduire;

3° La nature de chaque pièce;

4° Le nombre des rôles de texte français. Chaque rôle comprendra 25 lignes à la page et 15 syllabes à la ligne;

5° Le montant des salaires perçus;

6 La date de la remise des traductions aux parties;

7° L'émargement de celles-ci pour tenir lieu de décharge à l'interprète.

Ce registre sera tenu jour par jour, sans blanc, surcharge ou interligne; il sera coté et paraphé par le juge de paix et soumis à toute réquisition aux vérifications de ce magistrat et du président du tribunal mixte.

Art. 16. — En cas de contestation sur la supputation des rôles, la traduction sera taxée sans frais par le juge de paix.

Art. 17. — L'interprète ne pourra refuser son ministère aux personnes qui le requerront, sous peine de dommages-intérêts. Il devra remettre les traductions dans un délai de 15 jours, à peine d'une amende de 5 francs par jour de retard.

Le délai pourra toutefois être prorogé par le juge de paix si l'importance de la traduction l'exige.

Les frais de traduction seront payés directement par les parties à l'interprète-traducteur.

Toute traduction sera émargée de la quittance des honoraires perçus.

Art. 18. — En cas d'infraction au règlement, la commission de l'interprète-traducteur lui sera retirée.

Art. 19. — L'acceptation par l'interprète-traducteur d'un salaire ou indemnité quelconque en sus de ses honoraires sera poursuivie comme concussion sans préjudice de la restitution des sommes perçues et dommages-intérêts s'il y a lieu.

Art. 20. — L'infidélité ou la mauvaise foi dans la traduction seront punies conformément aux articles, 162, 174 et 363 du code pénal.

Art. 21. — Toute personne qui aura usurpé les fonctions d'interprète-traducteur assermenté, sera traduite devant les tribunaux et passible de l'application de l'article 258 du code pénal.

Art. 22. — Les interprètes-traducteurs ne pourront s'éloigner pendant plus de trois jours de leur résidence sans autorisation du juge de paix qui devra en prévenir le président du tribunal mixte.

Art. 23. — Les articles 4 à 24 inclus du décret du 2 redjeb 1303 (6 avril 1886) sont abrogés, ainsi que le tarif D annexé à ce décret.

TARIF.

Salaire des interprètes-traducteurs.

Il est alloué aux interprètes traducteurs :

1° Pour traduction in-extenso des titres de propriété de l'arabe et de l'hébreu en français et du français en arabe :

Par chaque rôle du texte français calculé à raison de 25 lignes à la page et 15 syllabes à la ligne. . . . . 3 fr.

2° Pour traduction de tout écrit autre que les titres de propriété, de l'arabe ou de l'hébreu en français ou du français en arabe :

Par chaque rôle du texte français calculé à raison de 25 lignes à la page et de 15 syllabes à la ligne. . . . . 2 fr.

3° Pour le relevé prévu à l'article 23 de la loi foncière et l'article 12 du décret du 16 mars 1892 en ce qui concerne les titres de propriété, par acte . . . . 3 fr.

4° Pour le relevé prévu à l'art. 23 de la loi foncière et l'art. 12 du décret du 16 mars 1892 en ce qui concerne tous les autres écrits, pour chaque document. . . . . 2 fr.

5° Pour traduction de toute langue européenne en français :

Par chaque rôle du texte français calculé à raison de 25 lignes à la page et de 15 syllabes à la ligne. . . . . 2 fr.

6° Pour légalisation des signatures apposées en caractères arabes ou hébraïques sur chaque acte ou écrit destiné à être produit à la conservation de la propriété foncière. . . 0 fr. 60

7° Pour traductions orales, soit au tribunal mixte, soit au siège de la justice de paix, par vacation de une heure sans qu'il puisse en être accordé plus de six par jour. . . . . . . 2 fr.

8° Lorsqu'il y aura lieu d'assister l'agent du service topographique dans les opérations de bornage, les deux tiers des droits alloués à l'agent, outre le remboursement des dépenses de transport effectué.

Les affiches, lettres, notifications ou avis adressés aux indigènes par le juge-commissaire, les agents du service topographique et le greffier du tribunal mixte, ainsi que tous les autres actes de la procédure d'immatriculation seront traduits gratis du français en arabe ou en toute autre langue et de l'arabe ou de toute autre langue en français par les interprètes-traducteurs.

Vu pour promulgation et mise à exécution.

Tunis, le 16 mars 1892.

Le Ministre plénipotentiaire,
Résident Général de la République Française,

J. MASSICAULT.

RÈGLEMENTS

DU

SERVICE TOPOGRAPHIQUE

DÉCRET

DU 17 REDJEB 1303 (21 AVRIL 1886).

NOUS, ALI PACHA BEY, POSSESSEUR DU ROYAUME DE TUNIS,

Vu l'article 29 de notre loi du 19 ramadan 1302 (1er juillet 1885) sur l'immatriculation de la propriété foncière;

Considérant qu'il importe d'assurer la bonne exécution des plans à l'appui des nouveaux titres de propriété;

Sur la proposition de Notre Premier Ministre,

Avons décrété et décrétons ce qui suit :

Art. 1er. — Le service chargé de l'établissement des plans nécessaires à l'immatriculation de la propriété foncière, en exécution de notre décret du 19 ramadan 1302 (1er juillet 1885), est placé sous la haute direction du directeur général des travaux publics qui exerce à cet égard les pouvoirs à lui conférés en matière de travaux publics par nos décrets du 25 chaoual 1299 et du 20 ramadan 1300.

Art. 2. — Le personnel se compose :

1° d'un chef de service topographique;

2° de vérificateurs;

3° de géomètres et d'élèves géomètres;

4° de commis et employés de bureau.

Art. 3. — Le chef du service topographique, les vérificateurs et les géomètres sont nommés par décrets rendus sur la proposition du directeur général des travaux publics. Ces agents n'entreront en fonctions qu'après avoir prêté serment devant le tribunal français de Tunis.

Les autres agents sont nommés par arrêtés du directeur général des travaux publics, pris sur la proposition du chef du service topographique.

Art. 4. — Les géomètres sont pris parmi les élèves géomètres; les vérificateurs parmi les géomètres.

Art. 5. — Les candidats à l'emploi de géomètre et d'élève géomètre subissent des examens dont le programme est réglé par arrêté du directeur général des travaux publics.

Art. 6. — A titre transitoire, et pour assurer l'organisation du personnel, il peut être nommé directement aux emplois de vérificateur et de géomètre des candidats ayant subi avec succès les épreuves mentionnées à l'article 5.

Art. 7. — Le chef du service topographique, les vérificateurs, les commis et les employés de bureau reçoivent les émoluments fixés par arrêté du directeur général des travaux publics.

Un décret ultérieur fixera le tarif des rétributions à allouer aux géomètres; le même décret déterminera le tarif des frais à la charge du requérant l'immatriculation pour l'établissement du plan.

Art. 8. — Il sera établi par arrêté du directeur général des travaux publics, un règlement général sur le mode d'exécution des diverses opérations se rattachant à l'établissement du plan.

Art. 9. — Les géomètres et les vérificateurs sont pécuniairement responsables de l'exactitude des plans qu'ils ont produits ou reçus, ainsi que des frais de toute nature qui seraient la conséquence de la mauvaise exécution du travail.

Art. 10. — En cas de manquement au service, le directeur général des travaux publics, sur la proposition du chef du service topographique, pourra infliger aux géomètres, à titre de peine disciplinaire, des retenues sur leurs rétributions, qui ne pourront dépasser 120 francs pour chaque infraction.

Art. 11. — La révocation des agents du service topographique pourra être prononcée en tout temps, dans la même forme que leur nomination, pour insubordination, négligences graves dans l'exercice de leurs fonctions, ou pour cause d'inconduite habituelle.

Art. 12. — Seront également passibles de révocation les géomètres qui recevraient directement des particuliers des payements en argent, des services en nature, ou toute autre indemnité, à raison des travaux effectués en vue de l'immatriculation des propriétés.

Les vérificateurs qui auraient toléré des faits de cette nature sans les porter à la connaissance du chef de service seraient également passibles de la révocation.

Art. 13. — Le directeur général des travaux publics est chargé de l'exécution du présent décret.

Vu pour promulgation et mise à exécution.
Tunis, le 22 avril 1886.
Le Ministre Plénipotentiaire,
Résident Général de la République Française,

Paul CAMBON.

ARRÊTÉ

DU 18 REDJEB 1303 (22 AVRIL 1886),

réglant l'organisation du service topographique.

LE DIRECTEUR GÉNÉRAL DES TRAVAUX PUBLICS,

Vu le décret du 17 redjeb 1303 (21 avril 1886) relatif à l'organisation du service topographique,

ARRÊTE :

Article 1er. — Tout candidat au grade d'élève géomètre doit adresser au chef du service topographique une demande accompagnée de son acte de naissance, d'un extrait de son casier judiciaire et d'attestations émanées d'autorités compétentes constatant qu'il est de bonne moralité et doué d'une bonne constitution.

Art. 2. — Il doit, en outre, subir un examen portant sur les matières suivantes :

1° Écriture lisible et très courante ;

2° Principes de langue française.

(Les candidats mettront au net une dictée destinée à donner un spécimen de leur écriture, et à constater qu'ils savent suffisamment l'orthographe.)

3° Arithmétique : numération décimale, les quatre règles, preuve de ces opérations, nombres décimaux ; fractions, extraction des racines carrées; système légal des poids et mesures ; règles de trois simples et composées ; proportions et progressions ;

4° Logarithmes : Définition des logarithmes et usage des tables ;

5° Algèbre : addition et soustraction des polynômes ; équations du premier degré à une ou plusieurs inconnues ;

6° Géométrie : préliminaires ; égalité des triangles ; droites, perpendiculaires, obliques, parallèles, parallélogrammes, polygones, lignes proportionnelles, triangles semblables ; mesure des angles ; contact et intersection des cercles ; tangentes et sécantes de cercles ; polygones inscrits et circonscrits au cercle ; aire des polygones réguliers ;

7° Trigonométrie rectiligne : lignes trigonométriques ; relations entre les lignes trigonométriques d'un arc ; principales formules trigonométriques.

Usage des tables de sinus ; relations entre les côtés et les angles des triangles ; résolution des triangles.

8° Dessin graphique et lavis.

9° Notions sur le lever des plans ;

Théorie et usage des instruments servant au lever et au rapport des plans.

Art. 3. — La durée du stage en qualité d'élève géomètre est fixée à un an. A l'expiration de ce délai, les élèves doivent justifier devant une commission spéciale, désignée par arrêté du directeur général des travaux publics, qu'ils possèdent les connaissances nécessaires pour effectuer toutes les opérations de triangulation et d'arpentage et qu'ils sont suffisamment familiarisés avec les méthodes employées pour le lever des plans. Ils sont tenus d'exécuter, en outre, le lever d'un plan d'épreuve comprenant au moins 300 hectares. S'ils subissent ces épreuves avec succès, ils sont déclarés admissibles au grade de géomètre et pourvus d'emploi au fur et à mesure des besoins du service.

Dans le cas contraire, un nouveau délai d'un an peut leur être accordé par le directeur général des travaux publics, sur la proposition du chef de service.

A l'expiration de cette seconde année ils subissent de nouveau les mêmes épreuves; dans le cas où le résultat en serait encore négatif, ils cesseraient de droit de faire partie du personnel du service.

Obligations des agents.

Art. 4. — Le chef du service topographique est tenu de veiller à la bonne et soigneuse exécution des travaux d'arpentage, ainsi qu'à leur avancement régulier.

Il inspecte une fois par an tous les agents sous ses ordres et s'assure qu'ils remplissent d'une manière convenable leurs obligations.

Dans chacune de ses tournées il contrevérifie au moins une des opérations de contrôle faites par les vérificateurs.

Chaque année il rend compte des résultats de ses tournées dans un rapport d'ensemble adressé au directeur général des travaux publics.

Art. 5. — L'un des vérificateurs remplit les fonctions de chef de bureau; il est chargé, sous les ordres directs du chef du service topographique, de la distribution, de la surveillance et de la vérification des travaux exécutés dans les bureaux, de la correspondance ainsi que de la conservation et du classement des archives.

En cas d'absence ou d'empêchement du chef de service, il est chargé de l'expédition des affaires courantes.

Art. 6. — Des commis et employés, attachés aux bureaux du chef de service en nombre suffisant, sont chargés de l'exécution des travaux suivants :

Calcul des contenances ;

Réduction des plans ;

Copie des plans ;

Établissement du plan terrier ;

Comptabilité et travaux d'ordre ;

Classement des archives ;

Art. 7. — Les vérificateurs du service actif sont chargés :

1° D'effectuer les tournées nécessaires pour la surveillance des agents du service actif ;

2° De veiller à l'exécution des règlements et des instructions ;

3° De vérifier les triangulations et les plans exécutés par les géomètres.

Art. 8. — Les géomètres sont chargés de lever les plans des propriétés dont l'immatriculation a été demandée, et qui leur sont désignés par le chef de service.

Art. 9. — Ils doivent se conformer ponctuellement, sous le rapport technique, aux ordres qui leur seront donnés par le chef du service topographique et les vérificateurs.

Ils sont tenus d'exécuter personnellement tous les travaux qui leur sont confiés.

Art. 10. — Si les géomètres négligent ou refusent d'exécuter, en temps utile, les ordres qu'ils auront reçus, les travaux qui leur sont confiés peuvent leur être retirés par décision du chef du service topographique, sans qu'ils puissent prétendre au payement des travaux incomplets déjà effectués.

Art. 11. — Les géomètres peuvent, avec l'autorisation du chef de service, recevoir des élèves ayant satisfait aux examens prévus par l'article 2 du présent règlement, pour les mettre au courant de l'exécution des travaux d'arpentage.

Ils sont tenus de recevoir ceux qui seraient envoyés auprès d'eux par le chef de service.

Ils prennent les mesures nécessaires pour exercer convenablement ces élèves à toutes les opérations d'arpentage, et les initier à tous les détails de leurs travaux.

La rétribution entière des travaux auxquels auraient participé les élèves reste acquise aux géomètres.

Art. 12. — Il est interdit aux géomètres de s'absenter du lieu de leur résidence sans une autorisation du chef de service.

Le chef de service doit être immédiatement informé de l'interruption des travaux des géomètres pour cause de maladie ou pour toute autre cause fortuite, dès que cette interruption durera plus de huit jours.

Art. 13. — Il est interdit aux géomètres d'exécuter aucun travail étranger à leur service sans une autorisation formelle du chef de service.

Les demandes de travaux particuliers, adressées aux géomètres par les propriétaires, sont transmises au chef de service qui accorde, s'il y a lieu, l'autorisation nécessaire.

Dans aucun cas cette autorisation ne peut servir de prétexte pour retarder l'exécution des travaux ordonnés par l'administration.

Art. 14. — Les géomètres ne peuvent délivrer aucune copie ou aucun extrait des travaux qu'ils ont exécutés ou des documents qui leur ont été communiqués.

Matériel et instruments.

Art. 15. — Le papier nécessaire à l'établissement des croquis et des plans, ainsi que tous les imprimés utiles pour l'inscription des observations faites sur le terrain et pour l'exécution des calculs, sont fournis par l'administration, aux géomètres, à un tarif à déterminer.

Art. 16. — Les géomètres doivent avoir à leur disposition et entretenir en bon état, sans indemnité particulière, tous les instruments nécessaires à leurs travaux.

Lorsqu'ils ne sont pas munis de ces instruments le chef de service peut en mettre à leur disposition.

Ces instruments sont alors payés par les géomètres au moyen

d'une retenue de 15 pour 100 sur le montant des rétributions qui leur sont acquises jusqu'à concurrence du remboursement total de leur valeur.

Les instruments restent la propriété de l'État; ils ne peuvent être vendus ni mis en gage par les géomètres tant que le montant de leur valeur n'a pas été intégralement remboursé.

En recevant les instruments, les géomètres doivent déclarer par écrit :

1° Qu'ils demandent à acheter ces instruments au moyen d'une retenue de 15 pour 100 sur le montant des rétributions qui leur sont accordées;

2° Que dans le cas où ils quitteraient leurs fonctions pour une cause quelconque avant que le prix des instruments ne soit entièrement remboursé, ils s'obligent à verser immédiatement les sommes encore dues, faute de quoi ils rendront les instruments au chef de service qui pourra les faire mettre en vente à leurs risques et périls et appliquer le produit de la vente à la partie du prix des instruments non encore remboursée.

3° Qu'ils restent responsables, sur l'intégralité des indemnités qui leur sont acquises et ne leur sont point encore payées, de la part de l'avance qui pourrait ne pas être couverte par le montant des retenues effectuées et le produit de la vente des instruments.

Art. 17. — Le chef de service et les vérificateurs tiennent la main à l'exécution des prescriptions du premier alinéa de l'article 16 et vérifient eux-mêmes, dans chacune de leurs tournées, l'exactitude des instruments employés par les géomètres.

Respect des propriétés.

Art. 18. — Lors de l'exécution des travaux d'arpentage, les géomètres ainsi que leurs aides (porte-mires ou porte-chaînes) doivent avoir soin de ménager autant que possible les plantations et les récoltes. Les géomètres restent responsables de tous les dégâts commis inutilement par eux ou par leurs aides.

Dispositions d'ordre.

Art. 19. — Les vérificateurs et les géomètres tiennent, pour la correspondance de service, un registre de correspondance dans lequel sont enregistrées, par ordre de date, toutes les lettres qu'ils reçoivent ainsi que toutes les lettres et les rapports qu'ils envoient.

D'un autre côté, ces agents inscrivent dans un livre journal toutes les opérations qu'ils exécutent.

Art. 20. — A la fin de chaque mois les géomètres envoient au chef de service une copie de leur livre journal et un état de la situation de leurs travaux.

Les vérificateurs envoient en même temps au chef de service une copie de leur livre journal.

Tunis, le 22 avril 1886.

Le directeur général des travaux publics,

GRAND.

DÉCRET

DU 27 REDJEB 1303 (1er MAI 1886),

modifié par le décret du 16 mars 1892 (17 chaban 1309).

NOUS, ALI PACHA BEY, POSSESSEUR DU ROYAUME DE TUNIS,

Vu l'article 7 de notre décret du 7 redjeb 1303 (20 avril 1886) sur l'organisation du service topographique :

Sur la proposition de notre premier ministre :

Nous avons décrété et décrétons ce qui suit :

Art. 1er. — Les plans exigés du requérant l'immatriculation, aux termes de l'article 29 de notre décret du 19 ramadan 1302 sur la propriété foncière, ne comprennent que le périmètre des propriétés tel qu'il est constaté par le bornage.

Art. 2. — Les géomètres du service topographique, recevront, pour l'exécution des plans des immeubles ruraux des rétributions réglées sur les bases suivantes :

1° Indemnité fixe.

Par propriété. . . . . 12 fr.

2° Indemnités proportionnelles.

A. *Triangulation.*

Pour l'exécution de la triangulation comprenant : le projet de triangulation, la plantation des signaux, la fourniture et la pose des bornes conformes au modèle adopté, le repèrement des signaux, le mesurage des angles, l'exécution des calculs de réduction, du calcul des triangles et du calcul des coordonnées de chacun des points trigonométriques et l'établissement du canevas :

a) Par point trigonométrique de 1er ordre faisant partie d'un réseau trigonométrique dont les côtés des triangles dépassent 3,000 mètres. . . . . 30 fr.

b) Par point trigonométrique du 2e ordre ou par point subsidiaire. 18 fr.

c) Par hectomètre de base mesurée deux fois. . . 0 fr. 90

B. *Cheminements polygonaux.*

Pour l'exécution des cheminements polygonaux comprenant : le jalonnement, le double mesurage des côtés, le mesurage des angles, le calcul des coordonnées des points polygonaux, le rapport et le dessin du canevas et du plan

a) Par point polygonal. . . . . 1 fr. 50

b) Par hectomètre de longueur mesurée deux fois. 0 fr. 78

C. *Cheminements à la boussole pour lever de détails intérieurs.*

Pour l'exécution des cheminements comprenant le jalonnement, le simple mesurage des côtés, le mesurage des angles aux deux extrémités de chaque ligne, le rapport des cheminements au moyen du rapporteur et le dessin du plan :

a) Par sommet de cheminement. . . . . 0 fr. 60

b) Par hectomètre de longueur mesurée. . . . . . . 0 fr. 51

D. *Détermination des points de détail ne coïncidant pas avec les points polygonaux et les sommets de cheminement.*

Par point. . . . . 0 fr. 18

Art. 3. — Tous les frais d'auxiliaires, d'entretien des instruments et de fournitures de bureau nécessaires pour l'exécution des plans, restent à la charge des géomètres.

Art. 4. — Le payement des travaux des géomètres ne peut être effectué que lorsque les travaux sont achevés et ont été reconnus exacts par le vérificateur.

Toutefois, lorsque la durée probable des travaux à exécuter devra excéder deux mois, le directeur des travaux publics pourra, sur la proposition du chef de service topographique, allouer aux géomètres des avances qui ne sauraient en aucun cas dépasser les trois cinquièmes (3/5) de la valeur des travaux exécutés, valeur certifiée par le vérificateur, ni les sommes déposées par les propriétaires, à titre de provision pour l'exécution du plan.

Au cas où le montant total des avances accordées dépasserait la valeur des rétributions dues aux géomètres pour le travail entier, les géomètres, et à leur défaut, les vérificateurs qui auraient délivré le certificat ci-dessus visé seraient pécuniairement responsables de la différence.

En cas de difficultés sur le règlement des indemnités, il est statué par le directeur général des travaux publics.

Art. 5. — Les prix indiqués à l'article 2 du présent décret ne comprennent pas :

1° Les frais de voyage pour déplacements occasionnés pour le service et régulièrement autorisés ou ordonnés par le chef du service topographique.

2° Les honoraires pour exécution des bornages.

Les frais de voyage sont remboursés sur mémoire présenté par le géomètre et arrêté par le chef du service topographique.

Les honoraires sont réglés à raison de quatre francs par vacation de trois heures, sur état taxé par le chef du service topographique.

Les frais de voyage et les honoraires ci-dessus sont réglés à la fin de chaque mois.

Art. 6. — Les propriétaires qui, en vue d'immatriculations ultérieures, désireraient faire lever les détails situés dans l'intérieur de leurs propriétés, ou faire exécuter, par les géomètres du service topographique, des plans de lotissement dans les conditions exigées et aux tarifs établis par le présent décret pour le lever des plans nécessaires à l'immatriculation, devront faire une demande spéciale au chef du service topographique, en indiquant approximativement l'étendue des travaux à effectuer.

Le chef de service accordera l'autorisation d'exécuter ces travaux, toutes les fois que les nécessités du service le permettront.

Art. 7. — Lorsqu'il aura été démontré, par les résultats de la vérification, qu'un géomètre n'aura pas apporté à l'exécution de ses travaux tous les soins nécessaires, le chef de service pourra, bien que les travaux aient été reconnus utilisables après rectification, proposer au directeur général des travaux publics de faire subir au dit géomètre une retenue pouvant s'élever à vingt-cinq pour cent sur le montant des indemnités résultant de l'application des tarifs établis par l'article 2 du présent décret.

Le montant des retenues effectuées et des amendes infligées en vertu de l'article 10 de Notre décret du 17 redjeb 1303 sera distribué à la fin de chaque année, à titre de gratification, aux agents les plus méritants du service topographique.

Art. 8. — Le directeur général des travaux publics est chargé de l'exécution du présent décret.

RÈGLEMENT

DU 1er MAI 1886 (MODIFIÉ PAR ARRÊTÉ DU 31 DÉCEMBRE 1888).

Pour l'exécution des plans des propriétés rurales.

LE DIRECTEUR GÉNÉRAL DES TRAVAUX PUBLICS,

Vu le décret du 17 redjeb 1303 (21 avril 1886) sur l'organisation du service topographique, et notamment l'article 8 ainsi conçu :

« Il sera établi par arrêté du directeur général des travaux publics un rè- « glement général sur le mode d'exécution des diverses opérations se ratta- « chant à l'établissement du plan. »

Considérant que les plans prévus par l'article 29 de la loi sur la propriété foncière devant avoir le caractère de documents authentiques, on doit proscrire, en principe, les méthodes qui, reposant sur des procédés purement graphiques, ne laissent aucune trace des opérations effectuées par les géomètres, et n'admettre que celles qui donnent, sur des croquis ou des carnets, les résultats de tous les mesurages exécutés sur le terrain;

Considérant que, pour être consultés avec fruit et utilisés ultérieurement, les croquis et les carnets doivent être tenus avec clarté et suivant un mode uniforme;

Considérant que les plans doivent être établis de manière qu'il ne puisse exister aucun doute sur l'idendité des propriétés représentées et qu'il soit toujours possible d'en indiquer l'emplacement et les limites;

Considérant que, pour assurer ce résultat, il est indispensable que les plans levés isolément soient tous rattachés à un réseau de points fixes, dont la position relative soit parfaitement déterminée;

Sur la proposition du chef du service topographique,

ARRÊTE :

CHAPITRE Ier.

OBJETS A FIGURER SUR LES PLANS.

Art. 1er. — Les plans périmétriques des propriétés rurales à immatriculer présentent tous les détails planimétriques nécessaires à la reconnaissance sur le terrain des limites des immeubles.

Art. 2. — Outre les signes de limite, qui constituent la partie la plus importante du lever, on figure sur le plan tous les objets naturels ou artificiels qui se trouvent à une distance moindre de 100 mètres d'un point quelconque du périmètre, thalwegs de ravins ou dépressions, crêtes, rochers, escarpements, talus, excavations, levées de terre, fossés, haies, buissons, arbres, jardins, plantations, poteaux télégraphiques, les chemins, pistes ou sentiers, et en général tout objet reconnaissable sur le terrain sans indication altimétrique.

Les oueds doivent être indiqués, soit par leur thalweg, s'ils sont généralement à sec, soit par leur double ligne d'eau; les crêtes des berges et les pieds des talus de ces berges doivent être figurés.

Art. 3. — Lorsque les propriétaires en auront fait la demande au chef du service topographique, et s'il en reçoit l'ordre, le géomètre lève également les détails intérieurs des propriétés.

Art. 4. — On figure, en tous cas, sur le plan, toutes les constructions existantes sur l'immeuble à immatriculer, marabouts, bâtiments d'habitation ou d'exploitation, les murs de clôture, les ponts, aqueducs ou réservoirs, les citernes, caves et ruines apparaissant au-dessus du sol, les puits, abreuvoirs, norias, etc.

Art. 5. — On figure encore les cours d'eau traversant la propriété, avec les gués, bacs ou passages d'eau : les sources, les ouvrages d'utilité publique, routes, chemins de fer, canaux de dessèchement ou d'irrigation.

Art. 6. — On indique également, sur le plan, les objets mentionnés à l'article 4 et situés en dehors de la propriété, mais à une distance du périmètre assez rapprochée pour se trouver dans le cadre du plan.

Art. 7. — Les limites des propriétés riveraines entre elles sont levées dans toute la zone périmétrique de 100 mètres.

Art. 8. — Le périmètre des revendications bornées est levé, comme le périmètre général de l'immeuble, avec les détails compris dans la zone de 100 mètres.

Art. 9. — Tous les objets mentionnés au procès-verbal du bornage provisoire doivent être figurés sur le plan.

Dans le cas où il s'agit d'une colline, d'un plateau ou de tout autre objet ne pouvant être exactement défini sans indication altimétrique, le géomètre détermine à vue ou par des méthodes rapides l'emplacement approximatif de cet objet et en limite la figuration sur le plan à la simple inscription de son nom à l'emplacement qu'il occuperait sur la feuille.

Art. 10. — L'orthographe des inscriptions du plan est conforme à celle adoptée par le procès-verbal de bornage provisoire.

Art. 11. — Les plans des propriétés rurales à immatriculer sont levés au moyen de cheminements polygonaux appuyés sur un réseau trigonométrique et rapportés au moyen du calcul des coordonnées.

Ils sont rattachés à la triangulation générale de la Tunisie.

CHAPITRE II.

TRIANGULATION.

Art. 12. — La position des points trigonométriques et des sommets des cheminements polygonaux (points polygonaux) est déterminée par des coordonnées rectangulaires rapportées à la méridienne et à la perpendiculaire passant par l'un des points principaux de la triangulation générale de la Tunisie.

L'altitude des points de la triangulation est déterminée, en outre, par rapport au niveau moyen de la mer à La Goulette.

Art. 13. — La triangulation générale de la Tunisie est complétée par l'introduction de nouveaux points trigonométriques (points subsidiaires), toutes les fois que les points établis ne sont pas en nombre suffisant pour assurer l'exactitude des opérations ultérieures.

Les triangulations subsidiaires, exécutées par les géomètres pour la détermination de ces points sont rattachées, par deux points au moins à la triangulation générale de la Tunisie.

Art. 14. — Le nombre des points trigonométriques, nécessaires pour fournir des bases convenables au lever des propriétés, est réglé suivant la forme des cheminements et les instruments employés.

En général, il faut, en moyenne un point trigonométrique pour 15 points polygonaux, lorsqu'on opère par cheminements au théodolite ou au tachéomètre, ou un point trigonométrique par 1500 mètres de longueur de cheminement, pour les levers où l'usage de la boussole est autorisé.

Forme des triangles.

Art. 15. — Dans l'établissement de la triangulation subsidiaire, le géomètre cherche à donner aux triangles une forme qui se rapproche le plus possible de la forme équilatérale ; il ne doit dans aucun cas admettre de triangles présentant des angles inférieurs à 30 grades ou supérieurs à 110 grades.

Bornage et repèrement des points trigonométriques.

Art. 16. — Les points de la triangulation sont bornés sur le terrain d'une manière durable, toutes les fois qu'ils ne coïncident pas avec des points fixes tels que bornes, tours, minarets, angles de bâtiments, etc. De plus, leur position est repérée en mesurant la distance de ces points à d'autres points fixes situés à proximité.

Pour ces rattachements, le géomètre emploie les moyens les plus simples et il a soin d'effectuer des mesurages de vérification, afin qu'il soit toujours possible de rétablir en tout temps, d'une manière exacte, les bornes de la triangulation qui auraient disparu.

Les bornes de triangulation ont environ $0^{m},50$ de hauteur et sont enfoncées dans le sol à $0^{m},30$ de profondeur. La tête de chaque borne est taillée sur $0^{m},20$ de hauteur et a environ $0^{m},20$ de côté ; elle porte sur l'une de ses faces un triangle équilatéral de $0^{m},10$ de côté.

Sous chaque borne est placée, comme témoin, une pierre plate ayant au moins $0^m,35$ de côté sur $0^m,08$ d'épaisseur et portant, sur la face supérieure, un triangle de même dimension que celui qui est gravé sur les bornes.

Les côtés de ces triangles sont gravés, aussi bien sur la plaque que sur la borne, au moyen de traits de 2 centimètres de largeur, creusés à 2 centimètres de profondeur.

De plus, il est creusé autour de chaque borne un petit fossé de forme circulaire, ayant $0^m,35$ de largeur sur $0^m,25$ de profondeur et $1^m,50$ de rayon, à partir du centre de la borne.

Projet de triangulation.

Art. 17. — Avant de procéder au mesurage des angles de la triangulation, le géomètre établit, sous forme de croquis, un projet de triangulation qu'il soumet à l'approbation du chef du service topographique; ce dernier peut, toutefois, le dispenser de cette obligation pour les propriétés de faible étendue.

Détermination des bases et de l'orientation du réseau trigonométrique.

Art. 18. — Les bases, ainsi que l'orientement des triangulations subsidiaires, sont déduits des coordonnées des points de la triangulation générale.

Le géomètre doit, en outre, mesurer sur le terrain, comme base de vérification, l'un des côtés de la triangulation subsidiaire au moins.

La longueur de cette base est la moyenne de deux mesurages faits avec la plus grande précision, et, autant que possible, en sens inverse, au moyen d'un décamètre ou d'un double décamètre à ruban d'acier, et en employant l'une des méthodes prescrites à l'article 37.

Les résultats des mesurages ne peuvent être considérés comme suffisamment exacts lorsqu'ils diffèrent entre eux de plus de 1/2000 de la longueur mesurée.

Mesurage des angles.

Art. 19. — Les angles de la triangulation subsidiaire sont mesurés au moyen d'un théodolite ou d'un tachéomètre donnant directement la minute centésimale au moins.

La lunette de l'instrument employé doit être placée sur des supports assez élevés pour qu'elle puisse faire une révolution entière autour de son axe de rotation.

Art. 20. — A chaque station, le géomètre mesure les angles des directions prises sur tous les points visibles de la station, à partir d'une direction initiale, en ayant soin de choisir comme direction initiale, un point fixe, situé à une distance modérée et également bien visible à toutes les heures du jour. Il convient de choisir ce point, autant que possible, au nord de la station.

Art. 21. — Les observations d'angles sont faites par réitération, autant de fois dans la position directe de la lunette que dans la position inverse.

Les angles de la triangulation subsidiaire sont mesurés au moins deux fois dans chacune des positions de la lunette. Les angles sont lus aux deux verniers de chaque cercle.

Art. 22. — Les résultats de toutes les observations sont inscrits directement à l'encre dans le registre d'observation des angles.

Si, pour un motif quelconque, les résultats des observations ne peuvent être inscrits directement à l'encre, ils sont inscrits au crayon au-dessus des lignes; mais ils sont retranscrits à l'encre, aussitôt que possible, sur les lignes elles-mêmes, en ayant soin de laisser intactes les inscriptions faites, de prime abord, au crayon, qui ne doivent en aucun cas, être effacées ni rendues illisibles.

Art. 23. — La valeur de la moyenne des angles est calculée sur le terrain, afin de pouvoir rechercher, séance tenante, l'origine des désaccords qui existeraient et rectifier les erreurs reconnues.

Art. 24. — La tenue des cahiers d'observations ainsi que les prescriptions de détail pour le mesurage des angles forment l'objet d'une instruction spéciale.

Calculs de la triangulation.

Art. 25. — Les calculs nécessaire pour la réduction des observations au centre de la station et au centre du signal, ainsi que le calcul de la longueur des côtés des triangles, et celui des coordonnées rectangulaires des points de la triangulation subsidiaire, se font d'après les méthodes prescrites par une instruction spéciale.

A la fin des cahiers de calculs, il est établi un tableau général, donnant la valeur des coordonnées de tous les points compris dans le réseau trigonométrique.

Exactitude des opérations. — Tolérance.

Art. 26. — L'erreur de fermeture de chaque triangle ne doit jamais dépasser 2 minutes centésimales.

Les erreurs angulaires sont compensées de manière que la somme des angles de chaque triangle soit égale à 200 grades; que la somme de tous les angles de chaque tour d'horizon soit exactement égale à 400 grades, et que la somme des angles d'un polygone quelconque soit égale à $200^G (n-2)$, n indiquant le nombre des côtés du polygone.

Art. 27. — Quel que soit le procédé employé pour déterminer la position des points de la triangulation subsidiaire, cette opération ne peut être considérée comme exacte si la vérification fait ressortir, entre deux points quelconques du réseau, des différences supérieures à 1/1000 de leur distance.

D'un autre côté, on ne doit jamais trouver, entre les orientements déduits des coordonnées définitives des points de la triangulation et les directions observées sur le terrain en un point quelconque de la triangulation, des différences supérieures à l'angle dont la tangenteest égale à $\frac{0^m,5}{D}$, D indiquant en mètres la distance du point visé au point de station.

Il ne pourra être toléré aucune erreur supérieure à 1 mètre sur l'altitude d'un point quelconque du réseau trigonométrique.

Art. 28. — Toutes les fois que la vérification fait ressortir des différences supérieures à celles qui sont indiquées ci-dessus (art. 26 et 27), on doit rechercher l'origine des erreurs constatées.

Canevas trigonométrique.

Art. 29. — Il est établi, pour chaque propriété, un canevas du réseau trigonométrique. Ce canevas est dressé à l'échelle de 1/10,000, 1/20,000, ou 1/50,000 de manière à être compris autant que possible sur une seule feuille.

Dispositions transitoires.

Art. 30. — Dans les parties du territoire où la triangulation générale de la Tunisie n'a pas encore été effectuée, les géomètres exécutent, pour les propriétés d'une contenance supérieure à 200 hectares, des triangulations particulières, en prenant comme origine des coordonnées l'un des principaux points de la propriété.

L'altitude des points de la triangulation est calculée par rapport à un plan de comparaison pris en dessous du point le plus bas du territoire à lever.

Les triangulations particulières sont disposées de manière à englober le terrain à lever dans le plus petit nombre de triangles possible. A cet effet dès que la contenance d'une propriété dépasse 1500 hectares, ces triangulations comprennent deux ordres de triangles :

a. Les triangles du premier ordre ayant des dimensions aussi grandes que le permet la configuration du terrain à lever sans que la longueur de leurs côtés puisse être inférieure à 3000 mètres.

b. Les triangles du deuxième ordre destinés à la détermination des points subsidiaires et établis dans les conditions prescrites à l'article 14.

Pour chaque triangulation particulière le géomètre mesure au moins deux bases, situées autant que possible aux deux extrémités du réseau trigonométrique, avec l'exactitude requise à l'article 18; il détermine en outre, suivant les procédés prescrits par le chef du service topographique, l'orientation d'un ou de plusieurs côtés de la triangulation.

Les angles horizontaux des triangulations particulières sont mesurés : trois fois, dans chacune des positions de la lunette, pour le premier ordre et deux fois, pour le second ordre, en suivant les méthodes prescrites à l'article 20.

Lorsque la valeur des angles horizontaux est déterminée au moyen de trois séries d'observations, on déplace le cercle horizontal de l'instrument de 65 grades environ, avant de passer, d'une série d'observations, à la série suivante.

Les angles verticaux sont mesurés une seule fois dans chacune des positions de la lunette.

L'erreur de fermeture de chaque triangle ne doit pas dépasser 1 minute centésimale pour les triangles du premier ordre, et 2 minutes centésimales pour ceux du second ordre.

Les dispositions des articles 12 à 29, qui ne sont pas contraires aux prescriptions du présent article sont applicables aux triangulations particulières.

CHAPITRE III.

RÉSEAU POLYGONAL.

Établissement du réseau polygonal.

Art. 31. — Les cheminements polygonaux servant au lever du périmètre et à celui des détails intérieurs des propriétés, doivent partir d'un point trigonométrique, ou d'un point polygonal, dont la position a déjà été déterminée, pour aboutir à un autre de ces points.

La direction des cheminements dépend de la forme du terrain et de la situation des détails à lever. Toutefois, le géomètre doit chercher à établir les cheminements de manière à leur donner une forme tendue, c'est-à-dire de sorte que les côtés des cheminements s'écartent aussi peu que possible de la ligne droite qui en joint les deux extrémités.

Art. 32. — Les sommets des cheminements polygonaux sont choisis de telle sorte que l'on puisse toujours viser, de chacun des sommets, le pied des jalons établis au sommet précédent et au sommet suivant.

Le géomètre doit donner aux côtés des cheminements la plus grande longueur possible (1) et éviter, avec soin, l'emploi de côtés différant notablement de longueur.

Art. 33. — Si l'on n'a pu éviter, dans l'établissement du réseau polygonal, l'emploi de cheminements qui s'écartent notablement de la droite qui en joint les deux extrémités, ces cheminements sont recoupés, autant que possible, par des cheminements auxiliaires.

Rattachement des cheminements.

Art. 34. — Les cheminements polygonaux sont rattachés à tous les points trigonométriques, ainsi qu'à tous les points polygonaux déjà déterminés, à proximité desquels ils passent.

Ces rattachements ont lieu soit directement, soit au moyen de mesurages auxiliaires et par le calcul.

Art. 35. — Lorsqu'il n'est pas possible de rattacher directement les extrémités des cheminements polygonaux aux points de la triangulation, soit parce que ces points sont inaccessibles, soit pour tout autre motif, le rattachement a lieu au moyen de petits triangles auxiliaires dans lesquels on mesure un côté et les angles adjacents. On emploie également ce procédé, toutes les fois que les cheminements traversent un ravin dont les bords sont escarpés, ou une rivière.

Tous ces mesurages auxiliaires doivent être effectués de telle

(1) En principe, on ne doit pas donner aux côtés des cheminements polygonaux une longueur inférieure à 250 mètres.

sorte que les résultats obtenus par le calcul puissent être contrôlés.

Mesurage des longueurs.

Art. 36. — Les longueurs des côtés polygonaux et des côtés de rattachement sont mesurées deux fois, en sens inverse autant que possible, et en poussant l'approximation jusqu'au décimètre.

Les résultats des deux mesurages sont inscrits directement à l'encre soit sur des croquis, soit sur des calepins.

Art. 37. — Dans les terrains en pente, on détermine la projection horizontale des lignes mesurées, en effectuant le mesurage par ressauts horizontaux.

Ce mesurage doit toujours commencer par le point le plus élevé.

Toutefois, lorsque la pente du terrain est régulière, le mesurage des lignes peut être effectué en suivant la pente. Dans ce cas, il est nécessaire, pour obtenir la longueur de la projection des lignes, d'employer en même temps des instruments indiquant soit la valeur de la projection des longueurs mesurées, soit la différence entre les longueurs mesurées et leur projection.

On peut encore mesurer la valeur des angles de pente afin d'obtenir la longueur de la projection des lignes au moyen du calcul.

Art. 38. — Tous les mesurages sont effectués par chaînage continu; l'emploi de mesurages partiels dont la somme donne la longueur totale des lignes mesurées est interdit.

Art. 39. — Lorsque le mesurage des côtés de cheminement est fait à la stadia, le double mesurage des côtés s'obtient au moyen du double coup de mire avant et arrière donné de chaque station de l'instrument.

Le géomètre lit, pour chaque visée, sur la mire, les trois fils de la stadia.

Art. 40. — Les distances lues sur la mire sont réduites à l'horizon au moyen de calculs ou d'instruments prescrits par le chef du service topographique.

Tolérance sur le mesurage des longueurs.

Art. 41. — Entre les deux mesurages d'un même côté polygonal il ne doit jamais exister de différence supérieure à :

$$d = 1/1000\ D + 0^m,3$$

pour les terrains plats, ou pour ceux dont la pente ne dépasse pas 5 grades;

$$d = 1/650\ D + 0^m,3$$

pour les terrains présentant des pentes comprises entre 5 et 15 grades;

$$d = 1/500\ D + 0^m,3$$

pour les terrains dont la pente est supérieure à 15 grades.

Dans les formules qui précèdent, on a désigné par D la distance mesurée et par *d* la différence tolérable.

Toutes les fois qu'il existe, entre deux chaînages, des différences supérieures à celles qui sont indiquées ci-dessus, on procède à un nouveau mesurage.

Lorsque l'écart des deux mesurages ne dépasse pas la tolérance, leur moyenne est adoptée comme base de calcul.

Mesurage des angles.

Art. 42. — Les angles sont mesurés à chacun des sommets des cheminements polygonaux, au moins une fois dans chacune des deux positions de la lunette.

Art. 43. —A chacun des points trigonométriques rattachés aux cheminements, on mesure les angles formés par les côtés de cheminements qui y aboutissent avec un des côtés de la triangulation.

Art. 44. — Lorsqu'en raison de la mobilité du sol, ou pour toute autre cause, il est à craindre qu'un seul mesurage des angles dans les deux positions de la lunette ne soit pas suffisant pour obtenir la valeur des angles avec exactitude, les angles sont mesurés une seconde fois.

Il est nécessaire, dans ce cas, de vérifier de nouveau la position des signaux et la mise en station de l'instrument et de les rectifier s'il y a lieu avant de procéder à de nouveaux mesurages.

Le géomètre forme la moyenne de toutes les observations d'angles, dans le registre des observations.

Calcul des coordonnées.

Art. 45. — Les coordonnées rectangulaires des sommets des cheminements sont calculées en rapport avec les coordonnées des points de la triangulation, en partant d'un point trigonométrique ou d'un point polygonal dont la position soit déjà connue pour aboutir à un autre de ces points.

Art. 46. — Avant de procéder au calcul des coordonnées, le géomètre fait la somme de tous les angles des sommets de chaque cheminement, et il compare ensuite cette somme avec la différence des orientements de départ et d'arrivée, déterminés au moyen de points trigonométriques, ou polygonaux dont la position est déjà fixée.

L'erreur trouvée est répartie, sur tous les angles de cheminement, toutes les fois qu'elle ne dépasse pas $3'\sqrt{n}$, n indiquant le nombre total des angles mesurés y compris les angles du point de départ et du point d'arrivée.

Toutes les fois qu'il existe des erreurs plus considérables, il y a lieu de vérifier sur le terrain la valeur des angles, à moins que ces erreurs ne paraissent tolérables, en raison des difficultés du lever.

Les motifs pour lesquels l'opérateur se sera cru autorisé à admettre des erreurs plus fortes, sont indiqués dans la colonne d'observations du cahier de calcul des coordonnées.

Sous aucun prétexte, il ne peut être toléré des erreurs dépassant le double de celles indiquées ci-dessus.

Exactitude des opérations. — Tolérance.

Art. 47. — Les différences des coordonnées de chacun des points des cheminements sont calculées en fonction des orientements et de la longueur moyenne des côtés.

Le total des différences des coordonnées des points compris entre le point de départ et le point d'arrivée de chaque cheminement, est comparé avec la différence des coordonnées de ces deux points.

L'erreur linéaire de fermeture est déduite des écarts trouvés entre les différences de coordonnées au moyen de la formule $e_f = \sqrt{e_x^2 + e_y^2}$, e_f représentant l'erreur linéaire, e_x et e_y les écarts constatés entre les différences des abscisses et des ordonnées.

L'erreur linéaire tolérable ne doit pas dépasser les valeurs trouvées pour *d* par l'application des formules de l'article 41 où D représente la longueur développée du cheminement.

Art. 48. — Lorsque l'erreur existant sur les différences des coordonnées est admissible, elle est répartie proportionnellement sur toutes les différences des coordonnées, afin d'éviter l'accumulation des erreurs sur un angle ou sur un côté.

En procédant à cette répartition, on doit faire en sorte de ne pas modifier les orientements obtenus au moyen des angles mesurés, de plus de 4 minutes dans le premier cas, de plus de 5 minutes dans le second cas et de plus de 6 minutes dans le troisième cas.

Les côtés sont modifiés à peu-près proportionnellement à leur longueur.

Art. 49. — Dans les circonstances les plus défavorables, notamment lorsqu'on n'a pu éviter, dans les cheminements, l'emploi de côtés très courts, on peut admettre des corrections atteignant *une fois et demie* la valeur de celles qui viennent d'être indiquées (art. 47); mais, dans ce cas, les motifs qui auront permis d'admettre des corrections plus grandes, doivent être mentionnés dans la colonne d'observations du cahier de calcul des coordonnées.

Art. 50. — Les coordonnées des points polygonaux sont déterminées au moyen des différences des coordonnées rectifiées.

Tableau des coordonnées.

Art. 51. — A la fin du cahier de calculs, il est établi un tableau général, donnant la valeur des coordonnées de tous les points compris dans les cheminements polygonaux.

Canevas polygonal.

Art. 52. — Il est également établi, pour chaque propriété un canevas du réseau polygonal, dressé à l'échelle de 1 à 5000 ou à celle de 1 à 10000.

Toutes les fois que le canevas du réseau trigonométrique a été établi à l'échelle de 1/10000, ou à une échelle plus grande, et que les indications relatives au réseau polygonal peuvent être portées, sur cette pièce, sans nuire à sa clarté, il n'est établi qu'un seul canevas pour les deux réseaux.

CHAPITRE IV.

LEVER DES DÉTAILS.

Art. 53. — Lorsque les mesurages sont effectués à la chaîne ou avec des règles, les angles et les sinuosités du périmètre, ainsi que tous les détails à lever conformément aux prescriptions des art. 2, 4 et 5 ci-dessus, sont levés au moyen de perpendiculaires abaissées sur les lignes d'opération ou au moyen d'alignements.

La direction des perpendiculaires est déterminée au moyen de l'équerre toutes les fois qu'elles ont pour objet le lever de bornes, d'angles de bâtiments, ou celui d'autres points fixes.

Lorsque la longueur d'une perpendiculaire dépasse 30 mètres, ce que l'on doit éviter autant que possible, la position du point relevé au moyen de cette perpendiculaire est vérifiée en mesurant l'hypoténuse d'un triangle rectangle dont l'un des côtés de l'angle droit est la perpendiculaire elle-même, et dont l'autre côté, situé sur la ligne d'opération, a, à partir du pied de la perpendiculaire, une longueur au moins égale à celle de la perpendiculaire dont il s'agit de vérifier la direction.

Art. 54. — Dans les opérations exécutées au tachéomètre, le lever des angles et des sinuosités du périmètre (et des détails intérieurs) est fait par la méthode de rayonnement.

Art. 55. — Les objets à lever conformément aux prescriptions de l'art. 6 ci-dessus, peuvent être déterminés au moyen de l'intersection de trois visées prises de trois sommets de cheminement. Ces points sont alors rapportés graphiquement.

Tenue des croquis et des calepins.

Art. 56. — Tous les détails des opérations sont consignés, à l'encre noire, sur les croquis, au fur et à mesure de leur exécution.

Les croquis présentent avec netteté un plan visuel des lieux; ils sont établis assez clairement et assez correctement pour que le rapport des plans puisse être facilement exécuté d'après eux par tout homme de l'art.

Art. 57. — Les croquis du lever sont tenus d'une manière uniforme et conformément aux prescriptions arrêtées par l'instruction spéciale.

Ils sont signés par les géomètres.

Art. 58. — Lorsque le terrain est d'un accès difficile, ou lorsque le temps est mauvais, les résultats des opérations peuvent être inscrits de prime abord sur des calepins cartonnés et paginés; le géomètre doit les tenir avec les mêmes soins que les croquis.

Dans le cas où, en raison du mauvais temps, il n'est pas possible d'inscrire les résultats du lever directement à l'encre sur les calepins, ces inscriptions peuvent être faites avec un crayon dur; mais elles ne doivent jamais être effacées ni rendues illisibles.

Art. 59. — Les résultats du lever, inscrits sur les calepins, sont reportés sur les croquis le jour même ou le lendemain au plus tard.

Les croquis sont collationnés avec les calepins et le géomètre indique en marge du calepin, si le collationnement a été fait et à quelle date il a eu lieu.

Art. 60. — L'emploi de notes inscrites sur des feuilles volantes est *expressément* interdit.

Dispositions spéciales pour les levers au tachéomètre.

Art. 61. — Pour les plans levés au tachéomètre, les croquis peuvent être tenus sur des pages du carnet de tachéomètre, en regard des colonnes renfermant l'inscription des résultats des observations.

CHAPITRE V.

INSTRUMENTS.

Instruments autorisés.

Art. 62. — Tous les mesurages exécutés sur le terrain, soit pour déterminer la longueur des côtés du réseau polygonal, soit pour le lever des détails, sont effectués avec le ruban d'acier, avec des règles en bois, ou avec la stadia.

Le ruban d'acier a ordinairement une longueur de 20 mètres; les règles, une longueur de 5 mètres.

L'exactitude de ces instruments est fréquemment vérifiée.

On ne doit pas tolérer, dans leur longueur des différences supérieures à

4^{mm} pour les doubles décamètres à ruban d'acier.

2^{mm} pour les décamètres,

1^{mm} pour les règles de 5 mètres.

Art. 63. — L'emploi du tachéomètre est autorisé aussi bien pour le lever du réseau polygonal que pour le lever des détails.

Le cercle horizontal et le cercle vertical de cet instrument ne pourront avoir un diamètre inférieur à 10 centimètres. Les verniers devront donner directement les 5 minutes centésimales, au moins.

Art. 64. — Est également autorisé l'emploi du tachéomètre dit cleps dont les cercles ayant 5 centimètres de diamètre sont divisés directement en cinquièmes de grades de manière à permettre d'évaluer directement la valeur des angles à 2 minutes centésimales, au moyen d'un micromètre.

Art. 65. — Les lunettes des tachéomètres ou des cleps doivent être achromatiques et anallatiques, et avoir un objectif de 25 centimètres de distance focale au moins pouvant supporter un grossissement de 20 fois.

Art. 66. — L'écartement des fils du micromètre de la lunette doit être, au moins, de 1/100 de la distance focale principale du système anallatique; l'exactitude de cet écartement est fréquemment vérifiée.

Art. 67. — La mire stadia employée pour le mesurage des distances au tachéomètre doit être parfaitement rigide; elle est munie d'un niveau sphérique ou d'un fil à plomb permettant de la placer dans une position rigoureusement verticale.

Art. 68. — Aucun instrument ne peut être employé par les géomètres avant que le chef du service topographique ait vérifié s'il remplit toutes les conditions requises.

Instruments prohibés ou employés d'une manière conditionnelle.

Art. 69. — L'emploi de la planchette est *rigoureusement* interdit.

Quant à la boussole, elle ne peut être employée *que pour le lever des détails situés à l'intérieur des propriétés* et lorsque le chef du service topographique en aura accordé l'autorisation.

CHAPITRE VI.

RAPPORT ET DESSIN DES PLANS.

Dispositions générales.

Art. 70. — La minute des plans est établie sur des feuilles de papier grand aigle, rognées à la dimension de 1 mètre sur $0^{m},70$; il ne peut y être ajouté ni bande, ni pièce, si petite qu'elle soit.

Elles sont bordées au verso par un ruban de toile blanche et fine ayant environ 15 millimètres de largeur. Ce ruban est fixé des deux côtés par une piqûre dont les points sont espacés de deux millimètres au moins et non pas au moyen de colle.

A 10 centimètres des bords de la feuille, il est tracé un cadre rectangulaire ayant $0^{m},80$ sur $0^{m},50$.

Ce cadre ne doit jamais être dépassé par le dessin du plan.

Les plans sont toujours orientés plein nord.

Division en feuilles.

Art. 71. — Toutes les fois que le plan d'une propriété peut tenir sur une seule feuille, il est rapporté, suivant l'étendue de la propriété, à l'échelle de 1/1000, 1/2000 ou de 1/5000.

Dans le cas contraire on emploie toujours l'échelle de 1/5000.

La propriété est, dans ce cas, divisée, pour le rapport du plan, en rectangles de 4000 mètres de longueur sur 2500 mètres de largeur, dont les côtés sont formés par des parallèles à la méridienne distantes de la méridienne passant par l'origine des coordonnées, d'un multiple exact de 4000 mètres, et des parallèles à la perpendiculaire à la méridienne, distantes de la perpendiculaire à la méridienne passant par l'origine des coordonnées d'un multiple exact de 2500 mètres.

Carroyage.

Art. 72. — Chaque feuille de plan est couverte d'un carroyage dont les carreaux ont un décimètre de côté.

Ces carreaux sont formés par des lignes parallèles aux axes rectangulaires pris pour axes des coordonnées.

Ils sont indiqués au moyen de lignes fines tracées à l'encre de chine très pâle.

On inscrit, en dehors du cadre, et à l'encre noire, la distance de chacune des parallèles à la méridienne, et à la perpendiculaire à la méridienne, par rapport à la méridienne et à la perpendiculaire zéro.

Rapport des points trigonométriques et polygonaux.

Art. 73. — Les points trigonométriques et les points polygonaux sont rapportés sur les plans, au moyen de leurs coordonnées.

L'exactitude du rapport de ces points est contrôlée, en constatant si les longueurs mesurées sur le plan, au moyen de l'échelle, entre les points dont la distance a été mesurée ou calculée, s'accordent avec les résultats du mesurage ou du calcul.

Si cette comparaison fait ressortir des différences, l'origine doit en être recherchée.

Rapport des détails.

Art. 74. — Le rapport des détails n'est entrepris qu'après que les lignes d'opération ont été rapportées, et que les erreurs de rapport reconnues ont été rectifiées.

Art. 75. — Le figuré et la mise au trait du plan se font au moyen des signes conventionnels, des écritures et des teintes prescrits par l'instruction spéciale.

L'emploi de traits de force est interdit.

En passant à l'encre les lignes de limites, on évite de faire recouvrir par le trait les piqûres des pointes de compas indiquant les angles du périmètre et des détails intérieurs.

CHAPITRE VII.

VÉRIFICATION DES PLANS.

Remise des pièces d'arpentage.

Art. 76. — Dès que les plans sont achevés, ils sont remis au chef du service topographique, par le géomètre, avec toutes les pièces qui ont servi à leur établissement.

Ces pièces sont :

Les registres d'observation des angles du réseau trigonométrique et du réseau polygonal;

Les cahiers des calculs trigonométriques;

Le canevas du réseau trigonométrique et celui du réseau polygonal;

Les croquis d'arpentage et les calepins;

Un bordereau spécial, signé par le géomètre, indique le nombre et la nature des pièces remises au chef du service topographique.

Transmission au vérificateur.

Art. 77. — Le chef du service topographique transmet les pièces mentionnées ci-dessus (art. 76) à l'un des vérificateurs et il le charge de procéder à leur vérification dans le plus bref délai.

Examen des pièces d'arpentage.

Art. 78. — Le vérificateur examine, en premier lieu, si les instruments employés par le géomètre, tant pour les travaux du terrain que pour ceux du cabinet, présentent toute l'exactitude désirable.

Il vérifie ensuite si les procédés employés pour l'exécution des travaux sont réguliers et si l'exactitude requise est partout réellement atteinte.

Il examine si toutes les pièces sont établies avec soin, si les chiffres et les écritures sont clairs et lisibles, et si le dessin est suffisamment correct.

Lorsqu'il a été nécessaire d'apporter des changements aux inscriptions des croquis, des calepins, des cahiers d'observation ou de calcul, le vérificateur vérifie si les rectifications sont faites d'une manière convenable.

Art. 79. — Au fur et à mesure de l'examen des pièces d'arpentage, le vérificateur appose son visa sur celles des pièces qui ont été reconnues exactes et régulières.

Art. 80. — En dehors de l'examen, au point de vue des méthodes employées, des plans, des croquis, des cahiers d'observation, et en dehors de la vérification de l'exactitude des calculs, le vérificateur procède à des vérifications sur le terrain.

Le vérificateur se conforme rigoureusement, pour ces vérifications, aux prescriptions du présent règlement, tant en ce qui concerne les opérations sur le terrain que pour la tenue des registres d'observation, des calepins, des croquis et pour l'exécution des calculs.

Vérification de la triangulation.

Art. 81. — Il examine si le réseau trigonométrique et le réseau polygonal sont disposés avec soin et s'ils sont convenablement rattachés entre eux, ainsi qu'au réseau de la triangulation générale.

La triangulation est vérifiée en mesurant une base et un nombre d'angles suffisant pour calculer de nouveau la position d'un cinquième des points de la triangulation au moins.

Elle peut être également vérifiée en procédant, en un certain nombre de points choisis convenablement, à l'observation des directions sur tous les points de la triangulation visibles de chacun de ces points, et en s'assurant que les angles observés s'accordent avec les mêmes angles déduits de la valeur des coordonnées du point de station et des points visés, dans les limites fixées à l'article 27.

Le vérificateur vérifie également l'altitude d'un cinquième des points de la triangulation.

Vérification des cheminements polygonaux.

Art. 82. — La vérification du réseau polygonal consiste à lever de nouveau quelques-uns des cheminements et à calculer, avec ces nouvelles données, les coordonnées de leurs sommets.

Les différences constatées entre les valeurs des coordonnées des points calculées par le vérificateur et celles données par le géomètre ne doivent pas dépasser les limites fixées à l'article 47.

Les vérifications des cheminements polygonaux doivent s'étendre sur 1/10 de leur longueur totale au moins.

Vérification des détails et du rapport des plans.

Art. 83. — En effectuant la vérification des cheminements polygonaux, le vérificateur procède en même temps au lever des détails situés à proximité. Il tient compte, dans l'application de ces dernières vérifications, du plus ou moins de fixité des détails relevés.

Le vérificateur s'assure de l'exactitude du rapport des plans en appliquant, sur les plans, les résultats des mesurages effectués sur le terrain et en rapportant, avec les détails situés à proximité, quelques-uns des cheminements levés par les géomètres.

Il a soin de tenir compte, en exécutant les vérifications graphiques, des variations provenant de l'état hygrométrique du papier.

Assistance du géomètre à la vérification.

Art. 84. — Le géomètre est tenu d'assister à la vérification de ses travaux et d'exécuter, sous la surveillance du vérificateur, toutes les opérations de contrôle qui seront jugées nécessaires.

Tableau comparatif.

Art. 85. — Il est établi, par le vérificateur, un tableau comparatif des vérifications effectuées pour chaque propriété.

Les différences constatées sont inscrites dans une colonne spéciale.

Elles sont soulignées par un trait un peu fort, à l'encre rouge, toutes les fois qu'elles dépassent la tolérance accordée.

Procès-verbal de vérification.

Art. 86. — Il est rédigé, par le vérificateur, un procès-verbal indiquant le résultat de toutes les recherches auxquelles il s'est livré. Ce rapport est terminé par des conclusions positives.

Art. 87. — Le procès-verbal de vérification et toutes les pièces annexées sont signés par le vérificateur et par le géomètre intéressé.

Si le géomètre refuse de signer, mention des motifs du refus est faite au procès-verbal.

Réception des travaux.

Art. 88. — Les travaux d'arpentage ne peuvent être admis à rectification et sont rejetés, toutes les fois que l'application de la vérification fait ressortir des différences excédant la tolérance sur 1/3 des cotes relevées.

Dans le cas où il existe des différences dépassant la tolérance sur plus de 1/5 des cotes relevées, le chef du service topographique propose au directeur général des travaux publics de faire subir au montant des indemnités afférentes aux travaux vérifiés, une réduction qui, suivant la gravité des irrégularités relevées, pourra s'élever à 25 pour 100.

En outre, le redressement des erreurs ou des irrégularités constatées est effectué, aux frais du géomètre auteur du travail.

Art. 89. — En cas de rejet d'un travail d'arpentage, le géomètre a un délai de huit jours, à dater de la clôture du procès-verbal, pour demander au chef de service une contre-vérification dont les frais sont supportés par la partie qui succombe.

Art. 90. — Le rejet des plans est prononcé par décision du chef du service topographique.

CHAPITRE VIII.

CALCUL DES CONTENANCES.

Art. 91. — Le calcul des contenances est effectué dans les bureaux du chef du service topographique, sous la surveillance directe du chef de bureau.

Les contenances sont calculées deux fois.

Si les calculs sont exécutés par des procédés graphiques, on suit autant que possible des méthodes différentes pour les deux calculs.

Lorsque les contenances sont déterminées au moyen de planimètres, on emploie, pour les deux calculs, des instruments différents.

Art. 92. — Les résultats des opérations sont corrigés, s'il y a lieu, de l'erreur provenant des variations de l'état hygrométrique du papier.

La détermination du coefficient a lieu, en vérifiant, avec une règle divisée en millimètres, la dimension des carreaux tracés sur la feuille de plan, dans le sens de l'est à l'ouest et dans le sens du nord au sud.

Exactitude des calculs. — Tolérance.

Art. 93. — Les résultats des deux calculs parcellaires sont comparés entre eux par le vérificateur faisant fonctions de chef de bureau.

Ils sont considérés comme exacts lorsqu'il n'existe pas entre eux de différences supérieures à :

$$d = 0{,}01 \sqrt{60\ S + 0{,}02\ S^2}$$

en désignant par S la surface calculée exprimée en ares et par d la différence constatée, exprimée également en ares.

Toutes les fois qu'il existe entre les deux calculs des différences supérieures à celles qui résultent de l'application de la formule ci-dessus, il est procédé à un troisième calcul de la contenance.

DÉCRET

DU 12 RAMADAN 1303 (14 JUIN 1886).

NOUS, ALI PACHA BEY, POSSESSEUR DU ROYAUME DE TUNIS,

Vu l'article 29 de notre décret du 19 ramadan 1302 (1er juillet 1885) sur l'immatriculation de la propriété foncière;

Vu notre décret du 27 redjeb 1303 (1er mai 1886) portant fixation du tarif des frais incombant au requérant l'immatriculation pour l'exécution des plans des propriétés rurales;

Considérant qu'il importe, également, de fixer les conditions de l'exécution des plans des propriétés urbaines à immatriculer,

Nous avons pris le décret suivant :

Art. 1er. — Le lever du plan des propriétés urbaines non bâties, ainsi que celui des bâtiments isolés de toutes parts reste soumis aux prescriptions des décrets et règlements relatifs au lever du plan des propriétés rurales en ce qui concernent le mode d'exécution du plan et les frais qui incombent au requérant l'immatriculation.

Art. 2. — Le plan des propriétés bâties englobées dans des constructions appartenant à des tiers, ou extérieurement inaccessibles sur une partie de leur périmètre, est levé par des procédés spéciaux qui feront l'objet d'un règlement particulier arrêté par le directeur général des travaux publics.

Dans ce cas le géomètre reçoit :

1° Une indemnité fixe de six francs (6 fr.) par propriété;

2° Trois francs soixante (3 fr. 60) par vacation de trois heures pour le temps passé aux diverses opérations relatives au lever et au rapport du plan;

3° Une indemnité supplémentaire de un franc cinquante centimes (1 fr. 50) par vacation consacrée aux opérations sur le terrain pour représenter la valeur des frais à la charge du géomètre en vertu de l'article 3 de notre décret du 27 redjeb 1303;

4° Le remboursement des frais de voyage, de la manière indiquée à l'article 5 de notre décret du 27 redjeb 1303.

L'état de rétribution présenté par le géomètre est arrêté et taxé par le chef du service topographique.

Art. 3. — Les dispositions des articles 4, 6, 7 et 8 de notre décret du 27 redjeb 1303 sont applicables au lever des plans des propriétés urbaines.

Art. 4. — Le directeur général des travaux publics est chargé de l'exécution du présent décret.

Vu pour promulgation et mise à exécution

Tunis, le 15 juin 1886,

Le Ministre Plénipotentiaire,

Résident Général de la République Française,

PAUL CAMBON.

REGLEMENT

DU 15 JUIN 1886 (MODIFIÉ PAR ARRÊTÉ DU 15 DÉCEMBRE 1888)

pour l'exécution des plans des propriétés urbaines.

LE DIRECTEUR GÉNÉRAL DES TRAVAUX PUBLICS,

Vu le décret du 17 redjeb 1303 (20 avril 1886) relatif à l'organisation du service topographique :

Vu le décret du 12 ramadan 1303 (14 juin 1886) relatif à l'exécution des plans des propriétés urbaines;

Vu le décret et l'arrêté du 1er mai 1886 concernant l'exécution des plans des propriétés rurales;

Considérant qu'il importe d'assurer pour les propriétés urbaines, comme pour les propriétés rurales, l'exécution de plans établis de manière à ne laisser aucun doute sur l'identité des propriétés représentées, leur emplacement et leurs limites;

Sur la proposition du chef du service topographique;

ARRÊTE :

Art. 1er. — Les plans des propriétés urbaines sont rattachés à deux points invariables et opposés situés sur la voie publique, au lieu d'être rattachés, comme ceux des propriétés rurales, au réseau de la triangulation générale de la Tunisie.

Le géomètre effectue ce rattachement soit par un mesurage direct le long d'un alignement déterminé par les deux points de repère, soit en effectuant entre ces points un cheminement au théodolite et à la chaîne passant à proximité de la propriété dont il s'agit de déterminer la position.

Art. 2. — Toutes les fois que le périmètre des propriétés urbaines bâties est inaccessible en partie, le géomètre procède à leur lever en exécutant les mesurages soit sur les terrasses soit à l'intérieur des bâtiments.

S'il opère sur les terrasses, il détermine au moyen du fil à plomb le fruit des murs afin de pouvoir figurer exactement sur le plan les limites de la propriété au niveau du sol.

Lorsqu'il opère à l'intérieur des bâtiments, il établit des lignes d'opération aussi longues que possible, pour rattacher avec exactitude l'ensemble des points relevés. Il lève, au mètre, les détails intérieurs nécessaires pour déterminer le périmètre extérieur des bâtiments, en mesurant, s'il y a lieu, l'épaisseur des murs, et en déterminant leur fruit au moyen du fil à plomb.

Les mesurages sont exécutés de manière à obtenir tous les éléments nécessaires pour le rapport du plan sans se baser jamais sur une configuration régulière des bâtiments.

L'approximation dans les mesurages est poussée jusqu'au centimètre; la tolérance est réduite à $d = 1/1000\ D + 0^m,1$.

Art. 3. — Le périmètre des propriétés bâties, que le géomètre doit représenter sur le plan, est l'intersection, avec le sol naturel, des diverses surfaces formant les parois extérieures des bâtiments. Le géomètre figure, en outre, s'il y a lieu, les cours, jardins ou terrains dépendants de la même propriété.

Lorsque les parties du bâtiment se projettent en dehors du périmètre déterminé de la manière indiquée au paragraphe premier du présent article, soit sur la voie publique, soit sur des propriétés voisines, le géomètre procède au lever de ces parties en se conformant aux prescriptions de l'article 3.

Il agit de même lorsque des portions de bâtiments étrangers viennent se projeter à l'intérieur du périmètre de la propriété dont il exécute le lever.

Tous les mesurages effectués par les géomètres sont rattachés entre eux de manière à permettre de figurer, sur un même plan horizontal, la projection des parties des bâtiments ne reposant pas sur le sol.

Le géomètre mesure, en même temps, les cotes de hauteur nécessaires pour établir la projection et les coupes verticales indispensables pour définir exactement les limites, dans l'espace de la construction entière.

Art. 4. — Dans l'exécution des diverses opérations, le géomètre se conforme rigoureusement, pour tout ce qui concerne la tenue des croquis, aux prescriptions de l'arrêté du 1er mai 1886.

Art. 5. — Le plan de l'immeuble est rapporté à l'échelle de $\frac{1}{100}$, $\frac{1}{200}$, $\frac{1}{500}$ ou $\frac{1}{1000}$, suivant l'étendue de la propriété, de manière que le plan puisse tenir sur une feuille de papier grand aigle $0^m,70 \times 1^m,00$.

A l'intérieur de chaque feuille il est tracé un cadre de $0^m,50$ sur $0^m,80$ qui ne doit, en aucun cas, être dépassé par le dessin.

Toutes les parties de l'immeuble sont figurées sur un seul plan, en indiquant par un trait plein les limites des propriétés au niveau du sol et par des traits pointillés différents les parties de l'immeuble dont la projection ne coïncide pas avec celle du périmètre.

Le géomètre apporte en outre sur la même feuille, les coupes verticales mentionnées au dernier alinéa de l'article 3.

Art. 6. — Les dispositions du règlement général du 1er mai 1886 sur l'exécution des plans des propriétés rurales, qui ne sont pas contraintes aux prescriptions du présent règlement, sont applicables à l'exécution des plans des propriétés urbaines.

DÉCRET

DU 26 CHAOUAL 1308 (3 JUIN 1891)

sur la conservation des signaux et des bornes.

NOUS, ALI PACHA BEY, POSSESSEUR DU ROYAUME DE TUNIS,

Vu les lois du 19 ramadan 1302 (1er juillet 1885) et 2 chaban 1303 (16 mai 1886) sur la propriété foncière et le décret du 23 redjeb 1303 (28 avril 1886), notamment en son article 2,

Vu le décret 26 rabia et tani 1305 (10 janvier 1888) ordonnant l'exécution de la triangulation géodésique générale de la Régence,

Considérant qu'il importe d'assurer la conservation des signaux géodésiques ou topographiques et des bornes d'immatriculation; qu'il convient d'ailleurs d'éviter les confusions qui pourraient résulter de l'emploi par les particuliers des signaux ou bornes adoptés par les services géographique et topographique,

Nous avons pris le décret suivant :

Article 1er. — Les signaux géodésiques se composent de mires en charpente ou de pyramides en maçonnerie de $1^m,80$ à $2^m,50$ de hauteur avec un diamètre moyen de 1^m à $1^m,50$. Ils sont peints en noir ou blanchis à la chaux.

Les signaux topographiques sont formés de bornes prismatiques en pierre ou en ciment portant un triangle gravé sur l'une de leurs faces et entourées d'un petit fossé.

Les bornes d'immatriculation sont des bornes prismatiques en pierre ou en ciment et portent gravées sur l'une de leurs faces les deux lettres I. F.

Art. 2. — Il est interdit de détruire, dégrader, déranger ou déplacer de quelque manière que ce soit les signaux géodésiques ou topographiques et les bornes d'immatriculation dont la description est donnée à l'art. 1er ci-dessus.

Les auteurs des délits prévus par le présent article seront punis de un mois à un an de prison et d'une amende égale au quart des dommages causés et qui ne pourra être inférieure à cinquante francs, sans préjudice du remboursement des frais et dépenses faits pour la réparation ou le remplacement des signaux.

Art. 3. — Nul ne peut s'opposer à l'installation sur son terrain d'un signal géodésique ou topographique.

Lorsqu'un signal géodésique ou topographique est établi sur un terrain particulier, le propriétaire de ce terrain peut exiger que la surface occupée par le signal et la servitude d'accès audit signal fassent l'objet d'une expropriation régulière, conformément aux prescriptions de l'art. 11 du décret du 20 moharrem 1275, rendu pour les expropriations dans la ville de Tunis.

Cette action se prescrit par cinq ans.

Art. 4. — Il est interdit d'établir sur les propriétés privées des constructions ou bornes affectant les formes et dispositions indiquées à l'art. 1er pour les signaux géodésiques ou topographiques et les bornes d'immatriculation.

La démolition de ces signaux aux frais de leur auteur sera poursuivie devant les tribunaux compétents, sans préjudice des indemnités qui pourront être réclamées par l'État ou ses agents pour réparation des dommages résultant des confusions ou pertes de temps dans les opérations que les dites bornes ou constructions auront pu occasionner.

Art. 5. — Les contraventions aux prescriptions du présent décret seront constatées soit par procès-verbaux dressés par les agents assermentés du service topographique, des ponts et chaussées et des forêts, soit, sur le rapport des officiers du service géographique de l'armée française, par les autorités locales et déférées aux tribunaux compétents.

Art. 6. — L'article 463 du Code pénal français sera applicable aux délits prévus par le présent décret.

Art. 7. — Notre premier ministre et le directeur général des travaux publics sont chargés, chacun en ce qui le concerne, de l'exécution du présent décret.

Vu pour promulgation et mise à exécution,

Tunis, le 4 juin 1891.

Le Ministre Plénipotentiaire,
Résident Général de la République Française,

J. MASSICAULT.

CONSTITUTION EN ENZEL

DES

IMMEUBLES HABOUS

DÉCRET

DU 13 CHAOUAL 1305 (22 JUIN 1888)

NOUS, ALI PACHA BEY, POSSESSEUR DU ROYAUME DE TUNIS,

Vu les décrets du 8 kâada 1302 (18 août 1885), 13 moharrem 1303 (21 octobre 1885) 18 djoumadi el aoual 1305 (31 janvier 1888) réglementant la constitution en enzel des immeubles habous;

Considérant que les enchères provisoires qui interviennent avant la séance des enchères définitives ne donnent lieu à aucune offre de la part des intéressés; qu'il y a lieu en conséquence de les supprimer, tout en édictant un autre mode de publicité;

Considérant qu'il importe de fournir aux enchérisseurs les renseignements aussi précis que possible sur la situation et les limites des immeubles mis en adjudication;

Considérant que l'immatriculation des enzels n'était requise, aux termes du cahier des charges de l'administration des habous, que des acquéreurs européens et qu'elle était laissée facultative pour les Tunisiens; que la loi foncière du 19 ramadan 1302 (1er juillet 1885) ayant pour effet de déterminer d'une manière absolue les droits immatriculés, il y a lieu de supprimer toute inégalité de traitement entre les Européens et les indigènes et d'imposer à tous l'obligation de faire procéder à l'immatriculation des enzels à l'exception des immeubles urbains dont le revenu annuel serait inférieur à 120 francs; qu'il est nécessaire en outre de garantir la liberté et la sincérité des enchères;

Considérant qu'il y a lieu de refondre complètement les décrets sus visés afin d'y insérer les dispositions nouvelles,

Nous avons pris le décret suivant :

Art. 1er. — L'enzel des immeubles habous ne peut être constitué que par voie d'enchères publiques.

S'il s'agit d'un habous particulier, la demande de mise aux enchères sera formée par écrit par le mokaddem de l'immeuble, avec le consentement écrit de tous les ayants-droit. Dans le cas où le mokaddem ou les ayants-droit ne sauraient écrire, sa demande ou leur consentement seront établis par acte authentique.

S'il s'agit d'un habous public, la demande sera formée par écrit par le président de la djemaïa des habous, pour les immeubles relevant de cette administration et des oukafs de la grande mosquée; par le directeur des oukafs des haramins, pour les habous des haramins; par le directeur et l'administrateur des biens du collège sadiki, pour les habous de cet établissement.

Art. 2. — Pour être recevable la demande de constitution d'enzel devra être accompagnée de pièces et renseignements suivants :

1° Désignation de l'immeuble, indication du caïdat et du district où il est situé, et indication sommaire des tenants et aboutissants.

2° S'il s'agit d'une propriété rurale, un croquis visuel de l'immeuble dressé par un géomètre du service topographique;

3° Nom et désignation de l'auteur de la demande en constitution d'enzel.

4° Montant de la mise à prix évaluée en monnaie tunisienne et en une somme déterminée et non fractionnaire.

5° Les titres des habous et en général tous les documents dont la production serait nécessaire pour passer l'acte constitutif d'enzel à la suite des enchères. Les titres seront traduits en langue française par un interprète désigné conformément à l'art. 23 de la loi du 19 ramadan 1302 (1er juillet 1885) et du décret du 2 redgeb 1303 (6 avril 1886);

6° Le cahier des charges, clauses et conditions de la constitution d'enzel;

7° Et dans le cas où il s'agit d'un habous public, notre autorisation de le constituer en enzel.

Art. 3. — Le magistrat du châra auquel la demande de constitution d'enzel aura été adressée désignera immédiatement un notaire de Tunis qui sera chargé de conserver les pièces déposées, de suivre les formalités préliminaires des enchères, celles des enchères elles-mêmes, et de passer les actes d'enzel.

Ce notaire délivrera, séance tenante, au déposant un reçu détaillé de toutes les pièces produites; il sera personnellement responsable de leur conservation.

Art. 4. — Le magistrat du châra auquel la demande de constitution d'enzel aura été adressée aura un délai d'un mois à dater du dépôt des pièces, pour statuer sur sa recevabilité.

Son examen portera uniquement sur l'accomplissement des dispositions des articles 1 et 2 ci-dessus. En ce qui concerne le cahier des clauses et conditions, ce magistrat s'assurera qu'il contient celles indiquées comme essentielles par l'art. 6 ci-après, et qu'il n'en renferme aucune contraire aux lois et règlements, et notamment aux dispositions du présent décret.

Le dit magistrat ne répond pas de la validité des titres déposés ni de l'existence des droits qui font l'objet des enchères.

Il est personnellement responsable des lenteurs ou des impossibilités qui pourraient se produire au moment de la passation des actes d'enzel, faute du dépôt préalable de toutes les pièces nécessaires à cet effet.

Art. 5. — La décision motivée du magistrat du châra sur la recevabilité de la demande en constitution d'enzel d'un immeuble habous sera notifiée au notaire dont il est parlé à l'article 3 ci-dessus.

Si elle est déclarée recevable, le notaire procèdera sans désemparer aux formalités préliminaires des enchères; dans le cas contraire, il le signifiera par écrit au demandeur, en spécifiant les vices de la demande dans les termes de la décision motivée du magistrat.

Le refus de celui-ci de donner suite à une demande de constitution d'enzel d'un immeuble habous ne pourra donner ouverture contre lui à aucun recours ou indemnité; la demande pourra être complétée et présentée à un autre magistrat du châra.

Du cahier des clauses et des conditions de la constitution d'enzel.

Art. 6. — Les clauses et conditions essentielles de la constitution d'enzel sont :

1° L'indication, conformément au calendrier grégorien, de la date à laquelle le payement de la rente annuelle sera exigible.

Cette rente devra être payable, soit annuellement soit en deux termes semestriels. L'échéance annuelle ou les échéances semestrielles pourront êtres fixées à toute époque de l'année ou du semestre. Une échéance spéciale pourra être établie pour la première annuité qui suivra la constitution d'enzel. Les payements de la rente ne pourront être exigibles qu'en monnaie tunisienne.

Le lieu du payement devra être déterminé dans la Régence pour ne plus être changé que d'un commun accord.

2° Le délai, calculé du jour des enchères, dans lequel les actes devront être passés. Il ne pourra en aucun cas dépasser deux mois.

3° La date de la prise de possession; celle-ci devant être effectuée dans la période d'une année qui suivra les enchères.

4° Les jours et heures où l'immeuble pourra être visité par tout requérant; le nom et l'adresse des personnes qui le font visiter.

Art. 7. — Il est loisible au demandeur en constitution d'y mettre toutes autres clauses ou conditions pourvu qu'elles ne soient pas contraires aux lois et règlements, et notamment aux dispositions du présent décret.

Des formalités préliminaires d'enchères.

Art. 8. — Lorsque le notaire désigné conformément à l'art. 3 ci-dessus, aura reçu la notification de la recevabilité d'une demande en constitution d'enzel comme il est dit à l'art. 5, il inscrira sur un registre, dans les termes où ils ont été fournis, les renseignements donnés en vertu des dispositions des 1°, 3° et 4° de l'article 2 ci-dessus. Il y ajoutera les dispositions suivantes :

1° Ses nom, prénoms et domicile;

2° La date des enchères.

3° Le lieu des enchères.

Art. 9. — Le registre dont il a été parlé à l'article précédent sera unique, coté et paraphé par première et dernière feuille par notre premier ministre ou son délégué, conservé au tribunal du châra, et portera des numéros d'ordre sous lesquels seront inscrites sans interruption et au fur et à mesure de leur acceptation les demandes de constitution d'enzel.

Art. 10. — Le notaire, s'il s'agit d'un habous particulier, transmettra immédiatement les pièces déposées au président de l'administration des habous qui sera tenu de les lui retourner dans les dix jours.

Art. 11. — Le notaire adressera au directeur du journal officiel une copie textuelle de la mention portée par ses soins sur le registre du châra.

Le directeur en assurera la publication le même jour dans les deux éditions du journal officiel, en français dans l'édition française, en arabe dans l'édition arabe.

Cette publication devra avoir lieu dans un délai de vingt jours calculés à partir de la date de la notification au notaire de la recevabilité de la demande, sous la responsabilité dudit notaire ou du directeur du journal officiel selon le cas. Le troisième jeudi après cette première publication le directeur du journal officiel devra en faire une seconde identique à la première, en ayant soin de mentionner que cette publication est la seconde et dernière avant l'adjudication.

Le directeur du journal officiel fera, de plus, imprimer sur papier blanc des extraits en forme d'affiche, de chacun des numéros du journal contenant les publications. Ces extraits seront placardés par les soins de l'administration des habous aux endroits propices, pour donner à l'adjudication toute la publicité désirable. Ces affiches contiendront en outre le montant approximatif des sommes à déposer au moment de l'adjudication, comme il est dit à l'art. 21.

Les frais de ces insertions et affiches calculés suivant le tarif annexé, seront à la charge de l'adjudicataire, ou à son défaut du demandeur en constitution d'enzel.

Art. 12. — Le directeur du journal officiel fera remettre gratuitement au notaire deux affiches et un exemplaire de chaque numéro du journal officiel où la publication aura été faite. Les exemplaires arabes et français du journal officiel sont joints au dossier. Une affiche est placardée dans la salle des criées du tribunal du châra, dans un cadre en bois spécialement destiné à cet effet, par les soins du notaire et sous sa responsabilité; l'autre est déposée sur la table du bureau d'adjudication.

La salle des criées du châra sera ouverte au public tous les jours de 8 heures à midi, excepté le vendredi et les jours de fêtes musulmanes.

Art. 13. — Le notaire est tenu de donner tous les jours, excepté les jeudis et vendredis, de 8 h. à midi, communication intégrale, sans déplacement à toute personne qui le demande, de toutes les pièces composant le dossier d'une constitution d'enzel. Il devra même, s'il en est requis, et contre dépôt des frais de copie évalués suivant le tarif annexé, délivrer dans les six jours à dater de ce dépôt, copie *in extenso* des parties du titre du habous donnant les limites de l'immeuble. Cette copie sera faite sur papier timbré.

Art. 14. — Le magistrat qui a statué sur la recevabilité de la demande doit veiller à l'accomplissement des formalités préliminaires des enchères; il résoudra les difficultés qui pourraient s'élever à ce sujet, pendant la période prenant fin au moment du prononcé des enchères.

Des enchères.

Art. 15. — Chaque jeudi un magistrat du châra sera préposé aux enchères des enzels. Il sera assisté d'un interprète du gouvernement pour la langue française. Les notaires apporteront les dossiers des constitutions d'enzel dont ils ont le dépôt.

Le président a la police de l'audience, il tranche immédiatement et sans appel les contestations qui surgissent à l'occasion des enchères.

Art. 16. — Les enchères seront annoncées de la manière indiquée aux articles 11 et 12 ci-dessus. Elles auront lieu le cinquième jeudi qui suivra la date de la première publication dans l'officiel de l'avis de la mise aux enchères.

Art. 17. — Les criées se font en arabe et en français; le minimum des surenchères est de soixante centimes pour les enzels dont la mise à prix ne s'élève pas à plus de soixante francs; de six francs pour ceux mis à prix de cent vingt francs soixante centimes à douze cents francs; et de soixante francs lorsque la mise à prix est de plus de douze cents francs. Les surenchères supérieures à ce minimum doivent en être un multiple.

Seront seules admises les enchères des personnes ayant la capacité de contracter.

Art. 18. — A l'ouverture de la séance des enchères fixée à neuf heures du matin, le président fera crier la mise aux enchères de l'enzel de celui des immeubles qui aura sur le registre dont il est parlé à l'art. 9, le numéro le plus bas parmi ceux dont l'adjudication doit être prononcée ce jour-là.

Les enchères dureront sans interruption quinze minutes précises; au bout de chaque période de cinq minutes, le président proclamera le chiffre de l'enchère la plus élevée. Le dernier enchérisseur, au moment où le délai de quinze minutes expirera, sera déclaré adjudicataire par le président.

Art. 19. — Si, au dernier moment, plusieurs enchérisseurs font en même temps la même offre, il sera procédé pendant cinq nouvelles minutes à de nouvelles enchères restreintes cette fois à ceux qui se trouvent en concurrence. Si le même fait se reproduisait une seconde fois, il serait tiré au sort entre les concurrents. Le président passera ainsi successivement, en suivant les numéros d'ordre du registre, à l'adjudication de tous les enzels.

Art. 20. — Le résultat des enchères est consigné sur le registre du chàra, en regard de l'inscription relative à l'immeuble dont l'enzel est mis en adjudication. La mention ainsi portée est signée par l'adjudicataire qui déclare en même temps avoir pleine connaissance des obligations résultant pour lui tant des lois et règlements que du cahier des clauses et conditions de la constitution d'enzel.

S'il ne sait ou ne peut signer, mention en est faite par le président, ainsi que la lecture à lui faite de la déclaration ci-dessus. S'il ne veut signer, mention en est faite ainsi que des motifs donnés à l'appui de son refus. Dans ces cas, deux témoins sont invités à contresigner sur le registre les mentions qui y sont portées.

Art. 21. — L'adjudicataire est ensuite invité à signer séance tenante une demande d'immatriculation et à déposer les frais de l'immatriculation évalués approximativement par le conservateur de la propriété foncière, ainsi que toutes les sommes mises à sa charge par les décrets ou le cahier des charges de l'adjudication. Lorsque l'enchérisseur ne pourra ou ne saura signer, il en sera fait mention sur la réquisition et dans les formes indiquées à l'article précédent, et la réquisition sera signée pour lui par le président des enchères.

Dans le cas où la faculté de déclarer un command est réservée par le cahier des charges l'acceptation du command élu emportera notamment ratification de la réquisition d'immatriculation et sera considérée comme satisfaisant au vœu de l'art. 18 de la loi du 19 ramadan 1302 (1er juillet 1885).

A défaut par le requérant de donner suite à l'immatriculation, les formalités de la loi seront poursuivies à ses frais et en son nom par le président de l'administration des habous.

L'immatriculation ne sera pas exigée pour les enzels se rapportant à des immeubles urbains consistant en boutiques, magasins ou maisons en ruines, si le montant de l'annuité de l'enzel adjugé n'est pas supérieur à cent vingt francs.

Art. 22. — Un certificat sera remis à l'adjudicataire constatant sa qualité et le montant de son offre, et indiquant le numéro de l'enzel auquel il se rapporte.

Ce certificat n'est pas susceptible d'être transféré.

Art. 23. — Dans le cas où l'adjudicataire de l'enzel d'un habous n'a pas satisfait aux conditions de l'adjudication, l'enzel est remis en adjudication à sa folle enchère.

Art. 24. — L'ayant-droit au habous poursuivra la folle enchère et devra se faire remettre par le président de l'audience des criées un certificat constatant que le dernier enchérisseur n'a pas satisfait aux conditions de l'adjudication.

Art. 25. — Sur ce certificat, et sans autre procédure ni jugement, il sera apposé dans un délai de trois jours de nouveaux placards et inséré une nouvelle annonce dans le journal officiel tunisien en français et en arabe, dans les formes prescrites.

Ces placards et annonces indiqueront en outre les noms et demeure du fol enchérisseur, le montant de l'adjudication, la nouvelle mise à prix désignée par le poursuivant et le jour auquel aura lieu sur l'ancien cahier des charges la nouvelle adjudication.

Le délai entre l'apposition et la publication des nouvelles affiches et annonces de l'adjudication sera de quinze jours au moins et de trente jours au plus.

Art. 26. — Si le fol enchérisseur justifiait de l'acquit des conditions de l'adjudication et de la consignation d'une somme qui sera évaluée par le président de l'audience des criées et qui ne pourra être inférieure à soixante francs pour les frais de folle enchère, il ne serait pas procédé à la nouvelle adjudication.

Art. 27. — Le fol enchérisseur est tenu personnellement de la différence entre son prix et celui de la seconde adjudication, sans pouvoir réclamer l'excédent. Dans le cas où il y aura un excédent, il sera versé à l'ayant-droit du habous.

Art. 28. — Notre premier ministre pourra, par arrêté notifié au tribunal du châra, évincer à titre temporaire ou définitif des enchères des biens habous, tout individu qui aura donné lieu à une adjudication sur folle enchère.

Dispositions générales.

Art. 29. — Les contestations sur les droits du demandeur en constitution d'enzel ne pourront suspendre les enchères. Des protestations contre la mise aux enchères pourront être formées par écrit entre les mains du notaire qui en donnera reçu, s'il en est requis et les joindra au dossier.

Les enchères seraient arrêtées, s'il était intervenu contre le demandeur un jugement passé en force de chose jugée infirmant ses droits.

Art. 30. — Les honoraires et les frais des notaires sont réglés conformément au tarif annexé.

Art. 31. — Les décrets des 8 kada 1302 (18 août 1885) et 13 moharrem 1303 (21 octobre 1885) sont rapportés.

Toutes dispositions antérieures contraires au présent décret et notamment celles de cette nature des décrets des 3 rabia-ettani 1293 et 8 kada 1302 sont et demeurent abrogées.

Art. 32. — Notre premier ministre est chargé de l'exécution du présent décret.

Dispositions transitoires.

Art. 33. — Les adjudications d'enzel dont l'avis aurait été publié au Journal officiel tunisien avant la promulgation du présent décret continueront à être régis par les anciennes dispositions.

Tarif annexé au décret du 13 *chaoual* 1305 (22 *juin* 1888).

1° Chacune des deux publications à faire dans les deux éditions arabe et française du Journal officiel (Art. 11) la ligne pour les deux éditions. . . . . 0 fr. 30

2° Frais d'impression et d'apposition des affiches en langue française et en langue arabe (Art. 11) pour cent affiches. . 9 fr. 60

3° Copie des pièces (Art. 13) le rôle de vingt-cinq lignes à cinquante lettres par ligne. . . . . 1 f. 05

4° Honoraires du notaire et frais d'enchères (Art. 30) calculés sur le montant des enchères : un pour cent (1%) au crieur, avec un minimum de trois francs, deux pour cent (2 %) au notaire avec un minimum de douze francs et un pour cent (1 %) pour la passation de l'acte constitutif d'enzel, avec un minimum de trois francs ; ensemble 4 %.

L'intégralité de ces frais doit être payée avant la passation de l'acte.

5° Frais de croquis visuel (Art. 2) et frais d'immatriculation (Art. 21) : les tarifs de loi sur la Propriété foncière du 19 ramadan 1302 (1er juillet 1885) et des règlements annexés.

Le présent tarif ne déroge pas aux dispositions légales relatives aux droits de timbre et de mutation.

Vu pour promulgation et mise à exécution.

Tunis, le 23 juin 1888.

Le Ministre Plénipotentiaire,
Résident Général de la République Française,

J. MASSICAULT.

CAHIER DES CHARGES

CLAUSES ET CONDITIONS DE LA CONSTITUTION EN ENZEL DES IMMEUBLES HABOUS

La constitution de l'enzel sur l'immeuble connu sous le nom de .... *et désigné dans la demande déposée par* .... *sera soumise aux clauses, charges et conditions suivantes :*

§ 1er. — Dispositions générales.

Article 1er. — Le nommé.. demeurant.. ....est constitué gardien du dit immeuble, à l'effet de le faire visiter à toute réquisition, les.. de..................à..................heures du matin.

Art. 2. — Seront seules admises à enchérir, les personnes ayant capacité de contracter.

Art. 3. — La faculté de déclarer un command est autorisée. Elle ne pourra être exercée que par l'adjudicataire direct et seulement au profit d'une personne nommément désignée par lui.

Nul ne pourra être élu command, s'il ne réunit les qualités requises pour être adjudicataire direct.

La déclaration de command se fera aussitôt après la proclamation du résultat de l'adjudication par le président des enchères; elle sera mentionnée sur le certificat remis à l'adjudicataire, constatant sa qualité et le montant de l'enzel. Ce certificat doit être détaché du registre à souche déposé dans la salle des enchères.

L'acceptation du command élu se fera au moins huit jours avant la date fixée pour la passation des actes et devant le notaire chargé des opérations.

Si le command déclaré n'accepte pas l'adjudication, celle-ci restera pour le compte de l'adjudicataire direct.

Art. 4. — La mise à prix de l'enzel est fixée à.................................

.... francs.

Les surenchères seront au minimum de.................................. francs, conformément à l'article **17** du décret réglementaire du **13** chaoual **1305**.

Art. 5. — L'adjudicataire s'engage à entretenir la propriété en bon état, et à l'exploiter en bon père de famille. Il devra se soumettre aux lois et règlements spéciaux concernant les enzels.

Art. 6. — L'administration des habous de laquelle relève le fonds se réserve le droit de faire visiter, au moins deux fois dans l'année, l'immeuble tenu à enzel, pour constater si les engagements pris par l'enzéliste ont été observés. Ces visites auront lieu sans que l'enzéliste puisse s'y opposer ou y mettre obstacle, en raison de sa qualité ou de sa nationalité.

Si l'immeuble tenu à enzel est une maison, une boutique, ou un local quelconque clos et couvert, l'administration des habous devra aviser l'enzéliste de sa visite, au moins quatre jours avant d'y procéder.

Art. 7. — L'enzéliste jouira des servitudes actives et souffrira les servitudes passives, urbaines ou rurales, apparentes ou occultes, déclarées ou non, sauf à faire valoir les unes et à se défendre des autres, à ses risques et périls, sans aucun recours contre l'administration des habous dont dépend le bien et sans pouvoir l'appeler en garantie.

Il supportera à lui seul toutes les charges auxquelles peut être assujetti le fonds, telles que les taxes et les impôts, même ceux que la loi met au compte du propriétaire, les travaux d'entretien et de réparation et en général toutes les dépenses relatives à l'immeuble, de quelque nature qu'elles soient. L'administration des habous devra recevoir le montant de l'enzel libre de toutes charges et intégralement.

Art. 8. — L'enzéliste est censé bien connaître l'immeuble sur lequel est constitué l'enzel. Il le prendra dans l'état où il le trouvera au jour fixé pour la prise de possession, sans pouvoir prétendre à aucune garantie ni à aucune diminution de prix pour vices cachés, dégradations, réparations ou erreurs dans la désignation.

L'adjudication est faite sans garantie de mesure, consistance ou valeur.

Art. 9. — Celui au profit duquel sera prononcée l'adjudication, sera tenu de verser immédiatement, entre les mains du notaire chargé des opérations, et en espèces sonnantes et ayant cours

1° Une somme égale à ses offres, ce qui équivaut à l'enzel d'une année;

2° La part proportionnelle de la rente afférente à la période comprise entre la prise de possession et le commencement de l'année de l'enzel qui sera fixée au 1er mai ou au 1er novembre.

3° Les droits d'autorisation de la constitution en enzel, fixés à soixante francs;

4° Le montant des frais d'affichage et de publication dans les journaux;

5° Le montant des frais de criée, les frais d'enchères et le prix des papiers timbrés établis suivant le tarif;

6° Les frais de la traduction des titres;

7° Les frais approximatifs d'immatriculation suivant les cas, conformément aux dispositions de l'article 21 de la loi du 13 chaoual 1305;

8° Les frais du croquis visuel dressé par un géomètre du service topographique, si l'immeuble consiste en une propriété rurale, ainsi que les frais de l'outika (acte de notoriété constatant la possession) et de sa traduction.

Reçu lui sera donné de toutes ces sommes avec le certificat constatant sa qualité d'adjudicataire.

S'il déclare un command, les sommes déposées seront supposées avoir été payées pour le compte et au nom du command.

Art. 10. — Les actes constitutifs de l'enzel seront passés..........

....

L'adjudicataire, ou son command, sera tenu de représenter la quittance des frais non énoncés dans l'art. 9 ci-dessus, tels que les droits de mutation, et les frais de passation des actes.

Les actes constitutifs mentionneront qu'il est accordé à l'administration des habous, sur l'immeuble tenu à enzel, un privilège s'étendant à cinq années d'arrérages, pour la garantir du payement de la rente.

Art. 11. — La prise de possession aura lieu le .... Les droits et les obligations de l'enzéliste commenceront à courir à partir de cette date.

Art. 12. — Le payement du montant de l'enzel se fera par semestre et d'avance, en deux versements égaux, effectués en espèces sonnantes et ayant cours les 1er mai et 1er novembre de chaque année.

Il se fera au siège de l'administration des habous à..........

Art. 13. — Dans le cas où, par négligence de l'enzéliste ou autrement, l'administration des habous se trouverait dans l'obligation de requérir à domicile le payement de la rente, les frais de recouvrement seront à la charge du débiteur.

Art. 14. — Si des retards sont apportés par l'enzéliste dans le payement de la rente, l'administration des habous pourra en poursuivre le recouvrement par toutes les voies de droit. Elle pourra notamment poursuivre la translation de l'enzel pour avoir payement des arrérages échus.

Art. 15. — Si l'immeuble tenu à enzel est exproprié totalement pour cause d'utilité publique, l'enzel prendra fin avec le payement de l'indemnité qui pourra être allouée dans la forme ordinaire des expropriations pour cause d'utilité publique.

Sur cette indemnité, l'administration des habous prélèvera une somme équivalente à vingt fois le montant de la rente, sans cependant pouvoir prétendre à une somme supérieure à la totalité de l'indemnité allouée. Le surplus de celle-ci appartiendra à l'enzéliste.

Dans le cas d'expropriation partielle, la rente due par l'enzéliste sera réduite proportionnellement à la surface du terrain dont il est privé, et il aura le choix, ou de payer à l'administration des habous vingt fois le quantum de la réduction allouée, quel que soit le montant de l'indemnité d'expropriation qu'il recevra, et de conserver alors la partie non expropriée de l'immeuble, à charge de continuer à payer l'enzel réduit, ou d'abandonner complètement la propriété tenue à enzel qui fera retour à l'administration des habous, sans pouvoir retenir l'indemnité d'expropriation, ni prétendre à une indemnité quelconque, même pour les constructions élevées par lui sur la parcelle de terrain non expropriée.

TABLE GÉNÉRALE ALPHABÉTIQUE

DES MATIÈRES

CONTENUES DANS LE VOLUME.

ABRÉVIATIONS.

Les numéros renvoient aux pages du volume.

Lorsqu'il existe deux numéros, le premier, en caractères maigres, indique la page ; le second, en caractères penchés, indique l'article auquel on doit se reporter.

Id. signifie *Idem,* et remplace soit un mot, soit un chiffre qui vient d'être énoncé.

ss. signifie et suivants.

V. — Voir.

A

Abeilles. — V. *Ruches.*

Absences. — Chef du service topographique, 133, *4*, *5*. — Géomètres doivent être autorisés, 135, 12. — V. *Conservateur*. — *Interprètes*.

Absents. — NON-PRÉSENTS. — Droits des absents, 14, *31*. — Hypothèque des biens des absents, 63, *253*. — Opposition à l'immatriculation, 15, *32*. — Protection des droits des absents, 14, *31*.

Abus. — De jouissance : Usufruitier, 39, *127*.

Accession. — Droit d'accession, 28, *59* et ss.

Accessoires. — Frais accessoires, Remboursement, 32, *80*. — Hypothèque, 59, *234*.

Accroissement. — V. *Alluvion.*

Accusé de réception. — V. *Récépissé.*

Acquéreur. — Inscription de son droit, 32, *81*. — Préemption, 31, *77*.

Acte. — Écrit ; inscriptions, 78, *343*. — Langues étrangères, 123, *1*. — Traduction, 123, *2* et *11*. — Traduction in-extenso, 8, *23*. — Traduction par extrait, 126, *12*. — Signature ; légalisation, 78, *343*. — Testamentaire, 90, *366*. — De décès, 90, *364* et *366*. — De donation, 90, *365*.

Acte constitutif d'enzel. — Titres à l'appui de la demande de constitution, 174, *2*. — Notaire commis, 174, *3*. — Lieu de passation, 186, *10*. — Tarif des frais, 183. — Acceptation du command élu, 183, *3*. — Mention ; payement des frais, 177, 178, *11*, 185, *9*. — Droits et obligations de l'enzeliste, 186, *11*. — Privilège de l'administration des habous, 33, *87*, 186, *10*. — Délai pour passer l'acte, 176, *6*. — Responsabilité du magistrat du chara, 175, *4*. — Traduction, 174, *2*.

Action. — Action immobilière, 3, *12*. — Immeuble immatriculé, 18, *38*. — Inscription des demandes, 26, *53*. — Action personnelle en cas de dol, 18, *38*. — Immatriculation : lésion, 18, *38*. — Inscription : lésion, 18, *38*. — Inexécution des conventions, 78, *342*. — Action réelle. V. *Action immobilière*. — Action résolutoire, V. *Vente*.

Adjudicataire d'enzel. — Engagements pris, 184, *5*. — Frais à sa charge, 177, 178, *11*; 185, *9*; 186, *10*; 180, *21*. — Enchères définitives, 179, *18*. — Élection de command, 183, *3*. — Versement de garantie, 185, *9*; 186, *12*. — Immatriculation, 180, *21*. — Folle enchère, 181, *23*.

Adjudication d'immeubles à la barre des tribunaux français. — Immatriculation, 99, *1*. — D'office, 100, *3*. — Préalable, 99, *2*. — Postérieure, 101, *9*. — Saisie, 100, 2. — Licitation, 100, 2. — Bien de mineurs, 100, 2. — Production de titre, 100, *3*, *4*; 101, *8*. — Jugement du tribunal mixte, 101, 7. — Dire rectificatif, 101, 7. — Consignation du prix, 101, *10*. — Distribution du prix, 101, *11*. — Nullité, 102, *11*. — Perte de recours, 102, *12*.

Adjudication. — V. *Expropriation forcée, Purge; Vente*.

Adjudication d'enzel. — Garantie, 185, *8*. — Ordre des adjudications, 179, *18*. — Mention du résultat, 179, *20*. — Élection de command, 183, *3*.

Administration des habous. — Demande de constitution en enzel des habous publics, 173, 174, *1*. — Demande de constitution en enzel des habous particuliers, 173, 174, *1*. — Surveillance des enzelistes, 184, *6*. — Rente à percevoir, 184, *7*; 186, *12* et *ss*. — Privilège, 33, *87*; 186, *10*. — Servitudes, 184, 7. — Expropriation, 186, *15*. — Immatriculation, 180, *21*.

Affiche. — Extrait de la réquisition d'immatriculation, 9, 10, *25*. — Date du bornage, 10, 11, 12, *26*. — Nom et demeure des interprètes, 126, *14*. — Mise d'enzel aux enchères, 178, *12*. — V. *Délai; Publication*.

Agents du service topographique. — Nomination, 130, *3*. — Révocation, 131, *11*, *12*.

Alambic. — 2 et 3, *10*.

Alignements. — Pour lever les angles et sinuosités du périmètre, 155, *53*.

Alluvion. — 30, *68* et *ss*.; 36, *108*.

Altitudes. — Rapportées au niveau de la mer à La Goulette, 143, *12*. — Dans les propriétés situées en dehors du réseau général, 148, *30*.

Améliorations. — Hypothèques, 59, *234*. — Préemption, 31, 32, 77; 32, *80*. Tiers détenteurs, 66, *268*. — Usufruit, 37, *111*.

Aménagement. — V. *Bois; Coupes; Futaies*.

Amende. — Conservation de la propriété foncière : conservateur, 94, *379* et *ss*., expertise, insuffisance : *V*. ce mot. — Interprètes. — *V*. ce mot. — Supplément d'estimation, 117, 118, *26*. — Service topographique : infligée en cas de manquement au service, 130, *10*. — En cas de travaux mal faits; leur emploi, 140, 7. — Destruction de signaux topographiques et de bornes, 170 et 171, *2*.

Ami. — Inscription, 88, *359* et *360*.

Amortissement. — Droit d'inscription; rente de l'enzel, 33, *86*.

Angles. — Comment mesurés, 146, *19* et *ss*.; 152, *42* et *ss*. — Registre d'observations des angles, 147, *24* et *ss*. — Calculés sur le terrain, 146, *23*. — Triangulations particulières, 148 et 149, *30*.

Animaux. — Accession, 28, *59*. — Croît, 28, *59*; 34, *95*. — Immeubles, 2, *8*; 2 et 3, *8*. — Meubles, 2, *8*.

Annexe. — Plan de l'immeuble, 24, *44*. — Procuration, 6, 7, 8, 9, *23*.

Annuité. — V. *Rente d'enzel*.

Annulation. — Copie de titre, 25, 26, *50*. — Saisie, 73, *298*. — Titre de propriété, 25, 26, *50*.

Antichrèse. — Constitution, 56, *218*. Définition, 56, *217*. — Droit réel, 3, *13*. — Exercice, 56, *219*.—Indivisibilité, 57, *225*. — Inscription, 91, *368*. — Tiers, 57, *224* et *226*.

Antiquité. — V. *Objets d'art et d'antiquité*.

Appel. — Décision du tribunal mixte, 17, *36*. — Instances en matière de recouvrement des frais, 120, *35*.

Aqueduc. — Servitude apparente, 52, 53, *196*.

Arbres. — Arbres arrachés, 49, *181*. — Distance légale, 48, *180*. — Hauteur, 48, *180*. — Mitoyens, 48, *179*. — Usufruit, 34, *94* et *ss*. — V. *Bois*, *Coupes* et *Futaies*.

Arceaux. — 45, *165*.

Archives. — Du service topographique, 134, *6*. — De la conservation foncière, 25 et 26, *50*. — *Id*. 21, 22 et 23, *42*.

Arrérage. — Collocation, 60, *237*. — Fruits civils, 34, *97*. — Inscription, 33, *84*; 60, *237*. — Prescription, 33, *85*. — Rente de l'enzel, 33, *84* et *ss*.

Arrêté des registres. — 81, 82, *344*. — V. *Conservateur*.

Arrêté. — Du Résident général fixant les heures d'ouverture de la conservation, 108, *2*. — Du directeur général des travaux publics, règlant l'organisation du service topographique, 131. — Pour l'exécution des plans des propriétés rurales, 141. — Pour l'exécution des plans des propriétés urbaines, 167.

Artifice. — 31, *65*.

Assermentation. — Des interprètes-traducteurs, 125, 8. — Du chef du service topographique, des vérificateurs et des géomètres, 130, *3*.

Atre. — 49, *183*.

Atterrissement. — 30, *68* et *ss*.

Attributions. — Du conservateur de la propriété foncière, du directeur général des travaux publics, des agents du service topographique. — V. *au titre de chaque fonction*.

Audience. — Publicité. — Tribunal civil, 120, *35*. — Tribunal mixte, 19 à 23, *41*. — Chara : mise d'enzel aux enchères, 178, *15* et *ss*.

Auditoire. — Affiche, 9 et 10, *25*; 126, *14*. — V. *Publication*.

Authenticité. — Actes émanant du conservateur : V. *Conservateur*. — Des certificats établis hors la Tunisie, 90, *366*. — Certificat de notoriété, 90, *366*. — Droit héréditaire, 90, *366*.

Autorisation administrative. — Reconstruction d'arceaux, 45, *165*.

Autorisation de constitution d'enzel. — Autorisation administrative pour l'enzel des habous publics, 174, *2*. — Demande de constitution d'enzel, 174, *2*. — Notaire commis aux enchères, 174 et 175, *3*. — Droit d'autorisation et tarif, 185, *9*.

Autorisation de justice. — Femme mariée : expropriation forcée, 72, *291*. — Minorité du mari, 72, *291*. — Refus du mari, 72, *291*. — Ventes d'immeubles distincts, 72, *293*.

Auxiliaires. — V. *Frais*.

Avancements. — Du personnel des géomètres, 130, *4* et *ss*.

Avances. — Usufruit : répétition, 38, *120*. — De matériel et d'instruments par l'administration, 135, *15*. — Aux géomètres sur travaux exigeant plus de deux mois, 139, *4*.

Avocat. — Plaidoirie au tribunal mixte, 19 à 21, *41*.

Avocat-défenseur. — Ministère, 120, *35*. — Plaidoirie au tribunal mixte, 19 à 21, *41*.

B

Bail. — Anticipation de payement, 92, *372*. — Durée, 92, *372*. — Emphythéose, 42, *147*. — Expropriation forcée, 72, *294* et *ss.* — Faculté d'achat, 92, *371.* — Inscription, 4, *17;* 72, *294;* 78 à 81, *343;* 89, *362;* 91, *368* et *ss.* — Prix du bail, 34 et 35, *97;* 91, *368.* — Renouvellement du bail, 92, *372.*

Baliveau. — V. *Bois.*

Bâtiments. — Doivent figurer sur le plan, 142, *4.* — Levé des bâtiments isolés, 166, *1* et *2.* — Mesurage à l'intérieur des bâtiments, 168, *2.* — Parois extérieures des bâtiments, 168 et 169, *3.* — Inaccessibles en partie, 168, *2.* — Parties en saillie ou en retrait, 168, 169, *3.* — V. aussi *Construction.*

Bénéfice d'inventaire. — V. *Succession.*

Bois. — Usage, 41, *145.* — Usufruit, 35, *102.* — V. *Coupes; Futaies.*

Bonne-foi. — Constructions et plantations, 29, *67.* — Fruits, 28, *61.* — Inscription hypothécaire, 63, *252.* — Possession, 28, *61* et *ss.*

Bord des fenêtres. — 50, *185.*

Bordereau. — Des pièces d'arpentage remises avec les plans terminés, 161, *76.*

Bornage provisoire. — Délai, 10, *26.* — Avis : au contrôleur civil, 10 et 11, *26;* au cheikh, 12, *26;* au requérant, 10 à 12, *26.* — Publication à l'*Officiel*, 10 à 12, *26.* — Affichage, 10 à 12, *26.* — Délégation du géomètre, 10 à 12, *26.* — Revendications, 10 à 12, *26.* — Oppositions, 12 et 13, *27.* — Procès-verbal, 12, *26*, *27.* — Clôture, 12, *26.* — Rétribution : du géomètre, 139, *5;* de l'interprète, 129, *8°.*

Bornage. — Rectification : avant immatriculation, 21 à 23, *42;* après accroissement ou modification d'un immeuble immatriculé, 31, *75.* — Démembrement des immeubles, 24, 46. — Des points trigonométriques, 144, *16.*

Bornes. — D'immatriculation, 170, *1.* — Topographiques, 170, *1.* — Trigonométriques, 144, *16.* — Destruction, 170 et 171, *2.* — Pénalité, 170 et 171, *2* et *6.* — Modèles interdits aux particuliers, 171, *4.*

Boussole. — Autorisée seulement pour le levé des détails intérieurs et sous l'approbation du chef de service, 158, *69.*

Branches. — Des arbres, 49, *182.*

Bureaux. — Du chef du service topographique : organisation et travail, 134, *6.* — De la conservation foncière, 108, *2.*

C

Cadi. — Certificats des droits héréditaires, 90, *366.* — Droits successifs, certificats, 90, *366.* — Incapables et non présents, opposition, 15, *32.* — Légalisation des signatures, 78 à 81, *343.*

Cahier des charges, clauses et conditions de la constitution d'enzel. — Produit à l'appui de la demande de mise aux enchères, 174, *2.* — Clauses essentielles, 176, *6.* — Clauses accessoires, 176, *7.* — Examen du chara, 175, *4.* — Acceptation par les enchérisseurs, 179 et 180, *20.* — Formule, 183 et *ss.*

Caïd. — Publie l'extrait de la réquisition, 9 et 10, *25.* — Envoie au conservateur les certificats de publication, 13 et 14, *28.* — Reçoit les oppositions, 12 et 13, *27.* — Envoie au conservateur les procès-verbaux d'opposition, 13 et 14, *28.* — Indemnités, 104, *4*, *5.* — Notifications administratives, 19 à 21, *41.*

Caïdat. — V. *Situation des biens.*

Calcul. — Des angles sur le terrain, 146, *23.* — De la triangulation, 147, *25.* — Cahier. — V. *Registre des calculs.* — Des coordonnées, 153, *45* et *ss.* — Des contenances, 165, *91* et *ss.*

Calendrier Grégorien. — 176, *6.*

Calepin. — Leur tenue, 156, *58* et *ss.*

Candidat. — Aux emplois d'élève géomètre et de géomètre, 130, *5.* — Pieces à produire, 131 et 132, *1*. — Examen à subir, 132, *2*.

Canevas. — Trigonométrique, 148, *29*. — Polygonal, 155, *52*. — Cas dans lequel il peut être porté sur le canevas trigonométrique, 155, *2*.

Capacité des parties. — 85, *354*. — Témoins, 78 à 81, *343*. — Adjudication d'enzel, 179, *17*; 183, *2* et *ss*. — V. *Femme*, *interdit*, *mineur*.

Capital. — Usufruit, 38, *120*.

Carrières. — 36, *110*.

Carroyage. — 160, *72*.

Cas fortuit. — 38, *118*.

Cassation. — Décisions du tribunal mixte non susceptibles de recours, 17, *37*. — Instances en matière de recouvrement des frais, 120, *35*.

Caution. — Antichrèse, 57, *224*. — Hypothèque forcée, 60, 239; 61, *245*. — Usage et habitation, 41, *135*. — Usufruit, 37, *113* et *ss*.

Cautionnement. — V. *Conservateur*, *Interprète*.

Certificat. — D'affichage, 13 et 14, *28*. — Publication dans les marchés, 13 et 14, *28*. — D'inscription, 26, *51*; 84 à 85, *352*. — Conformité du titre de propriété et de la copie, 26, *51*; 84 à 85, *352*. — Droits successifs, 90, *366*. — Notoriété, 90, *366*. — Timbre, 115, *20*. — Certificat remis à l'enchérisseur des adjudications d'enzel, 180, *22*. — Élection de command, 183, *3*.

Chaperon. — 45, *164*.

Chara. — Présentation des membres du tribunal mixte, 16, *33*. — Magistrat chargé des adjudications d'enzel, 174, *3* et *4*. — Notaire commis pour suivre les formalités, 174, *3*. — Notification au notaire, 175, *5*. — Responsabilité, 175, *4*. — Surveillance du notaire, 178, *14*. — Registre des demandes d'enzel, 176, *8* et *9*, 179, *20*. — Affichage de l'avis de mise aux enchères, 178, *12*. — Présidence des enchères, 178, *15*; 179, *18* et *19*. — Résultat des enchères, 179, *20*. — Police des enchères, 78 et 79, *15*. — V. *Compétence*; *Tribunal*.

Charges. — Antichrèse, 56, *220*. — Des fruits, 55, *219*. — De l'usufruit, 38, *120*. — Surenchère, soumission, 69, *280*. — Charge supportée par l'enzeliste, 184, *7*.

Chaudières. — 2 et 3, *10*.

Chef de bureau. — Fonctions remplies par un vérificateur, 133, *5*.

Chef du service topographique. — Nommé par décret et assermenté, 130, *3*. — Propose la nomination du personnel non assermenté, 130, *3*. — Attributions, 133, *4*. — Autorise les géomètres à employer les élèves qui ont satisfait aux examens, 134, *11*. — Autorise les travaux particuliers, 135, *13*. — Propose l'allocation d'avances aux géomètres, 139, *4*. — Autorise ou ordonne les déplacements, 139, *10*. — Autorise le lever des plans détaillés, 140, *6*. — Approuve les projets de triangulation, 145, *17*. — Vérifie les instruments des géomètres, 158, *68*. — Autorise l'emploi de la boussole dans certains cas, 158, *69*. — Réception et vérification des plans et des pièces, 164, *88*. — Propose les retenues pour travaux défectueux, 164, *88*. — Prononce le rejet des plans, 165, *90*.

Chemins. — Sont figurés sur les plans, 142, *2*. — Chemins de halage, 30, *68*. — Servitudes, 44, *160*.

Cheminée. — 46, *168*; 49, *183*.

Cheminements. — Polygonaux rattachés aux points trigonométriques, 149, *31*; 150, *32* et *ss*. — Détermination de leurs sommets, 150, *32*. — Auxiliaires, 150, *35*. — Vérification, 163, *82*.

Cheptel. — V. *Animaux*.

Choix. — V. *Option*.

Chose jugée. — V. *Jugement*.

Classement des archives. — 133, *5*; 134, *6*.

Cleps. — Instrument autorisé, 158, *65*.

Clôture. — Droits de clore, 44, *157*: 51, *189*. — Mitoyenneté, 47, *175*.

Clôture du bornage. — Est publiée au journal officiel, 10 à 12, *26*. — Fait courir le délai des oppositions, 12 et 13, *27*. — Fait courir le délai de remise des plans, 14, *29*.

Codes français. — Application en Tunisie : Code civil, 1, *2*. — Code pénal 94 et 95, *331*; 127, *20* et *ss.*; 171, *6*. — Code de procédure 69 et 70, *81* et *ss.*; 99 et 100, *2*; 100, *4*.

Co-héritier. — Droit de préemption, 31 et 32, *77* et *ss.*

Co-propriétaire. — Droit de préemption, 31 et 32, *77* et *ss.*

Collège Sadiki. — Habous lui appartenant, 173 et 174, *1*.

Collationnement. — Des croquis et des calepins, 156 et 157, *59*.

Collocation. — Créances inscrites, 65, *261*.

Collombier. — V. *Pigeon*.

Colon partiaire. — 35, *98*.

Command. — Adjudication d'enzel : déclaration de command, 183, *3*. — Forme et délais de l'acceptation du command élu, 183 et 184, *3*. — Conséquence du refus d'acceptation, 183 et 184, *3*. — Versement de garantie, 185 et 186, *9* et *10*.

Commandement. — A fin de saisie, inscription, 27, *55*; 73, *299*. — Signification au conservateur, 27, *55*; 73, *299*. — Copie du commandement joint à la réquisition, 100, *4*. — Commandement de payer, 65, *264*; 73, *299*. — Forme, 65, *264*; 73, *299*.

Commis. — Nommé par arrêté du directeur général des travaux publics, 130, *3*. — Attributions, 134, *6*. — Émoluments, 130, 7.

Communauté. — Immeuble; expropriation, 72, *101*.

Commune. — V. *Situation des biens*.

Communication. — Des titres au service topographique, 19, *41*. — Du dossier de l'immatriculation, 19 à 21, *41*. — Du dossier des oppositions au requérant, 19 à 21, *41*. — Du dossier des enzels, 178, *13*. — Registre de la conservation : communication aux magistrats, 82 et 83, *348*. — Registre des dépôts, 114 et 115, *19*. — Tiers détenteurs des titres, 6 à 9, *23*. — Interprète : interdiction de communiquer, 6 à 9, *23*.

Compensation. — Antichrèse, 57, *223*.

Compétence. — Contestation pendante, 16 et 17, *35*. — Défense au fond, 16, *34*. — Immeubles contigus, 4, *20*. — Immeubles immatriculés, 4, *20*. — Justiciables des tribunaux français, 17, *36*. — Limites, 4, *20*. — Oppositions à l'immatriculation, 17, *36*. — Rejet de l'immatriculation : renvoi, 17, *37*. — Servitudes, 4, *20*. — Tribunal français, 4, *20*. — Tribunal mixte, 16, *34*. — Tribunal musulman, 16 et 17, *35*. — Des tribunaux français dans les litiges relatifs aux immeubles immatriculés, 98, *1* et *ss.* — V. aussi *Tribunal civil*, *Tribunal mixte.*.

Concession. — Mine, 36, *110*.

Condamnation. — Usufruit, 39, *124*.

Condition. — Hypothèque, 63, *252*; 64, *257*. — Conditions (cahier des charges et) pour les enzels; V. *Cahier des charges*.

Conduite d'eau. — Servitude continue, 52, *195*.

Conflit. — De juridiction entre les chambres du tribunal mixte, 16, *34*.

Confusion. — Droit réel, tiers détenteurs, 66, *270*. — Emphythéose, 42, *149*. — Superficie, 43, *152*.

Conseil de famille. — Homologation, 161, *242*. — Hypothèque, 61, *240*. — Inscription, 88, *359*.

Consentement. — Hypothèque forcée, 60, *239*. — Mitoyenneté, 46, *171*. — Mise aux enchères des enzels, 173 et 174, *1*. — V. *Immatriculation*.

Conservateur de la propriété foncière. — Absence. 108, *3.* — Amende 94, *379*, et *ss.* — Annulation des titres et des copies, 25 et 26, *50.* — Arrêtés des registres, 81 et 82, *344.* — Authenticité des copies, 26, *51* et *ss.* — Blancs, 94, *380;* 114, *18.* — Capacité des parties, 85, *354.* — Cautionnement, 109, *4* et *ss.* — *Id.* Affectation, 111, *10.* — *Id.* Capitalisation, 112, *11.* — Certificat de non opposition, 112, *12.* — Cessation de fonction, 112, *12.* — Dépôt de l'acte de cautionnement, 112, *13.* — Durée, 110, *7.* — Envers les tiers, 109, *5.* — Envers le trésor, 110, *8.* — Immeuble, 109, *4;* 111, *9.* — Jugement définitif, 113, *14.* — Libération, 112, *12.* — Obligations tunisiennes, 109, *4;* 111, *10.* — Restitution des titres, 112, *13.* — Radiation de l'inscription, 112, *13.* — Réalisation, 113, *14.* — Remplacement, 113, *16.* — Rente, 109, *4;* 143, *10.* — Substitution, 110, *7;* 112, *13.* — Valeur appartenant à des tiers, 113, *15.* — Célérité dans l'accomplissement des formalités, 85, *353.* Certificat négatif, 84, *352.* — Commandement, inscription, 73, *299.* — Commission, 108, *3.* — Communication des registres, 82 et 83, *348.* — Conservation des actes, 21 à 23, *42;* 78 à 81, *343.* — Consignation des frais d'immatriculation, 9, *24.* — *id.* Salaires, 118, *28* et *ss.* — Contrainte, 119, *34.* — Convention successive, 87 et 88, *357.* — Copies (délivrance des), 78 à 81, *343;* 85, *353.* — Perte, 92, *376.* — Copie littérale, 84, *352.* — Copies de titres de propriété, 26, *51.* — Délivrance, 87, *356.* — Nombre, 26, *52.* — Correction, 87, *355* et *ss.* — Cote et paraphe, 12 et 13, *27;* 83, *349;* 114, *18.* — Date des actes, 114, *18.* — Débet (formalités en), 118, *28.* — Décisions, 119, *33.* — Délaissement par hypothèque : avis du greffier, 65, *267.* — *Id.* Mention sur le titre, 65 et 66, *267.* — Démission, 108 et 109, *3.* — Dépôt des actes à la conservation, 78 à 81, *343.* — Dépôt au greffe du registre des dépôts, 114 et 115, *19.* — Dépôts (registre des) V. *Registre.* — Dépôts (mention des), 94, *380.* — Désignation insuffisante, 93, *377.* — Destitution, 94, *379.* — Dimanche, 108, *2.* — Dommages-intérêts, 85, *353;* 94, *379.* — Domicile, 109 et 110, *6.* — Dossiers d'immatriculation, 21 à 23, *42.* — Duplicata de titres, 26, *52.* — Empêchements, 108, *3.* — Erreurs, 87, *365.* — Établissement du titre, 24, *44.* — États et certificats, 84, *352.* — Événements ultérieurs, 119, *31.* — Expédition des actes, 78 à 81, *343.* — *Id.* Des décisions du tribunal mixte, 21 à 23, *42.* — Expertise, V. *ce mot.* — Expropriation forcée, commandement, 73, *299.* — Foi due aux copies, 78 à 81, *343.* — Frais des instances contre les tiers, 85 et 86, *354.* — Heures des séances, 108, *2.* — Hypothèque, V. *ce mot* et *Inscription.* Immatriculation, 21 à 25, *42.* — Indivision, duplicata du titre, 26, *52.* — Inscription des droits réels, 21 à 23, *42.* — Inscription définitive, 85 et 86, *354.* — Inscription provisoire, 85 et 86, *354.* — Inscription d'office, 21 à 23, *42;* 88, *358.* — Instance contre les tiers, 85 et 86, *354.* — Instance en matière de salaires, 119, *33.* — Instruction écrite, 85 et 86, *354;* 120, *35.* — Intérim, 108 et 109, *3.* — Interligne, 94, *380.* — Jours fériés, 108, *2.* — Légalisation et reconnaissance d'écrit, 78 à 81, *363.* — Mention d'annulation, 25 et 26, *50.* *Id.* d'inscription 78 à 81, *343.* — *Id.* Dans les titres ou écrits, 78 à 81, *343.* — *Id.* Sur les actes inscrits, 78 à 81, *343.* — *Id.* — Sur le titre de propriété 84, *351.* — Mention sommaire, 84, *351.* — Multiplicité des originaux et expéditions, 78 à 81, *343.* — Nomination, 108, *1.* — Numérotage des actes, 114, *18.* — Notification aux parties, 85, *354.* — V. *Notification administrative, signification.* — Omissions, 87, *355;* 93, *377.* — Oppositions, 12 et 13, *27.* — Originaux des actes, 78 à 81, *343.* — Originaux et expéditions multiples, 78 à 81, *343.* — Perception des salaires, 119, *31.* — Pertes des copies, 92, *376.* — Pluralité d'originaux, 78 à 81, *343.* — Poursuites, 118 et 119, *29.* — Purge; action résolutoire; mention sur le titre, 68 et 69, *279.* — Récépissé, 6 et 7, *23;* 9 et 10,

25. — Récidive, 94, *379.* — Reconnaissance de dépôt : V. *Récépissé.* — Recouvrement des salaires, 118 et 119, *29.* — Rectification du bornage et du plan, 21 à 23, *42.* — Refus d'inscrire, 73, *299;* 78 à 81, *343;* 85, *353;* 92, *375.* — Règlement des salaires, 118, *28.* — Registre : dépôt, 80 et 82, *344;* 114, *19.* — Formalités préalables à l'immatriculation, 80 et 82, *344.* — Inscriptions, 80 et 82, *344.* — Oppositions, 12 et 13, *27.* — Relevés sommaires, 85, *353.* — Remise des pièces aux déposants, 78 à 81, *343.* — Remises et salaires, 113, *16.* — Renseignements, 84 et 85, *352.* — Répertoire, 82, *347.* — Réquisitions, 84 et 85, *352;* 93, *377.* — Responsabilité, 93, *377.* — *Id.* Relevés sommaires, 84 et 85, *352.* — Restitution des salaires, 119, *31.* — Retard dans les formalités, 85, *353.* — Saisie : signification, inscription, 27, *55;* 73, *299.* — Salaires, 113, *16.* — Base de la perception, 116 et 117, *23.* — Certificat de conformité, 121, *7°.* — Certificat négatif, 122, *8°.* — Consignation, 118, *28.* — Contestation, 118, *28;* 119, *33.* — Copie collationnée, 121, *3°.* — Copie de titre, 121, *3°.* — Dénonciation de saisie, 122, *11°.* — Dépôts, 121, *5°.* — Duplicata de quittance, 122, *10°.* — Immatriculation, 121, *1°.* — Inscription, 121, *6°.* — *Id.* Ultérieure, 121, *6°.* — *Id.* D'office, 121, *6°.* — Lignes (nombre de), 121, *3°.* — Mentions en général, 122, *16°.* — *Id.* Du jugement d'adjudication, 122, *14°.* — *Id.* De conversion de saisie, 122, *15°.* — *Id.* De résolution, 122, *16°.* — *Id.* Des notifications de saisie, 122, *12°.* — *Id.* Sur les copies, 121, *4°.* — *Id.* Sur le titre, 121, *4°.* — Notification aux parties, 122, *18°.* — Page commencée, 121, *3°.* — Quittance duplicata, 122, *10°.* — Radiation de saisie, 122, *13°.* — Refus d'inscrire, 122, *17°.* — Relevés sommaires, 122, *9°.* — Rôle d'écriture, 121, *3°.* — Supplément d'estimation, 117 et 118, *26°.* — Syllabes, 121, *3°.* — Titre de propriété, 121, *2°.* — Transcription de saisie, 122, *12°.* — Serment 108, *3.* — Signature des actes de la conservation, 114, *18.* — Signature des parties, légalisation, 78 à 81, *343.* — Signification, V. *ce mot* et *Notification administrative.* — Solidarité, 118 et 119, *29.* — Solution des difficultés, 119, *33.* — Tables alphabétiques, 82, *347.* — Taxe des frais d'immatriculation, 105, *7.* — Timbre, actes assujettis, V. *Timbre.* — Acte exempt de timbre, 115, *20.* — Titre de propriété, 24, *44* et *ss.* — Titres annulés, conservation, 25 et 26, *50.* — Traduction, 123, *1.* — Traitement, 114, *17.* — Vacance du bureau, 108 et 109, *3.*

Conservation des actes. — 4 et 5, *21;* 78 à 81, *343.*

Consignation du prix. — 69 et 70, *281.* — En matière de saisie, 101, *10.*

Consommation. — Usufruit, 35, *100.*

Construction. — 2, *4;* 3, *14;* 6 à 9, *23;* 24, *44;* 28 et 29, *64;* 42 et 43, *150.* — Autorisation préalable, 45, *165.* — Construction au-dessus des rues, 45, *165.* — Urbaine, 50, 187. — Élévation, 50, *187.* — Matériaux, 29, *66* et *ss.* — Préemption, 31 et 32, *77.* — Prohibition de bâtir, 52 et 53, *196.* — Propriété, 32, *65* et *ss.* — Superficie, 42 et 43, *150.* — V. *Mitoyenneté.*

Consul. — Inscription, 88, *359.* — Légalisation de signature, 78, *343.*

Contenance. — Déclaration, 6 à 9, *23.* — Titre de propriété, 24, *44.* — Adjudication d'enzel, défaut de garantie, 186, *8.* — Calcul, 165, *91* et *ss.* — Exactitude, tolérance, 165, *93.*

Contestations. — Conservation de la propriété foncière, V. *Compétence; Conservateur; Oppositions.* — Service topographique, V. *Difficultés.* — Constitution de biens habous en enzel, 178 et 179, *15.*

Contrat de mariage. — Hypothèque de la femme, 61, *243.* — Mentions dans les écrits présentés à l'inscription, 78 à 81, *343.*

Contre-vérification. — D'une des

opérations de contrôle faites par les vérificateurs, 133, *4*. — D'un travail rejeté, 165, *89*.

Contribution aux dettes. — Usage et habitation, 41, *144*. — Usufruit, 38, *119*.

Contributions. — Antichrèse, 56, *220*. — Charge des fruits, 38, *119*. — Usage et habitation, 41, *144*. — Charge de l'enzel, 184, *7*.

Contrôleurs civils. — Légalisation de signature, 78 à 81, *343*. — Notification au cheikh, 10 et 11, *26* — Notification administrative, 19 à 21, *41*.

Conventions. — Conventions successives, 87 et 88, *357*. — Enzel, amortissement de rente, 33, *86*. — Inexécution des conventions, 78, *342*. — V. *Inscription*.

Convention matrimoniale. — V. *Contrat de mariage*.

Copie. — Conservation de la propriété foncière. — Actes conservés, 78 à 81, *343*. — Foi due aux copies, 78 à 81, *343*. — Frais, 6 à 9, *23*. — Inscriptions, copie littérale, 84, *352*. — Pièces déposées par les tiers détenteurs, 6 à 9, *23*. — Procès-verbaux d'oppositions, 12 à 14, *27* et *28*. — Tiers détenteurs 6 à 9, *23*. — Titres déposés, 78 à 81, *343*. — Copie de titre de propriété, annulation, 25 et 26, *50*. — Ayants-droit, 26, *51*. — Certificat de conformité, 84, *352*. — Conformité, 92, *374* et *ss*. — Délivrance, 85, *353*; 87, *356*. — Falsification, 94 et 95, *381*. — Inscription non portée sur la copie, 92, *375*. — Mention des inscriptions, 92, *374*. — Nombre de copies, 26, *52*. — Omission, 93, *377* et *ss*. — Perte de la copie, 92, *376*. — Production des copies, 92, *375*. — Timbre, 115, *20*. — *Id*. Exemption, 115, *20*. — Service topographique. — Plans faits dans les bureaux, 134, *6*. — Ne peuvent être délivrés par les géomètres, 135, *14*. — Du journal à envoyer aux chefs de service, 137, *20*. — Enzel des immeubles habous. — Insertion de l'avis de mise aux enchères au journal officiel, 177, *11*. — Copie des titres produits, 178, *13*. — *Id*. Tarif, 183.

Coordonnées. — Calcul, 153, *45* et *ss*. — Tableau des coordonnées à la fin du cahier des calculs, 155, *51*.

Co-propriétaire. — V. *Indivision, Préemption*.

Corbeaux. — 45, *164*.

Cote et paraphe. — Registres de la conservation, 83, *349*; 114, *18*. — *Id*. Des interprètes, 126, *15*. — *Id*. Des oppositions, 12 et 13, *27*. — *Id*. Déposés au chara pour les avis d'adjudications d'enzel, 177, *9*.

Couleur. — V. *Teintes*.

Coupes verticales. — Mesurage et rapport, 168 et 169, *3* et *5*.

Coupes de bois. — 4, *7*; 42, *102* et *ss*.

Cour. — Mur mitoyen, 45, *163* et *ss*.

Cours d'eau. — V. *Alluvion; Étang; Fleuve, Rivière*.

Couvertures. — Réparations, 37, *117*.

Crayon. — Inscriptions au crayon à laisser intactes, 156, *58*. — Autorisées conditionnellement pour les calepins, 156, *58*.

Créanciers. — Expropriation forcée, 71, *288*. — Intervention, 39 et 40, *127*; 40, *131*. — V. *Usufruit*.

Crédi-rentier. — Enzel, 33, *86*. — V. *Rente de l'enzel*.

Criées des adjudications d'enzel. — Salle des criées du chara, 178, *12*. — Affiches de l'avis des mises aux enchères, 178, *12*. — Langue arabe, 179, *17*. — Résultat des enchères provisoires, 179, *20*. — Enchères définitives, 179, *19*. — Frais de criées, 185, *9*.

Croquis. — Du projet de triangulation, 145, *17*. — Inscriptions sur le terrain au crayon et à l'encre, 158, *56*. — Tenue, 156, *57* et *ss*.

Curateur. — Amende, 117 et 118, *26.* — Délaissement par hypothèque, 65, *267.* — Évaluation insuffisante, 117 et 118, *26.* — Expertise, 117 et 118, *26.*

Cuves. — 2 et 3, *10.*

D

Date. — Hypothèque, 64, *260.* — *Id.* Date du dépôt, 78 à 81, *343.* — V. *Droits réels ; Inscription.* — Insertion au journal officiel des avis de constitution d'enzel, 177, *11.* — Prise de possession de l'enzel, 176, *6.* — Passation de l'acte constitutif d'enzel, 176, *6 ;* 186, *10.* — Payement de la rente d'enzel, 176, *6;* 186, *10.*

Débi-rentier. — V. *Enzeliste.*

Décamètre. — V. *Ruban d'acier.*

Décharges des étangs. — 30, *70.*

Déchéance. — Action résolutoire, 68, *279.* — Opposition, requête tardive, 19 à 21, *41.* — Préemption, 32, *80.* — Purge, surenchère, 70, *284.* — Vues, 50, *186* et *ss.* — Perte de recours pour l'adjudicataire en matière de saisie, 102, *12.*

Décision du chara. — Notifiée au notaire commis aux formalités d'enzel, 175, *5.*

Décision du tribunal mixte. — V. *Tribunal mixte.*

Déclaration d'immatriculation. — 6 à 9, *23.* — Affiche, 9 et 10, *52.* — Destination, 9 et 10, *25 ;* 14 et 15, *31.* — Traduction, 6 à 9, *23.* — V. *Immatriculation ; Publications.*

Défense au fonds. — 16 et 17, *35* et *ss.*

Défenseurs. — V. *Avocats-défenseurs.*

Dégâts. — Dans les propriétés par les géomètres, 136, *78.*

Dégradations. — Immeuble hypothéqué, 64, *256.* — Usufruitier, 39, *127* et *ss.* — *V. Détérioration.*

Délai. — Accusé de réception, 9, 10, *25.* — Action résolutoire, option, 68, *279.* — Affiche des réquisitions, 9 et 10, *25.* — Avis préalable au bornage, 10 à 12, *26.* — Avis aux parties du jour où sera rendue la décision du tribunal mixte, 19 à 21, *41.* — Avis aux parties de la décision, 21 et 22, *42.* — Bénéfice du terme, 65, *262 ;* 68, *278.* — Capacité des parties, instances, 85 et 86, *354.* — Cote et paraphe des registres, 114, *18.* — Déchéance, 19 à 21, *41.* — Déclaration d'immatriculation, affiche, 9 et 10, *25.* — *Id.* Envoi au juge de paix et au caïd, 9 et 10, *25.* — *Id.* Insertion au journal officiel, 9 et 10, *25.* — *Id.* Publication dans les marchés, 9 et 10, *25* et *ss.* — Consignation du prix d'adjudication en matière de saisie, 101, *10.* — Délai des distances, 19 à 21, *41;* 32, *80;* 69, *280.* — Dépôt au greffe du registre des dépôts, 82, *345.* — Dossier des oppositions, envoi au conservateur, 13 et 14, *28.* — Expertise, 117, *25:* V. *ce mot.* — Fruits immobilisés, 66, *269.* — Immobilisation des fruits, 66, *269.* — Inscription conservatoire, suspension des inscriptions, 27, *55.* — Inscription provisoire, 85, *354.* — Insertion au journal officiel, 9 et 10, *25* et *ss.* — Instance, capacité des parties, 85 et 86, *354.* — Introduction des instances, capacité des parties, 85 et 86, *354.* — *Id.* Opposition, 19 à 21, *41.* — Jours fériés, 85, *354;* 108, *2.* — Jugement, 85, *354* ; V. *ce mot.* — Notification à fin de purge, 67, *276.* — Opposition et réclamation, 12 et 13, *27.* — *Id.* Introduction des instances, 19 à 21, *41.* — Opposition à saisie, 73, *297.* — Option, action résolutoire, 68, *279.* — Plan, 14, *29* et *ss.* — Préemption, 32, *80* et *ss.* — Prorogation de délai, 14, *30;* 15, *31.* — Purge, 67, *276* et *ss.* — Réclamation, V. *Opposition.* — *Id.* En matière de vue, 50, *187.* — Réponse aux oppositions, 19 à 21, *41.* — Revendication de terrains enlevés par les eaux, 30, *71*. — Sommation de poursuivre l'adjudication, 70, *284*. — Terme, 65, *262*. — Traductions, 126, *17*. — Ventes des biens hypothéqués, 65, *264*. — Vues, réclamation, 50, *87*. — Service topographique : demande de contre-vérification, 165, *89*. — Constitution des habous en enzel : recevabilité de la demande de mise aux enchères, 175, *4* et *5*. — Communication du dossier des habous particuliers à l'administration des habous, 177, *10*. — Formalités préliminaires des enchères, 176, *8*. — Insertion au journal officiel, 177, *11*. — Délivrance des copies de pièces, 178, *13*. — Durée des enchères, 179, *18* et *19*. — Command, élection, 183 et 184, *3*. — *Id*. Acceptation, 183 et 184, *3*. — Passation de l'acte constitutif, 176, *6*. — Prise de possession, 176, *6*. — Immatriculation du fonds, 180, *21*.

Délaissement. — Par hypothèque, 65, *263* et *ss*.

Délégation. — Expropriation forcée, délégation du revenu, 72, *294*.

Délibéré. — Présence des parties, 21 à 23, *42*.

Délivrance. — V. *Livraison*.

Demandes. — Travaux topographiques particuliers, 135, *13*. — Contre-vérification du travail rejeté, 165, *89*. — Mise aux enchères de l'enzel des habous, 173, *1*. — Pièces à joindre, 194, *2*. — Magistrat compétent, 174, *3*; 178, *14*. — Délai, 175, *4*. — Notification de la décision, 175, *5*. — Clauses accessoires insérées au cahier des charges, 176, *7*. — Inscription sur le registre du chara, 176 et 177, *8* et *ss*. — Insertion au journal officiel, 177, *11*. — Quittance des frais, 177 et 178, *11*.

Démembrement des immeubles. — 24 et 25, *46*. — Passage, 51, *191*.

Dépenses utiles. — Antichrèse, 57, *227*.

Déplacement. — 178, *13*. — V. *Communication*.

Déplacements. — Autorisés donnant seuls droit aux frais de voyage, 139, *5*. — Remboursement sur mémoire, 139, *5*.

Dépôt. — Acte à inscrire, 78 à 81, *343*. — Copies, 6 à 9, *23*. — Frais d'immatriculation, 9, *24*. — Légalisation avant dépôt, 78 à 81, *343*. — Plans, 14, *29* et *ss*., — Reconnaissance de dépôt, 82, *346*. — Reconnaissance d'écriture, 78 à 81, *341*. — Registre des dépôts, 81 et 82, *344*. — Id. dépôt au greffe 82, *345*; 114, *19*. — Id. tenu en double, 82, *345*; 114, *19*. — Titre et traduction, 6 à 9, *23*; 19 à 21, *41*.

Descente sur les lieux. — Frais, 23, *43*.

Destruction. — Arceaux, 45, *165*. — — Fonds, 42, *149*; 43, *152*.

Détails. — Intérieurs des propriétés levés sur demande, 140, *6*; 158, *69*. — Méthode pour lever les détails, 155, *53*.

Détérioration. — Antichrèse, 57, *227*. — Tiers-détenteur, 66, *268*. — Usufruit, 35, *101*. — V. *Dégradations*.

Dette personnelle. — Enzeliste, 33, *89*. — Tiers détenteur des immeubles, 65, *262* et *ss*.

Dettes liquides. — V. *Charges; contribution aux dettes; expropriation forcée*.

Différence. — V. *Tolérance*.

Difficultés. — Règlement des indemnités, 139, *4*.

Digues. — Réparations, 37 et 38, *117*. — Servitudes, 43 et 44, *155*.

Directeur général des travaux publics. — Attributions, 129, *1*. — Nomination du personnel assermenté, 130, *3*. — Id. du personnel non assermenté, 130, *3*. — Avances sur travaux exigeant plus de deux mois, 139, *4*. — Difficultés sur le règlement des indemnités, 139, *4*. — Retenue à faire aux géomètres, 164, *88*.

Discussion. — Expropriation forcée, 71, *289*.

Distance. — Fenêtres et ouvertures, 50, *184* et *ss*.—Ouvrages et plantations, 48, *180*. — V. *Délai des distances*.

Distribution du prix. — Procédure, 73, *299*. — En matière de saisie, 101, *11*.

Division des immeubles. — 24 et 25, *46*. — Passage, 51, *191*. — Servitudes, 54, *206*.

Djemaia des habous. — V. *Administration des habous*.

Dol. — 18, *38*. — Usufruit, 35, *101*.

Domaine public. — Dessus des rues, 45, *165*. — Droits du domaine public, 21 à 23, *42*. — Inscription, 21 à 23, *42*. — Rues, 45, *165*.

Domicile élu. — Commandement à fin de saisie, 73, *299*. — Conservateur, 109 et 110, *6*. — Conservation, 83, *350*. — Changement de domicile, 83, *350*. — Déclaration d'immatriculation, 6 à 9, *23*. — Domicile de droit, 83, *350*. — Demandes d'immatriculation, 6 à 9, *23*. — Inscription, 83, *350*. — Opposition à contrainte, 119 et 120, *34*. — Id. à l'immatriculation, 19 à 21, *41*. — Signification à la conservation, 84, *351*. — Surenchère, 69, *280*.

Domicile réel. — Déclaration d'immatriculation, 6 à 9, *23*. — Surenchère, 69, *280*. — Témoins certificateurs, 78 à 81, *343*.

Dommage. — Passage, 51, *189*. — Surenchère; division des objets, 70 et 71, *286*.

Dommages-Intérêts. — Action personnelle en cas de dol, 18, *38*. — Communication des titres, 6 à 9, *23*. — Constructions et plantations; matériaux d'autrui, 29, *66* et *ss*. — Immatriculation : lésion, 18, *38*.

Donation. — Caution; usufruit réservé, 37, *113*. — Inscription, 90, *365*. — Purge. V. *ce mot*.

Dot. — Hypothèque forcée, 60, *239*.

Droits litigieux. — Inscription conservatoire, 26 et 27, *53*.

Droits matrimoniaux. — Hypothèque forcée, 60, *239*.

Droits réels immobiliers. — 3, *12* et *ss*. — Annulation, inscription des demandes, 26 et 27, *53*. — Condition d'existence, 3, *15* et *ss*; 78, *342*. — Confusion, 66, *270*. — Conventions à inscrire, 78 à 81, *343*. — Désignation dans la déclaration d'immatriculation, 6 à 9, *23*. — Droits éteints momentanément, réinscription, 66, *270*. — Droits susceptibles d'expropriation, 71, *287*. — Faits à inscrire, 78 à 81, *343*. — Inscription au moment de l'immatriculation, 4, *19*; 17, *37*. — Inscription après immatriculation, 78, *342*. — Inscription des demandes de modifications, 26 et 27, *53*. — Mentions sur le titre de propriété, 84, *351*. — Modifications; inscription des demandes, 26 et 27, *53*. — Point de départ, 3, *15* et *ss*; 78, *342*. — Succession; inscription, 89 et 90, *363* et *ss*. — Suite (droit de), 59, *231*; 65, *261*; 67, *275*. — Tiers-détenteur, V. *Confusion*. — V. *Inscription*.

Droits à payer. — V. *Frais*, *Tarif*.

Duplicata. — Copie de titre, 26, *52*.

Durée des inscriptions. — 25, *47*.

E

Eaux. — V. *Cours d'eau*, *Lac*.

Eaux pluviales. — Egouts, 50 et 51, *188*. — Servitudes, 43 et 44, *155*.

Ébauchoir. — 46, *168*.

Échalas. — 36, *105*.

Échange. — Purge. — V. *ce mot*.

Échéance. — V. *Date*.

Échelles. — Des canevas trigonométriques, 148, *29*. — Des canevas polygonaux, 155, *52*. — Pour le rapport des plans, 159, *71*; 169, *5*.

Écrit. — Conventions qui doivent être écrites, 78 à 81, *343.* — Légalisation des signatures, 78 à 81, *343.* — Nécessité d'un écrit, inscription 78 à 81, *343.*

Écritures. — Sur les croquis 156, *56* et *ss.* — Sur les plans, 160, *72* et *ss.*

Égout des toits. — 45, *164;* 50 et 51, *188.* — Servitude continue, 52, *195.*

Élèves-géomètres. — Nommés par arrêtés du directeur général des travaux publics, 130, *3.* — Durée du stage, 132, *3.* — Placés auprès des géomètres, 134, *11.*

Émoluments du personnel. — 130, *7.*

Emphytéose. — Définition, 42, *146.* — — Droit réel, 3, *13.* — Durée, 42, *147.* — Expropriation, 71, *287.* — Faculté d'achat, 92, *372.* — Hypothèque, 42, *148;* 59, *233.* — Inscription, 91, *368.* Usufruit, 34, *93.* — Vente, 42, *148.* — Extinction, 42, *149.*

Employés. — Nommés par arrêté du directeur général des travaux publics, 130, *3.* — Émoluments, 130, *7.* — Attributions, 134, *6.*

Enchères publiques. — Mode de constitution des habous en enzel, 173, *1;* 178, *15.* — Capacité pour enchérir, 179, *17;* 183, *2.* — Certificat remis à l'enchérisseur, 180, *22.* — Chara, inscription de la demande au registre, 176, *8.* — *Id.*, surveillance du magistrat, 178, *14.* — Command, 183, *3.* — Contestations, 178 et 179, *15,* délais, 175, *4;* 176, *6.* — Demande de mise aux enchères, 173 et 174, *1.* — Droits mis aux enchères, 175, *4,* durée des enchères, 179, *18* et *ss.* — Enchérisseur lié par son offre, 179, *20.* — Frais des enchères, 185, *9.* — Jours des enchères, 178 et 179, *15* et *ss.* — Lieu des enchères, 178 et 179, *15* et *ss.* — Mise à prix, 184, *4;* 179, *17.* — Notaire commis, 174 et 175, *3;* 176, *8;* 177, *10* et *ss.* Offres égales, 179, *19.* — Ordre des enchères, 179, *18* et *ss.* — Police des criées, 178 et 179, *15.* — Protestations, 181 et 182, *29.* — Président des enchères, 178 et 179, *15, 17* et *ss.* — Résultat, inscription au registre, 179, *20.* — Versement de garantie, 185 et 186, *9* et *10.* — V. *Adjudication.*

Enchérisseur. — Certificat constatant cette qualité, 180, *22.* — Enchérisseur lié par son offre, 179, *20.* — Offres légales, 179, *19.* — Versement de garantie, 185 et 186, *9* et *10.*

Enclave. — Passage, 51, *189.*

Enclos. — Mur mitoyen, 45, *163.*

Enfoncements. — Mur mitoyen, 46, *171.*

Engagements. — V. *Obligations.*

Engrais. — 2 et 3, *10.*

Enquête. — V. *Juge-Commissaire.*

Entretien. — Antichrèse, 56, *220.* — Clôture mitoyenne, 47 et 48, *176.* — V. *Réparations.*

Enzel. — Amortissement, 33, *86.* — Acte constitutif, 174 et 175, *3.* — Arrérages et rente d'enzel, 33, *83* et *ss.;* 91, *368.* — *Id.* échéances, 176, *6.* — id., intégralité, 184 et 185, *7;* 186, *10* et *ss.* — Command, 183, *3.* — Conditions essentielles, 176, *6.* — *Id.*, accessoires, 176, *7.* — Communication des dossiers au tiers, 178, *13.* — Connaissance du fonds, 185, *8.* — Constitution des habous en enzel, 173, *1.* — Contestation, 181, *29.* — Copie du titre, 26, *51.* — Débi-rentier, 5, *22;* 33, *89.* — Définition 33, *83.* — Demande de mise aux enchères, 173 et 174, *1.* — *Id.* Magistrat du chara, 174, *3* et *ss.* — *Id.* Délai pour statuer, 175, *4.* — Id. Pièces à joindre à la demande, 174, *2.* — Notification de la décision, 175, *5.* — Rejet de la demande, 175, *5.* — Dettes personnelles, 33, *89.* — Droit réel, 3, *13.* — Engagement pris par l'adjudicataire, 184, *5.* — Expropriation, 71, *287;* 186, *15.* — Hypothèque, 59, *233.* — Immatriculation, 5, *22;* 180, *21.* — Inscription, 33, *84;* 88, *358;* 91,

368. — Insertion au journal officiel, 177, *11.* — Jours des enchères, 178, *15;* 179, *18.* — Lieu des enchères, 178, *15.* — Mention sur le titre de propriété, 84, *351.* — *Id.* V. *Titre de propriété.* — Mise à prix, 179, *17;* 181, *4.* — Notaire commis aux enchères, 176, *8.* — Obligations de l'enzeliste, 33, *86* et *ss.;* 184, *5.* — Ordre des adjudications, 179, *18* et *ss.* — Passation de l'acte, 186, *10.* — Prescription des arrérages, 33, *85.* — Prise de possession, 176, *6;* 186, *11.* — Privilège, 33, *87;* 186, *10.* — *Id.;* Inscription d'office, 88, *358.* — Registre du chara, 176, *8* et *ss.;* 179, *20.* — Remboursement, 33, *86.* — Remise aux enchères, 181, *23 ;* rente perpétuelle, 34, *83;* 91, *368.* — V. *Arrérages.* — Résultat des enchères, 179, *20.* — Tarif des frais, 183. — Translation, 186, *14.* — Usufruit, 34, *93.* — Vente de l'immeuble, 33, *88.* — Visites de l'immeuble, 176, *6;* 183, *1;* 184, *6.*

Enzeliste. — Connaissance du fonds pris à enzel, 185, *8.* — Servitudes, 184, *7.* — Point de départ des droits et obligations, 186, *11.* — Payement de la rente, négligence, 186, *13.* — *Id.* Retard, 186, *14.* — Inspection de l'immeuble par les habous, 184, *6.* — Expropriation, 186, *15.* — Immatriculation, 180, *21.*

Équerre. — Emploi sur le terrain, 155, *53.*

Erreur. — V. *Inscription, Rectification; Titre de propriété.*

Escalier. — 46 et 47, *173.*

Espalier. — 48, *180.*

Étable. — 49, *183.*

Établissement des plans. — V. *Plans.*

Étangs. — Alluvion, 30, *70.* — V. *Poissons.*

État. — Propriété des iles, 30, *72.* — V. *Domaine public.*

État civil. — Déclaration : dans la réquisition d'immatriculation, 6 et 7, *23,* dans les écrits susceptibles d'être inscrits, 78 à 81, *343.* — Dans les certificats de droits héréditaires, 90, *366.* — Témoins, 78 à 81, *343.*

État des lieux. — Servitudes, 54, *207.* — Usage et habitation, 41, *135* et *ss.* — Usufruit, 37, *112.*

État d'inscriptions. — Action résolutoire, 67, *276.* — Copie littérale des inscriptions, 84, *352.* — Désignation insuffisante, 93, *377.* — État limitatif, 84, *352.* — Falsifications, 94 et 95, *381.* — Hypothèque forcée du vendeur, 67, *276.* — Jugement ordonnant la délivrance, 87, *356.* — Notification à fin de purge, 67, *276.* — Omission, 93, *377.* — Relevés sommaires, 84, *352.* — Réquisition (transcription des), 84, *352.* — Timbre, 115, *20.* — V. *Conservateur, Salaires.*

État des frais. — V. *Frais d'immatriculation.*

États périodiques. — Rapport d'ensemble sur la tournée annuelle du chef de service, 133, *4.* — Copie du journal des vérificateurs et des géomètres (mensuel), 137, *20.* — État de situation des travaux des géomètres (mensuel), 137, *20.*

Étranger (Actes faits à l'). — Droits successifs, certificats, 90, *366.* — Hypothèque, 63, *251.* — Inscription, 90, *366.*

Européens. — Droits successifs; certificats, 90, *366.* — Légalisation de signatures, 78 à 81, *343.*

Évaluation. — Déclaration d'immatriculation, 6 à 9, *23.* — V. *Expertise.*

Examen. — Des plans terminés et des pièces, 161, *78* et *ss.*

Examens. — A subir par les géomètres et élèves géomètres, 130, *5;* 131, *2.* — En fin de stage, 132 et 133, *3.* — V. *Interprète.*

Excédent. — Mur mitoyen, 46, *170.*

Exécution des plans. — V. *Plans.*

Exhaussement. — Mur mitoyen, 46, *169* et *ss.*

Expédition. — Actes à inscrire, 78 à 81, *343;* 90, *364* et *ss.* — Décision du tribunal mixte, 21 à 23, *42.* — Expéditions multiples, 78 à 81, *343.* — Plan, 24 et 25, *46.*

Expert. Expertise. — Capital, 117, *25.* — Compétence, 117, 118, *26.* — Curateur, responsabilité, 117 et 118, *26.* — Délai pour requérir l'expertise, 117, *25.* — Demande, 117, *26.* — Droits supplémentaires, 117 et 118, *26.* — Frais, 117 et 118, *26.* — Juge de paix, 117, *26.* — Mitoyenneté, 46, *171.* — Nomination d'expert, 117, *26.* — Notification à la partie, 117, *26.* — Préemption, 32, *79.* — Procès-verbal, 117, *26.* — Revenu, 177, *25.* — Requête, 117 et 118, *26.* — Supplément d'estimation, 117 et 118, *26.* — Tuteur; responsabilité, 117 et 118, *26.* — Valeurs sur lesquelles les salaires sont assis, 116, *23.*

Expropriation forcée. — Adjudication, 72 et 73, *295;* 73, *297.* — Annulation de poursuites, 73, *298.* — Antichrèse, 56 et 57, *222.* — Appel, 73, *297.* — Autorisation de justice, 72, *291.* — *Id.* du Président du tribunal civil, 72, *293.* — Baux inscrits, 72, *294.* — Commandement, 65, *264.* — Commandement préalable, 73, *299.* — *Id.* Signification au conservateur, 73, *299.* — Communauté, 72, *291.* — Créanciers; intervention, 71, *287.* — Consignation du prix, 101, *10.* — Délai de l'opposition, 73, *297.* — Délaissement par hypothèque, 65, *264.* — Délégation du revenu, 72, *294.* — Dette certaine et liquide, 72 et 73, *295.* — Dire rectificatif, 101, *7.* — Discussion, 71, *289.* — Distribution du prix, 101, *11.* — Droits réels susceptibles d'expropriations, 71, *287.* — Femme mariée; autorisation, 72, *291.* — *Id.* mariée à un mineur, 72, *291.* — Femme mineure, 72, *291.* — Immatriculation, 99, *1.* — Immeuble de communauté, 72, *291.* — Immeuble propre à la femme, 72, *291.* — Immeuble non hypothéqué, 72, *292.* — Indivision, 71, *288;* 71, *290.* — Inscription, 73, *299.* — Intervention des créanciers, 71, *287.* — Jugement définitif ou provisoire, 73, *297.* — *Id.* par défaut, 73, *297.* — *Id.* exécutoire par provision, 73, *297.* — Jugement du tribunal mixte, 101, *7.* — Licitation, 71, *288.* — Nullité de la vente, 101, *11.* — Opposition, 72, *294.* — Partage, 71, *288.* — Perte de recours, 102, *12.* — Pluralité d'immeubles; ventes simultanées, 72, *293.* — Procédure, 73, *299.* — Refus d'autorisation du mari, 72, *291.* — Signification du commandement, 73, *299.* — *Id.* du transport, 73, *296.* — Suspension de poursuites, 72, *294.* — Titre inscrit et exécutoire, 72 et 73, *295.* — Transport, 73, *296.* — Tuteur, 72, *291.* — V. *Purge.*

Expropriation pour cause d'utilité publique. — 27, *57;* 186, *15.*

Extinction des servitudes. — 55, *209* et *ss.* — V. *Servitudes.*

F

Faculté (actes de). — Expropriation d'enzel, 186, *15.* — Immatriculation d'enzel, 180, *21.*

Fait de l'homme. — Servitudes, 52, *195.* — Tiers-détenteur, 66, *268.*

Faute. — Débiteur hypothécaire, 64, *256.* — Usufruit, 35, *101;* 39, *127.*

Faux. — Certificats, 94 et 95, *381.* — Copies, 94 et 95, *381.* — Écritures de commerce, 94, note. — Écritures publiques, 94, note. — États, 94 et 95, *381.* — Peines, 94 et 95, *381.* — Témoins, 94 et 95, *381.* — Titres divers, 94 et 95, *381.* — Usage, 94 et 95, *381.*

Femme mariée. — Autorisation de justice, 72, *291.* — Détermination de l'hypothèque, 61, *243* et *ss.* — Expropriation forcée, 72, *291.* — Hypothèque forcée, 60, *239.* — Inscription, 88, *360.* — Minorité de la femme, 72, *291.* —

Minorité du mari, 72, *291*. — Refus d'autorisation par le mari, 72, *291*. — Tuteur, 72, *291*.

Fenêtre. — 50, *184* ; 52 et 53, *196*.

Feuilles volantes. — Emploi interdit pour inscription des notes, 157, *60*.

Fil à plomb. — Son emploi dans les plans des propriétés urbaines, 168, *2*.

Filets de pierre. — 45, *164*.

Fleuve. — Alluvion, 30, *68* et *ss*.

Foi due aux titres et aux inscriptions. — 98, *2*. — Aux copies délivrées par le conservateur, 78 à 81, *343*. V. *Bonne foi*.

Fonds de terre. — 2, *4*; 3, *14*; 42 et 43, *150*.

Forclusion. — V. *Délai*.

Forêt. — V. *Bois*.

Forge. — Construction, 49, *183*. — Ustensiles, 2, *10*.

Formalités préliminaires des enchères d'enzel. — 176, *8* et *ss*.

Forme des registres. — Inscription, 64, *259*. — Titres de propriété, 24, *45*.

Formule — Déclaration d'immatriculation, 6 à 9, *23*.

Fosse d'aisance. — 49, *183*.

Fossé. — Mitoyen. — 44 et 45, *162* ; 47, *175* et *ss*.

Fouilles. — 28 et 29, *64*.

Four, Fourneau. — 49, *183*.

Frais de culture. — 28, *60*.

Frais d'immatriculation. — Barème, 106. — Consignation, 9, *24*; 105, *7*. — Copie des pièces communiquées par des tiers, 6 à 9, *23*. — Consignation complémentaire, 105, *8*. — Excédent de la consignation, 105, *7*. — Versement au Trésor, 105, *7*. — V. *Indemnités*, *Rétributions*.

Frais d'instance devant le tribunal mixte. — 23, *43*.

Frais (autres). — D'auxiliaires et autres à la charge des géomètres, 139, *3*. — De voyage à rembourser aux géomètres sur mémoire, 139, *5* ; 166 et 167, *2*. — Insertion d'avis d'enzel au journal officiel, 177 et 178, *11*. — Autorisation de constituer l'enzel, 185, *9* ; 186, *12*. — Droits de timbre de mutation, 187, *10*. — Recouvrement de la rente d'enzel, 187, *13*. — Immatriculation d'enzel, 180, *21*.

Frais et loyaux coûts. — 70, *283*.

Fraude. — 31, *76*.

Fruits. — Antichrèse, 56, *217* et *ss*. — Charges des fruits, 38, *119*. — Droits des tiers, 28, *60*. — Fruits des arbres, 2, *6*. — Id. civils, 28, *59* ; 34, *94*; 34, *97* et *ss*. — Id. industriels, 34, *96*. — Id. naturels, 28, *59* ; 34, *94* et *ss*. — Immobilisation, 66, *269*. — Mitoyenneté, 48, *178* et *ss*. — Possesseur de bonne foi, 28, *61*. — Usage et habitation, 41, *139*. — V. *Récoltes*.

Futaies. — 2, *7* ; 35, *102*.

G

Garenne. — V. *Lapins*.

Géomètres. — Nommés par décret, 130, *3*. — Révocation, 131, *12*. — Attributions, 134, *8*. — Négligence ou refus d'obéissance, 134, *10*. — Élèves placés sous leurs ordres, 134, *11*. — Absences doivent êtres autorisées, 135, *12*. — Travaux particuliers doivent être autorisés, 135, *13*. — Interdiction de délivrer copie ou extrait de leurs travaux, 135, *14*. — Matériel et instruments, 135, *15* et *ss*. — Dégâts dans les propriétés, 136, *18*. — Registre de correspondance et livre-journal, 136, 137, *19*. — Copie du journal à envoyer à la fin du mois, 136, 137, *20*. — Bornage provisoire, 10, *26* ; Division d'immeubles, 24 et 25, *46* ; exécution des plans et tarifs, 14, *29* ; 137, *2* et *ss*. payement des travaux après achèvement et vérification, 139, *4*. — Retenues, 147, *7*. — Méthode pour le lever des plans sur le terrain, 141, *1* et *ss*. — Gratifications prélevées sur les fonds des retenues et amendes, 140, *7*. — Assistance du géomètre aux opérations de vérifications, 163, *84*.

Glaces. — 3, *11;* 37, *111*.

Gouvernement tunisien. — Présentation des membres du tribunal mixte, 16, *33*.

Greffe, Greffiers. — Justice de paix : indemnité, 104, *4*. — Notifications administratives, 19 à 21, *41*. — Registre des oppositions, 12 et 13, *27*. — Tribunal civil : action résolutoire, option, avis au conservateur, 68, *278*. — Commission du conservateur ; enregistrement, 108, *3*. — Délaissement par hypothèque ; avis au conservateur, 65, *267*. — Double du registre des dépôts, 82, *345*. — Notifications administratives, 19 à 21, *41*. — Préemption, tirage au sort, 32, *79*. — Tribunal mixte : avis aux parties, 21 à 23, *42;* 19 à 21, *41*. Communication du dossier au service topographique, 19 à 21, *41*. — Communication du dossier des oppositions, 19 à 21, *41*. — Décision, avis, 21 à 23, *42*. — *Id.* expédition, 21 à 23, *42*. — Déclaration d'immatriculation, envoi au greffe, 14 et 15, *31;* Dossiers, envoi au greffe, 14 et 15, *31* ; 16, *33*. — Communication, 19 à 21, *41* et *ss*. — Remise au juge rapporteur, 19 à 21, *41*. — Renvoi au conservateur, 21 à 23, *42*. — Indemnité au greffier, 104, *4*. — Minute des décisions, 21 à 23, *42*. — Nomination du greffier, 16, *33*. — Notifications administratives, 19 à 21, *41*. — Plan, 16, *33*. — Remise des pièces au juge rapporteur, 19 à 21, *41*. — Rôles, 104, *4*.

Griffe. — Annulation des titres, 25 et 26, *50*. — Copies des titres, 26, *52*. — Timbre de la conservation, 25 et 26, *50*.

H

Habous. — Charges grevant le bien habous, 184, *7*. — Communication du dossier d'enzel, 178, *13*. — Connaissance du fonds, 185, *8*. — Constatation du prix offert, 179, *18* et *20*. — Constitution en enzel, 173, *1*. — *Id.* forme de la demande, 173 et 174, *1*. — *Id.* titres et documents à produire, 174, *2*. — Id. autorisation pour les habous publics, 174, *2*. — Copie des titres, 178, *13*. — Enchères publiques, 178, *15* et *ss*. — Enzel non adjugé, 181, *23*. — Expropriation, 186, *15*. — Garde de l'immeuble, 176, *6;* 183, *1*. — Habous de la Djemaïa, 173 et 174, *1*. — *Id.* de la grande mosquée, 173 et 174, *1*. — *Id.* des haramins, 173 et 174, *1*. — *Id.* du collège Sadiki, 173 et 174, *1*. — Immatriculation des biens habous constitués en enzel, 180, *21*. — Immeubles peu importants, 180, *21*. — Notifications de la décision sur la demande, 175, *5*. — Privilège, 33, *87;* 186, *10*. — Servitudes, 184, 7. — Situation de l'immeuble, 174, *2*. — Visite de l'immeuble, 176, *6;* 184, *6*.

Habitation. — Droit réel, 3, *13*. — V. *Usage*.

Haie. — Mitoyenneté, 48, *177* et *ss*.

Héberge. — 45, *163*.

Homologation. — Hypothèque forcée, 61, *242*.

Honoraires. — Notaire commis aux enchères d'enzel, 182, *30*. — Assistance au bornage, 128, *8°*.

Hypothèque. — Abandon de poursuites, 66, *269*. — Absent, 63, *253*. — Action résolutoire, 62, *246;* 68, *279*. — Antichrèse (bien soumis à l'), 57, *226*. — Biens susceptibles d'hypothèque, 59, *233*. — Bonne foi (tiers de), 63, *252*. — Capacité, 62 et 63, *250;* 65, *265*. — Chiffre déterminé, 63, *254*. — Commandement de payer, 65, *254* et *ss*. — Concurrence, 64, *260*. — Condamnation, 65, *266*. — Condition, 63, *252;* 64, *257*. — Constitution de l'hypothèque, 59, *232*. — Contrat de mariage, 61, *243*. — Crédit, 64, *258*. — Curateur, 65 et 66, *267*. —

Date, 64, *260*. — Débiteur principal, recours, 66, *271*. — Définition, 59, *231*. — Dégradation, 64, *256*; 66, *268*. — Délaissement par hypothèque, 65, *263* et *ss*. — Détermination de la créance, 64, *257*. — Dispense d'hypothèque, 61, *245*. — Droit réel, 3, *13*. — Écrits faits à l'étranger, 63, *251*. — Emphytéose, 42, *148*. — Étrangers (écrits), 63, *251*. — Extinction, 77, *273*; 69 et 70, *281*. — Fruits immobilisés, 66, *269*. — Garantie excessive, 61, *241*; 61, *244*. — Greffe de la situation des biens, 65, *267*. — Hypothèque conventionnelle, 63, *255*. — *Id*. forcée, 60, *238* et *ss*.; 68, *278*. — *Id*. testamentaire, 63, *254*. — *Id*. volontaire, 60, *238*; 62, *250* et *ss*. — Immeubles insuffisants, 72, *292*. V. *Supplément d'hypothèque*. — Immeubles non hypothéqués, 72, *292*. — Indivisibilité, 59, *231*. — Inscription, 60, *238*; 89, *361*; 91, *368*. — Insuffisance du gage, 64, *256*. — Interdit, 63, *253*. — Jugement d'homologation, 61, *242*. — Mineur, 63, *253*. — Nature des immeubles, 63 et 64, *255*. — Obligation personnelle, 65, *265* et *ss*. — Option entre l'action résolutoire et l'hypothèque forcée, 68, *279*. — Perte des immeubles, 64, *256*. — Poursuites abandonnés, 66, *269*. — Purge, 65 *262*; 66, *272*. — Radiation, 67, *276*; 69 et 70, *281*; V. *Inscription*. — Rang, 64, *258* et *259*. — Recours, contre le débiteur principal, 66, *271*. — Réduction, 61, *241*; 61, *244*. — Remboursement de la créance, 64, *256*. — Renonciation, 67, *273*. — Rescision, 63, *252*. — Résolution, 63, *252*. — Spécialité, 63 et 64, *255*. — Sommation de payer ou de délaisser, 65, *264* et *ss*. — Suite, 59, *231*; 65, *261*; 67, *275*. — Superficie, 43, *151*. — Supplément d'hypothèque, 61, *241*; 64, *256*. — Testament, 63, *254*. — Tiers détenteur, 65, *262* et *ss*. — Tiers (existence vis-à-vis des), 64, *259*. — Titre constitutif, 63 et 64, *255*. — Tuteur, 60, *239* et *ss*. — Usufruit, contribution aux dettes, 38, *122*. — Validité, 63, *255*. — Vente, 62, *246*; 65, *264*. — Ventilation, 70 et *286*.

I

Iles et îlots. — Droit de l'État, 30, *72*.

Immatriculation. — Action immobilière, 18, *38*. — Action personnelle, 18, *38*. — Biens susceptibles d'être immatriculés, 3, *14*. — Déclaration, 6 à 9, *23*. — Dommages-intérêts, 18, *38*. — Salaires, 118, *28* et *ss*. — Évaluation, 116, *23* et *ss*. — Formalité facultative, 5, *22*. — Inscription. V. *ce mot*. — Lésion, 18, *38*. — Objet, 4, *18*. — Personnes qui peuvent requérir, 5, *22*. — Rectification du bornage et du plan, 21 à 23, *42*. — Réquisition, 6 à 9, *23*. — Timbre, 115, *20*.

Immeubles. — Accession 27, *58* et *ss*. — Définition, 2, *3*. — Désignation, 6 à 9, *23*. — Enzel, 33, *83* et *ss*. — Expropriation, 27, *57*. — Fruits, 28, *59*. — Immeubles contigus, 4, *20*. — Immeubles immatriculés, action immobilière éteinte, 18, *38*. — Immeuble par destination 2, *10*. — *Id*. par nature, 2, *4* et *ss*. — *Id*. par l'objet auquel ils s'appliquent, 3, *12*. — *Id*. ruraux, désignation, 6 à 9, *23*. — *Id*. urbains, 6 à 9, *23*. — *Id*. susceptibles d'être immatriculés, 3, *14*. — Indivision, préemption, 31, 77. — Nom, 6 à 9, *23*. — Possession, 28, *61*. — Préemption, 31, 77. — Propriété, 27, *56*. — Régime, 1, *1*; 4, *18*; 4, *20*. — Usufruit, 33, *90* et *ss*. — V. *Compétence; Droits réels; Habous; Perpétuelle demeure; Propriété*.

Impasse. — 50, *185*.

Impenses. — 66, *268*. — V. *Améliorations*.

Imprimés. — Fournis par l'administration, 135, *15*.

Incapables. — Devoirs du juge rapporteur, 14 et 15, *31*. — Inscription, 88, *359*. — Opposition, 15, *32*. — Payement des salaires, 118, *28*. — Personnes qui représentent les incapables, 14 et 15, *31* et *ss*; 88, *159* et *ss*. — Titre de propriété, 25, *48*. — V. *Femme mariée; Interdit; Mineur*.

Incendie. — Usufruit, 40, *133*.

Inconduite habituelle. — Cause de révocation des agents du service topographique, 131, *11*.

Indemnité. — Antichrèse, impenses, 57, *227*. — Division des objets frappés de surenchère, 70, *286*. — Expropriation d'immeubles tenus à enzel, 186, *15*. — Femme mariée, dettes du mari, 60, *239*. — Hypothèque forcée, 60, *239*. — Négligence du tiers, 66, *268*. — Passage, 51, *189*. — Refus d'autorisation de mise d'habous aux enchères, 175, *5*. — Tiers détenteur, détérioration, 66, *268*. — V. *Amélioration ; Dommages intérêts ; Récompense*.

Indemnités. — Caïd, 104, *4*. — Conservateur, 103, *2 ;* 114, *17 ;* 121. — Géomètres : bornage, 139, *5 ;* plans, propriétés rurales, 137, *2 ;* propriétés urbaines, 106, *1er* et *ss*. — Voyage, 139, *5*. — Greffiers, 104, *4*. — Interprètes : bornage, 128, *8°*. — Traductions de titres, 127 et 128, orales, 128, *7°*. — Journal officiel, 104, *4*.

Indigènes. — Droits successifs, certificats, 90, *366*. — Légalisation de signatures, 78 à 81, *343*. — Successions, régime, 1, *2*. — Statut personnel, 1, *2*.

Infraction. — Amende maximum pour chaque infraction, 130, *10*.

Indivision. — Antichrèse, 57, *225*. — Expropriation forcée, 71, *288*. — Interdit, 72, *290*. — Licitation, 71, *288*. — Majeurs et mineurs, 71, *290*. — Partage, 71, *288*. — Préemption, 31 et 32, *77* et *ss*. — Titres des propriétés indivises, 26, *52*.

Inscription. — Actes qui doivent être inscrits, 78 à 81, *343*. — Action résolutoire, 62, *46* et *ss. ;* 68, *278*. — Annulation, 3 et 4, *16 ;* 26 et 27, *53*. — Antichrèse, 91, *368*. — Arrêtés du registre, 80 à 82, *343*. — Arrérages, V. *Cession ; Enzel*. — Bail, 4, *17 ;* 78, *343*, 89, *362*, 91, *368* et *ss*. — Bail de plus d'un an, 78 à 81, *343*. — Prix du bail, 91, *368* et *ss*. — Renouvellement de bail, 92, *372*. — Bonne foi des tiers, 63, *252*. V. *Tiers*. — Bordereaux, 81 et 82, *344 ;* 89, *362*. — Capacité douteuse, 85, *354*. — Cautionnement du conservateur, 109, *4* et *ss*. — *Id.* Radiation, 112 et 113, *13*. — Cession de loyers et d'arrérages, 78 à 81, *343*. — Clauses, V. *Conditions*. — Commandement à fin de saisie, 27, *55*. — Commandement préalable à la saisie, 73, *299*. — Concordance du titre et des copies, 92, *374* et *ss*. — Concurrence, 64, *260*. — Conditions, 64, *257 ;* 89, *362*. — Confusion, radiation, nouvelle inscription, 66, *270*. — Consentement des porteurs de copies, 92, *375*. — Contrat de mariage, 78, *343*. — Conventions successives, 87 et 88, *357*. — Conventions devant être inscrites, 78 à 81, *343*. — Copie littérale, 84, *352*. — Copie de titres, 92, *374*. — Corrections, 87, *355*. — Montant de la créance, 91, *368*. — Créancier, 91, *368*. — Crédit, 64, *258*. — Crédi-rentier d'enzel, 91, *368*. — *Id.* de l'hypothèque, 64, *260*. — *Id.* de l'inscription, 91, *369*. — Décision judiciaire, 78 à 81, *343*. — Décision du tribunal mixte, 81 et 82, *344*. — Défunt, 89 et 90, *363*. — Demande d'annulation ou de modification, 26, *53*. — Dépôt des actes, 78 à 81, *343*. — Dépôts, 81 à 82, *344*. — Domaine public, 21 à 23, *42*. — Donation, 90, *365*. — Droits réels, 3, *15* et *ss. ;* 4, *19 ;* 17, *37 ;* 21 à 23, *42 ;* 78, *342 ;* V. *ce mot*. — Droits successifs, 90, *366*. — Durée de l'inscription, 25, *47 ;* 58, *228 ;* 60, *238 ;* 111, *9*. — Écrit, 78 à 81, *343*. — Effet vis-à-vis des tiers, 3, *15* et *ss. ;* 78, *342*. — Effet suspensif, 26 et 27, *53* et *ss*. — Éléments de l'inscription, 91, *368*. — Emphytéose, 91, *368*. — Enzel, 91, *368*. — Id. Arrérages, 33, *84*. — Erreur, rectification, 87, *355*. — État civil, 78 à 81, *343*. — Expropriation forcée, 27, *55 ;* 73, *299*. — Extrait ; V. *Copie littérale* et *Relevés sommaires*. — Faculté d'achat, 92, *372*. — Faits qui doivent être inscrits, 78 à 81, *343*. — Faux, 94 et 95, *381*. — Femme mariée, 88,

360. — Forme, 64, *259.* — Frais des instances, 85, *354.* — Habitation, 91, *368.* — Hypothèque, 91, *368.* — *Id.* Date de l'hypothèque, 64, *260.* — *Id.* forcée, 60, *238* et *ss*; 68, *279.* — *Id.* testamentaire, 89, *361.* — Incapables, 88, *359.* — Indigènes, 85, *354.* — Inscription conservatoire, 26 et 27, *53*; 62, *249.* — *Id.* définitive, 62, *249*; 85, *354.* — *Id.* d'office, 21 à 23, *42*; 88, *358*; — *Id.* non portée sur le titre ou la copie, 92, *375.* — *Id.* ordonnée par justice, 85, *354.* — *Id.* provisoire, 85, *354.* — Instance, 85, *354.* — Interdit, 88, *359.* — Jugement ordonnant une inscription, 61, *242* et *ss.* — Justiciable des tribunaux français, 85 et 86, *354.* — Justifications devant le conservateur, 85 et 86, *354.* — Lacune dans la série des conventions, 87, *357.* — Langue étrangère, traduction, 123, *1.* — Mentions que doit comprendre l'inscription, 91, *368.* — Mentions des demandes d'annulation ou de modification, 26 et 27, *53.* — Mentions dans les actes ou écrits, 78 à 81, *343.* — Mentions sur les actes inscrits, 78 à 81, *343.* — *Id.* dans le bordereau, 89, *362.* — *Id.* sur le titre de propriété, 84, *351.* — *Id.* sommaires, 84, *351.* — Mineurs, 88, *354.* — Modifications, 25, *47*; 26 et 27, *53*; 87, *355*; 90, *364.* — Mutations successives, lacunes, 87, *357.* — Nature du titre, 89, *362.* — Nécessité d'un écrit, 78 à 81, *343.* — Nécessité de l'inscription, 78, *342.* — Notoriété, 90, *366.* — Nullité, 85 et 86, *354*; 91, *369.* — Omissions sur les copies ou sur les registres, responsabilité, 93, *377* et *ss.* — Omissions et erreurs : rectification 87, *355.* — Ordre des inscriptions, 65, *261.* — Original des actes, 78 à 81, *343.* — Payement anticipé des loyers et arrérages, 92, *372.* — Partage, 90, *364.* — Pièces à produire, 89, *362.* — Pouvoir régulier, 87, *357.* — Principe de publicité, 3, *15* et *16.* — Prix du bail, 91, *368* et *272.* — Propriété immobilière, 91, *368.* — Purge, 65, *262* et *ss.*; 111, *9*; 66, *272.* — Quittance de sommes non échues, 78 à 81, *343.* — Radiation, 25, *47*; 78 à 81, *343.* — *Id.* date, 91, *369.* — *Id.* nouvelle inscription, 66, *270.* — *Id.* ordre, 69 et 70, *281.* — *Id.* purge, 67 et 68, *276.* — Rang, 62, *249*; 64, *258* et *ss.*; 85 et 86, *354.* — Rectification, 87, *357.* — Réduction, 87 et 88, *357.* — *Id.* date, 91, *369.* — Réméré, 92, *371.* — Renouvellement du bail, 92, *372.* — Rente de l'enzel, 91, *368.* — Refus d'inscrire ; légalisation de signature et de reconnaissance d'écritures, 78 à 81, *343.* — *Id.* lacune dans la série des conventions, 87 et 88, *357.* — *Id.* production des copies, 92, *375.* — *Id.* saisies multiples, 73, *299.* — Registre des inscriptions, 81 et 82, *344*; 84, *351.* — Réquisition, 84 et 85, *352*; 87 et 88, *357.* — Saisie, 27, *55*; 73, *299*; V. *Commandement.* — Servitudes, 43, *154*; 91, *368.* — Succession, 89 et 90, *363.* — Superficie, 91, *368.* — Suspension du cours des inscriptions, 73, *299.* — Testament, 90, *366.* — Tiers, 3, *15* et *16*; 62, *248*; 64, *259*; 78, *342* et *ss.*; 92, *372.* — Tiers de bonne foi, 63, *252.* — Usage et habitation, 91, *368.* — Usufruit, 91, *368.* — Valeur des inscriptions vis-à-vis des tiers, V. *Tiers.* — Validité, 63 et 64, *265.* — Ventilation, 70 et 71, *280.* — V. *Conservateur; Hypothèque.*

Insertions au journal officiel. — Avis de mise d'enzel aux enchères, 117, *11* et *ss.* — *Id.* responsabilité du directeur, 117, *11* et *ss.* — Date des enchères, 179, *10.* — Tarif et frais d'insertion, 177 et 178, *11.* — Clôture du bornage, 10 à 12, *26.* — Déclaration d'immatriculation, extrait, 9 à 11, *25.* V. *Délai; Publication.*

Inspection. — Service topographique, 133, *4.*

Instance. — V. *Tribunal.*

Instruction écrite. — Inscription, capacité des parties, 85, *354.* — Opposition à immatriculation, 19 à 21, *41.* — Réponse aux oppositions, 19 à 21, *41.*

Instruments. — Dont les géomètres doivent être pourvus, 135 et 136, *16.* —

Autorisés, 157, *62* et *ss.*; 168, *2.* — Prohibés, 158, *69.*

Insubordination. — Cause de révocation, 131, *11.*

Interdit. — Discussion, 91, *289* et *ss.* — Expropriation forcée, 91, *289* et *ss.* — Hypothèque, 63, *253.* — Hypothèque forcée sur les biens du tuteur, 60, *239.* — Immatriculation, 14 et 15, *31* et *ss.* — Inscription, 88, *359.* — Tuteur, 60, *239;* 117 et 118, *26.* — V. *Incapables.*

Intérêts. — Immobilisation, 66, *269.* — Inscription, 60, *237.* — Purge, excédent du prix, 70, *285.* — Surenchère, 70, *285.* — Usufruit, 38, *120.*

Interprètes ou traducteurs assermentés. — Absence, 127, *22.* — Affiche des noms dans les tribunaux, 126, *14.* — Amende correctionnelle, 127, *20* et *ss.* — Amende de retard, 126, *17.* — Assistance au bornage, 128, *8°.* — Cautionnement, 125, *9.* — Code pénal, 127, *20* et *21.* — Commission, 124, *5;* 127, *18.* — Concussion, 127, *19.* — Cote et paraphe, 126, *15.* — Déclaration d'immatriculation, 6 à 9, *23.* — Délai, 126, *17.* — Demande écrite, 124, *7.* — Désignation, 6 à 9, *23.* — Dommages-intérêts, 126, *17;* 127, *19.* — Enchères d'enzel (assistance aux), 178, *15.* — Examen, 124, *7* et *ss.* — Foi en justice, 124, *3.* — Infidélité, 127, *20.* — Langues étrangères, 124, *4* et *7.* — Légalisation de signature, 128, *6°.* — Lignes, 126, *15;* 128, *1°.* — Mauvaise foi, 127, *20.* — Nombre de lignes et de syllabes, 126, *15;* 128. — Peines, 126, *17* et *ss.* — Programme des examens, 124, *7.* — Quittance, 126 et 127, *17.* — Registre des traductions, 126, *15.* — Rémunération directe par les parties, 126, *13* et *17.* — Résidence, 127, *22.* — Retrait de la commission, 127, *18.* — Rôle, 12, *15* et *ss.*; *128.* — Sens des actes, 125, *11.* — Serment, 125, *8.* — Syllabes, 126, *15;* 128. — Tarif, 6 à 9, *23;* 126, *13;* 127; 128. — Taxe des traductions, 126, *16.* — Titres et documents, 6 à 9, *23;* 123, *1.* — Titres communiqués par les parties, 6 à 9, *23.* — Titres produits à l'appui des oppositions, 19 à 21, *41.* — Traduction nécessaire, 6 à 9, *23;* 19 à 21, *41;* 123, *1.* — Traduction gratuite, 128. — Traduction orale, 128, *7°.* — Transport, 128, *8°.* — Usurpation de fonctions, 127, *1.* — Vérification par le tribunal, 123, *3.*

Interruption. — Des travaux des géomètres pour cause de maladie ou autre, 135, *12.*

Intervention. — Créanciers de l'usufruitier, 39, *127.* — Expropriation forcée, 71, *288.* V. *Tiers.*

Issue. — 51, *189.*

J

Jardin. — Mur mitoyen, 45, *163* et *ss.*

Jouissance. — Antichrèse, 56, *221.* — Usufruit, 33, *90.* V. *Possession.*

Jour férié. — 85, *354;* 108, *2.*

Journal. — A tenir par les vérificateurs et les géomètres, 136 et 137, *19.* — Copie à envoyer au chef de service à la fin de chaque mois, 137, *20.*

Journal officiel. — V. *Insertion.*

Juge de paix. — Accusé de réception, Placard de la réquisition, 9 et 10, *25.* — *Id.* du nom des interprètes, 126, *14.* — Contrainte visa, 119, *34.* — Cote et paraphe, 126, *15.* — Droits successifs, certificats, 90, *366.* — Envoi au juge de paix de placard d'immatriculation, 9 et 10, *25.* — Envoi du dossier au conservateur, 13 et 14, *28.* — Expertise, 117 et 118, *26.* — Greffier de la justice de paix, rémunération, 104, *4.* — Incapables et non présents, 15, *32;* 88, *359.* — Inscriptions, 15, *32;* 88, *359.* — Interprètes judiciaires, 124, *5.* — *Id.* absence, autorisation, 127, *22.* — Légalisation de signature, 78 à 81, *343.* — Notoriété, 90, *366.* — Oppositions et réclamations, 12 et 13, *27* et *ss.* — *Id.* traductions, 126, *16.* — Publications,

9 et 10, *25*. — Taxe des traductions, 126, *16*. — Traduction orale, 128, 7°. V. *Affiche*; *Publications*.

Juge rapporteur. — Attributions, 14 et 15, *31*. — Communication des dossiers au service topographique, 19 à 21, *41*. — Désignation, 14 et 15, *31*. — Enquête et vérification, 14 et 15, *31*. — Instance en matières de droits et d'amendes, 120, *35*. — Mise en demeure aux opposants, 19 à 11, *41*. — Pouvoir discrétionnaire, 14 et 15, *31*. — Rapport, 19 à 21, *41*. — Remise du dossier au juge rapporteur, 19 à 21, *41*.

Jugement. — Action résolutoire, 62, *246* et *ss*. — Appel, 73, *297*; 120, *35*. — Cassation, 17, *37*; 120, *35*. — Chose jugée, 73, *297*; 85 et 86, *354*. — Effet rétroactif, 26 et 27, *53*. — Hypothèque forcée, 61, *242* et *ss*. — *Id.* femme, 62, *244*. — Jugement définitif, 73, *297*. — *Id.* provisoire, 73, *297*. — *Id.* ordonnant la correction d'une inscription, 87, *356*. — *Id.* la délivrance d'un certificat, 87, *356*. — *Id.* la délivrance d'une copie de titre, 87, *365*. — *Id.* une inscription, 61, *242*; 85 et 86, *354*. V. *Instance*.

Justice de paix. — Domicile élu. — V. *Ce mot*. — V. *Juge de paix*.

L

Labours. — Frais de, 28, *60*. — Récompense, 35, *90*.

Lapins. — 2, *10*; 31, *76*.

Légalisation. — V. *Signatures*.

Legs. — Charge de l'usufruit, 38, *121*. — Délivrance de legs, 90, *370*. — Envoi en possession, 90, *370*. — Inscription, 90, *370*. — Legs à titre universel, 38, *121*. — Legs universel, 38, *121*.

Lésion. — Décision d'immatriculation, action personnelle, 18, *38*.

Lettre recommandée. — V. *Notification*.

Levée. — 47, *175*.

Licitation. — Droit d'inscription, V *Impôt*. — Expropriation forcée, 71, *288*.

Lignes et syllabes. — V. *Conservateur; Interprètes; Tribunal mixte; Greffier*.

Ligne. — Mesurée deux fois, donnant lieu à sa double inscription, 151, *36*.

Limites. — Séparatives des propriétés limitrophes, 142, *2*.

Liquidation. — Droit d'inscription. — Expropriation, dette liquide, 72 et 73, *295*. — Liquidation des dettes, 72 et 73, *295*.

Lit des cours d'eau. — 30, *68* et *ss*.

Livraison. — De copies, extraits ou documents, interdite aux géomètres 135, *14*.

Livre-journal. — V. *Journal*.

Lois françaises. — V. *Codes*.

Lotissement. — V. *Plans*.

Loyaux coûts. — Acquéreur dépossédé, surenchère, 70, *283*. — Préemption, 31 et 32, 77; 32, *80*.

Loyer des maisons. — 34, *97*. — V. *Inscription*.

M

Magistrat du chara. — V. *Chara*.

Maison. — V. *Constructions; Bâtiments*. — Loyers, 34 et 35, *97*. — Maison d'habitation, préemption, 31 et 32, *77*.

Maladie. — Interruption du service des géomètres, 135, *12*.

Mandataire. — Plaidoiries devant le Tribunal mixte, 19 à 21, *41*. — V. *Procuration*.

Manquement au service des géomètres. — 130, *10*.

Marchés. — Cours, V. *Mercuriales*. — Publication par le caïd : de la réquisition, de la date du bornage.

Marchepied. — 30, *68*; 44, *160*.

Mari. — Amendes, 117 et 118, *26*. — Caution, 61, *245*. — Dispense d'hypothèque, 61, *245*. — Évaluation insuffisante, 117 et 118, *26*. — Expertise, 117 et 118, *26*. — Gage mobilier, 61, *245*. — Hypothèque forcée, 60, *239*. — Inscription des droits de la femme, 88, *360*. — Responsabilité, 117 et 118, *26*. — V. *Femme mariée*.

Marque. — Mitoyenneté, 45, *163* et *ss*.

Matériaux. — Propriété, 29, *66*.

Matériel. — Dont les géomètres doivent être pourvus, 135, *16*.

Matières corrosives. — 49, *183*.

Mémoire. — Frais de voyage des géomètres, 139, *5*; 167, 4°.

Mémoires. — Instruction des instances : salaire, 120, *35*. — Signification des mémoires, 120, *35*.

Mention. — Action résolutoire, 68 et 69, *279*. — Annulation, 25 et 26, *50*. — Délaissement d'hypothèque, 65, *267*. — Mention dans les titres ou écrits, 78 à 81, *343*. — Sur les actes inscrits, 78 à 81, *343*. — Sur le titre de propriété, 84, *351*. — Mentions sommaires, 84, *351*. — Purge, action résolutoire, 68 et 69, *279*. — V. *Conservateur*.

Mer. — Relais, 30, *69*.

Mesurage. — Base de triangulation subsidiaire, 114, *14*; 145, *18*. — Angles, 146, *19* et *ss*.; 152, *42* et *ss*.; V. *Tolérance*. — Longueurs, 151, *36* et *ss*.; V. *Tolérance*. — Sur le terrain, instruments autorisés, 157, *62*. — Sur le terrain en pente, 151, *37*. — Des distances avec la lunette stadimétrique, 157, *62*.

Méthode. — Prescrite pour le lever des plans des propriétés rurales, 141 et ss. — Prescrite pour le lever des détails, 155, *53*. — Pour les propriétés urbaines, 168, *1* et *ss*.

Meubles. — Animaux, 2, *8*. — Coupes de bois, 2, *7*. — Récoltes, 2, *6*.

Mines. — 28 et 29, *64*; 36, *110*.

Mineur. — Discussion, 71, *288* et *ss*. — Expropriation forcée, 71, *289*. — Hypothèque des biens du mineur, 63, *252*. — Hypothèque forcée, 60, *239*. — Immatriculation, 14 et 15, *31*. — Inscription, 88, *359*. — Majeur et mineur, 71, *290*. — Minorité du mari, autorisation de justice, 72, *291*. — Minorité de la femme, 72, *291*. — Titre de propriété, 25, *48*.

Ministère public. — V. *Procureur de la République*.

Minutes. — Décisions du tribunal mixte, 21 à 23, *41*. — Notifications, 21 à 23, *41*.

Mire stadia. — 158, *67*.

Mise. — Mise au trait du plan, 160, *75*.

Mise à prix. — Évaluation de l'enzel, 174, *2*; 184, *4*. — Minimum des enchères 179, *17*; 184, *4*.

Mise en demeure. — Opposition, 19 à 21, *41*.

Mitoyenneté. — 45, *163* et *ss*.

Modification. — V. *Inscription*.

Mokaddem. — 173 et 174, *1*.

Monnaies. — Monnaies ayant cours, 174, *2*; 176, *6*; 185, *9*; 186, *12*.

Moulins. — 2, *5*.

Moyenne. — Mesurage, base des calculs, 145, *18*.

Moyens nouveaux. — 19 à 21, *41*.

Municipalité. — V. *Président de municipalité*.

Murs. — Mitoyenneté. 45, *163* et *ss*. — Réparation, 37, *117*.

N

Négligence. — Tiers détenteurs, 66, *268*. — Négligence grave, révocation, 131, *11*. — Travaux des géomètres, 131, *12*.

Noms, prénoms et surnoms. — Nom des parties, 78 à 81, *343*. — Nom des propriétaires, 6 à 9, *23;* 91, *368.* — Nom des propriétés, 6 et 7, *23.*

Nomination du personnel topographique. — 130, *3.*

Non présent. — V. *Absent.*

Notaires indigènes. — Signature des actes et légalisation, 78 à 80, *343.* — Chara, désignation du notaire, 174 et 176, *3.* — *Id.* Notification de la décision du chara, 175, *5.* — *Id.* Inscription à faire sur le registre, 176, *8.* — *Id.* Affiche de l'avis de mise aux enchères, 170, *12.* — Command déclaré, 183, *3.* — Communication des dossiers aux tiers, 178, *13.* — Délai de transmission des dossiers à l'administration des habous, 117, *10.* — Délivrance des copies de pièces, 178, *13.* — Enchérisseur, signature, 179 et 180, *20.* — *Id.* Versement de garantie, 185, *9;* 86, *12.* — Enchères, 178, *15* et *ss.* — Formalités préliminaires des enchères, 176, *8;* 174, *3* et *ss.*; 175, *5.* — Honoraires et frais, tarif, 182, *30.* — Insertion au journal officiel, 177, *11* et *ss.* — Payement des frais d'enchères et autres, 177 et 178, *11.* — Protestations contre la mise aux enchères, 181, *29.* — Responsabilité, 174 et 175, *3;* 176, *8* et *ss.*

Notes. — Feuilles volantes interdites, 157, *60.*

Notification. — Affiche des notifications reçues à la conservation, 83, *350.* — Préemption, 32, *80* et *ss.* — Signification au conservateur du commandement à fin de saisie, 27, *55.* — Du commandement de payer, 73, *299.* — Surenchère, 69, *280.* — Transport, 73, *296.*

Notifications administratives. — Accusé de réception, 19 à 21, *41.* — Contrainte, 119, *34.* — Décision du tribunal mixte, 21 à 23, *42.* — Forme, 19 à 21, *41.* — Immatriculation et inscription, 19 à 21, *41.* — Mémoires, 120, *35.* — Minutes des notifications, 19 à 21, *41.*

Notoriété (certificat de). — Cadis, 90, *366.* — Consuls, 90, *366.* — Étranger, *Ib.* — Inscription de droits héréditaires, *Ib.* — Juge de paix, *Ib.*

Nullité. — Adjudication, 102, *11.* — Expropriation forcée, 73, *298.* — Inscription, V. *ce mot.* — Surenchère, 69, *280.*

Numéro d'ordre. — Actes de la conservation, 114, *18.* — Titres de propriété, 24, *44.*

O

Objets d'art et d'antiquité. — 28 et 29, *64.*

Obligations. — V. *au titre de chaque fonction.*

Offres réelles. — Préemption, 32, *80.*

Omissions. — V. *Inscription; Titre de propriété.*

Opposition. — Bornage, 10 à 12, *26* et *ss.* — Contrainte, 19, *24.* — Décision du tribunal mixte non susceptible d'opposition, 17, *37.* — Délai, 73, *297.* — Expropriation forcée, 72, *294.* — Immatriculation, 10 à 12, *26* et *ss.* — Incapables et non présents, 15, *32.* — Opposition conservatoire, 26 et 27, *53* et *ss.* — Opposition à saisie, 72, *294.* — Prorogation de délai, 14, *30* et *ss.* — Requête introductive d'instance, 19 à 21, *41.* — Vues, 50, *187.*

Option. — Action résolutoire ou hypothèque forcée, 68, *279.* — Constructions ou plantations sur le terrain d'autrui, 29, *67.* — Usufruit, 38, *120* et *123.* —

Ordre. — Admission des créances, 93, *378.* — Exigibilité des créances, 68, *278.* — Ordre amiable, 69 et 70, *281.* — Ordre de préférence, 32, *78.* — Ordre judiciaire, 69 et 70, *281.* — Procédure, 73, *299.* — Tribunal compétent, 68, *279* et *ss.* — V. *Hypothèque, Inscription, Purge; Rang.*

Orientation. — Du réseau trigonométrique, 145, *18.*

Original. — Actes, dépôt à la conservation, 78 à 81, *343*. — Pluralité d'originaux, 78 à 81, *343*.

Ornement d'appartement. — 37, *111*.

Oukaf. — Oukaf des haramaïns, 173 et 174, *1*. — Id. de la grande mosquée, 173 et 174, *1*. — Constitution de leurs habous en enzel, 173 et 174, *1*. — V. *Administration des habous*.

Ouverture. — 50, *184*.

Ouvrages. — Mitoyenneté, 46, *171*. — Ouvrages de protection, 49, *183*. — *Id*. Publics et communaux, servitudes, 44, *160*. — Usage des servitudes, 54, *203* et *ss*. — V. *Superficie*.

Ouzara. — Personnes admises à représenter les parties à l'ouzara, autorisation de plaider au tribunal mixte, 19 à 21, *41*.

P

Pacage. — Servitude discontinue, 52, *195*.

Pailles. — 2 et 3, *10*.

Papeterie. — Ustensiles, 2 et 3, *10*.

Papier. — Fourni aux géomètres par l'administration, 135, *15*. — Pour les minutes des plans, 159, *70*. — Compte à tenir, de son état hygrométrique, 163, *83*; 165, *92*.

Parements. — Mitoyenneté, 45, *164*.

Parents et amis. — Inscriptions, 88, *359*.

Partage. — Expropriation forcée, 71. *288*. — Inscription, 90, *364*.

Passage. — Servitude, 51, *189*; 52, *195*. — Usufruit, 36, *109*.

Payement. — Rente de l'enzel, Privilège, 33, *87* et *ss*.

Payement des travaux. — Après achèvement et vérification, 139, *4*.

Pénalités. — Travaux mal exécutés, 140, *7*. — 164, *88* et *ss*. — En cas de manquement au service, 134, *10*.

Pension. — Alimentaire, charge de l'usufruit, 38, *121*.

Pépinière. — 35, *102*.

Péremption. — V. *Déchéance*.

Périmètre. — Levé des angles et des sinuosités au moyen de perpendiculaires ou d'alignements, 155, *53*. — Levé au moyen du tachéomètre, 156, *54*. — Objets fixes, bâtiments, ponts, arbres isolés à moins de 100 mètres, doivent figurer sur le plan, 156, *54* et *ss*. — Des propriétés bâties en partie inaccessibles, comment mesuré, 168, *2*.

Perpendiculaires. — Déterminées avec l'équerre, 155, *53*.

Perpétuelle demeure. — 2 et 3, *10* et *11*. — V. *Immeubles par destination*.

Personnel topographique. — Composition, 129, *2*. — Nomination, 130, *3*.

Perte. — Antichrèse, 57, *227*. — Immeubles hypothéqués, 64, *256*. — Usufruit, 39, *126*.

Pièces. — Constitution d'enzel, 174, *2*. — Examen du chara, 175, *4*. — Notaire dépositaire, 174 et 175, *3*. — Communication au tiers, 178, *13*. — Pièces à produire par les candidats géomètres, 131 et 132, *1*. — Pièces d'arpentage, 161, *76* et *ss*.

Pigeons. — 3, *10*.

Plaidoiries. — Mandataires, 19 à 21, *41*. — Tribunal mixte, 19 à 21, *41*.

Plan. — Annexe du titre de propriété, 24, *44*. — Division des immeubles, 24 et 25, *46*. — Envoi au greffe, 16, *33*. — Plan dressé au moment de l'immatriculation, 14, *29* et *ss*. — Rectification, 21 à 23, *42*; 31, *75*. — Vérifiés par les vérificateurs, 134, *7*; 163, *83*. — Levés par les géomètres sur la désignation du chef du service, 134, *8*. — Conditions d'exécution et tarif, 137, *1* et *ss*. — Détails et lotissements demandés par les propriétaires, 135, *13*. — Propriétés rurales, 141, *1* et *ss*. — Indications relatives aux propriétés limitrophes, 142, 7. — Rapport et dessin des plans, 159, *70* et *ss.*; 160, *75*. — Écritures et numérotages, 160, *75*. — Vérification des plans terminés, 161, *76* et *ss*. — Propriétés urbaines, 168, *1* et *ss*.

Plan incliné. — Mitoyenneté, 45, *164*.

Plancher. — 46, *173*.

Planchette. — Emploi rigoureusement interdit, 158, *69*.

Planimètre. — Son emploi dans les bureaux, 165, *91*.

Plantations. — 7 à 9, *23*; 24, *44*; 29, *65* et *ss*. — Matériaux, 29, *66* et *ss*. — Propriété, 29, *65*. — Superficie, 42, *150*. — V. *Superficie*.

Plus-value. — 29, *67*; 37, *111*; 66, *268*.

Points trigonométriques. — Leur détermination, 143, *12*. — Subsidiaires, 143, *13*.

Poissons. — 2 et 3, *10*; 31, *76*.

Police rurale. — Règlement de police, 28 et 29, *64*.

Porte. — 50, *185*, 52 et 53, *196*.

Possession. — Bonne foi, 28, *61* et *ss.*; 30, *71*. — Fruits, 28, *61* et *ss*. — Possession provisoire, 63, *253*. — Servitudes, 53, *197*.

Poutres. — Mitoyenneté, 46, *168*. — Réparations, 37, *117*.

Pouvoir discrétionnaire. — V. *Juge rapporteur; Tribunal mixte*.

Préemption. — Déchéance, 32, *80* et *ss*. — Définition, 31, 77. — Délai, 32, *80*. — Notification, 32, *80* et *ss*. — Personnes qui peuvent exercer les droits de préemption, 31 et 32, 77. — Préférence, 32, *78*.

Préférence. — V. *Préemption*.

Prescription. — Arrérages d'enzel, 33, *85*. — Bonne foi, 28, *61* et *ss*. — Domaine public, imprescriptibilité, 21 à 23, *42*. — Indemnité de passage, 51, *192*. — Passage, 51, *192*. — Pension, 32, *80* et *ss*. — Prescription par six mois, 33, *82*. — *Id.* par cinq ans, 33, *85*. — Rente de l'enzel, 33, *85*. — Tiers-détenteurs, 111, *9*. — Usufruit, 39, *126*; 40, *128*. — Vues, 50, *187*. — V. *Déchéance; Préemption*.

Présence des parties. — Bornage, 10 à 12, *26*. — Délibéré, 21 à 23, *42*. — État des lieux, 37, *112*.

Président de la djemaïa. — V. *Administration des habous*.

Président de municipalité. — Légalisation de signature et reconnaissance d'écrits, 78 à 81, *343*. — Notifications administratives, 19 à 21, *41*.

Président du tribunal. — V. *Tribunal civil; Tribunal mixte*.

Présomption. — Arceaux au-dessus des rues, 45, *165*. — Mitoyenneté, 45, *163*. — Propriété, 29, *65*.

Pressoirs. — 2 et 3, *10*.

Preuves. — Propriété, 29, *65*.

Prise de possession des enzels constitués. — 176, *6*; 185, *8*; 186, *11*.

Privilège. — 3, *13*. — Antichrèse, 57, *225*. — Définition, 58, *228*. — Énumération, 58, *229*. — Enzel, rente, 33, *87*; 58, *228* et *ss*., 186, *10*. — Inscription, 58, *228*. — *Id.* d'office, 88, *358*. — Privilège du Trésor, 58, *229*. — Frais de justice, 58, *229*.

Procédure civile (Lois sur la). — Surenchère, 70, *282*. — V. *Codes français*.

Procès-verbal. — V. *Bornage; Expert; Opposition*. — Vérification des plans, 164, *86* et *ss*.

Procuration. — Déclaration d'immatriculation, 6 et 7, *23*. — Plaidoiries devant le tribunal mixte, 19 à 21, *41*. — Surenchère, 69, *280*.

Procureur de la République. — Avance des salaires, dispense, 118, *28*.

— Communication des registres, 82, *348*. — Conclusions, 120, *35*. — Incapables et non présents : opposition, 15, *32*. — Inscription, 88, *359*.

Programme des examens des candidats géomètres. — 132, *2* et *ss*.

Projet de triangulation. — A établir avant mesurage, 145, *17*.

Propositions. — V. *Chef du service topographique et directeur général des travaux publics.*

Propriétaire. — Copie du titre, 26, *51*. — État des lieux, 37, *112*. — Frais à leur charge, 106. — Indivision, duplicata du titre, 26, *52*. — V. *Titre de propriété.*

Propriété immobilière. — Accession, 27 et 28, *58*. — Antichrèse, 56 et 57, *222*. — Charges, 38, *119* et *ss*. — Définition, 27, *56*. — Droit réel, 3, *13*. — Emphytéose, 42, *146*. — Enzel, 33, *83*; 91, *368*. — Étendue, 28 et 29, *64*. — Expropriation, 27, *57*; 71, *287*. — Fruits, 35, *98*. — Hypothèque, 59, *233*. — Inscription : élément, 91, *368*. — Loi sur la propriété immobilière (1er juillet 1885). — Plus-value, 29, *67*. — Possesseur, 28, *61*. — Propriété des plantations, constructions, 29, *65* et *ss*. Propriété du sol, étendue, 28, *64*. — Réparations, 37, *116*. — Rente perpétuelle, 33, *83*. — Restrictions, 27, *57*; 28 et 29, *64*. — Usufruit, 34, *93*.

Propriétés rurales. — Exécution des plans et tarifs, 137, *1* et *ss*. — Méthode prescrite pour lever les plans, 141, *1* et *ss*.

Propriétés bâties. — Méthode pour lever les plans, 168, *2* et *ss*.

Propriétés urbaines. — Exécution des plans et tarif, 166, *1* et *ss*. — Non bâties assimilées aux propriétés rurales, 166, *1* et *ss*.

Prorogation de délai. — V. *Délai*.

Protestations. — V. *Oppositions ; Contestations.*

Provision. — Avances autorisées en faveur des géomètres, 139, *4*.

Publications. — Par le caïd, 9 et 10, *25*. — Par le juge de paix, 9 et 10, *25*. V. *Affiches; Insertions.*

Puisage. — Passage, 53, *202*. — Servitude discontinue, 52, *195*.

Puits. — 49, *183*.

Purge. — Adjudication, 69, *280* et *ss*. — Certificat d'inscription, 67 et 68, *276*. — Cession, 67 et 68, *276*. — Consignation du prix, 69 et 70, *281*. — Délai, 67 et 68, *276*. — Désistement de poursuites, 70, *284*. — Division des objets, 70 et 71, *286*. — Donation, 67 et 68, *276*, 68 et 69, *279*. — Échange, 68 et 69, *279*. — Excédent du prix, remboursement, 70, *285*. — Hypothèques, 65, *262* et *ss*. ; 66, *272*. — Notifications, 67 et 68, *276*. — Option, 68 et 69, *279*. — Radiation des inscriptions, 69 et 70, *281*. — Résolution, 68 et 69, *279*. — Restitution des frais, 70, *283*. — Sommation, 67 et 68, *276*; 70, *284*. — Surenchère du dixième, 69, *280*. — Suspension 68 et 69, *279*. — Vente, 67, *275*. — Ventilation, 70 et 71, *286*.

Racines. — Droit de couper, 49, *182*.

R

Radiation. — Élèves géomètres, 132 et 133, *3*. — V. *Hypothèque; Inscription; Purge.*

Rapport. — Expertise, 117 et 118, *26*. — Rapport du juge : immatriculation, 19 à 21, *41*. — V. *Expert; Juge rapporteur*. — Service topographique, 133, *4*.

Rattachement. — Des cheminements au réseau trigonométrique, 150, *34* et *ss*. — Des plans des propriétés urbaines, 168, *1* et *ss*.

Récépissé. — Déclaration d'immatriculation, 6 et 7, *23*. — Dépôts des pièces, 82, *346*. — Notifications administratives, 19 à 21, *41*. — Pièces adressées au caïd et au juge de paix, 9 et 10, *25*. — Reconnaissance de dépôt, 82, *346*. — Retrait du récépissé, 6 à 9, *23*. — Titres communiqués par des tiers détenteurs, 6 à 9, *23*.

Réception des travaux. — 164, *88*.

Recevabilité des demandes d'enzel. — Pièces à joindre, 174, *2*. — Examen du chara, 175, *4*. — Notification au notaire, 175, *5*. — Inscription au registre du chara, 176, *8*. — Point de départ du délai pour la publication, 177, *11*. — Surveillance du notaire, 178, *14*.

Récoltes pendantes. — 2, *6*. — V. *Fruits*.

Recours. — Action personnelle, 18, *38*. — Décision du tribunal mixte, 17, *37*. — Éviction, 66, *271*. — Tiers détenteur, 66, *271*. — V. *Appel; Cassation*. — Décision prise sur les demandes de mise d'enzel aux enchères, 175, *5*.

Récompense. — Labours, 35, *98*.

Reconnaissance. — Actes ou écritures, 78 à 81, *343*. — Dépôt, 82, *346*. — Timbre, 115, *20*. — V. *Récépissé*.

Reconstruction. — Arceaux au-dessus des rues, 45, *165*. — Maison, 47, *174*. — Mur mitoyen, 45, *166* et *ss.*; 47, *174*.

Rectifications d'erreurs. — D'inscription, 146, *23*. — Dans les opérations, 164 et 165, *88*. — Dans les calculs, 165, *92* et *ss*.

Recrutement. — Des élèves géomètres, 130, *5*. — Des géomètres et des vérificateurs, 130, *4*. — Du personnel, arrêté du 22 avril 1886, 131, *1* et *ss*.

Redevance. — Emphythéose, 42, *146*.

Réduction, des plans dans les bureaux, 134, *6*.

Refus d'autorisation de mise d'enzel aux enchères. — 175, *5*. — Exécution de travaux et ordres, 134, *10*. — Signature du procès-verbal de vérification, 164, *87*.

Régime. — Immeubles, 1, *1*. — Statut personnel, 1, *2*. — Succession, 1, *2*.

Registres. — Caïd, 12 et 13, *27*. — Communication, 82 et 83, *348*. — 114 et 115, *19*. — Conservateur, V. *ce mot*. — Cote et paraphe, 83, *349*. — Dépôts, 80 à 82, *344*. — Destruction de registres, 114 et 115, *19*. — Double du registre des dépôts, 82, *345*; 114 et 115, *19*. — Formalités préalables à l'immatriculation, 81 et 82, *344*. — Inscriptions, 81 et 82, *344*. — Oppositions, 12 et 13, *27*. — Reconstitution, 114 et 115, *19*. — Timbre exemption, 115, *20*. — Titres de propriété, 24, *45*. — V. *Répertoire; tables*.

Registre d'inscription des enzels. Tenu par le notaire commis, 176, *8*. — Conservé au chara, 177, *9*. — Insertion de la copie au journal officiel, 177, *11*. — Ordre des criées, 179, *19*. — Résultat des enchères, 179 et 180, *20*.

Registres topographiques. — De correspondance des vérificateurs et géomètres, 136 et 137, *19*. — Livre-journal tenu par les mêmes, 136 et 137, *19*. — D'observation des angles, 146, *22*; 152 et 153, *44*. — De calcul, 154, *49*; 155, *51*. — Tableau des coordonnées, 155, *51*.

Règlement des honoraires. — Indemnités et frais de voyage du service topographique, 139, *5*.

Règlement de police. — 28 et 29. *64*; 49 et 50, *183*; 50, *185*.

Règles en bois. — Instruments autorisés, 157, *62*.

Rejet d'un travail des géomètres. — 164, *88* et *ss*.

Rejet de la terre. — 47, *175*.

Relais. — Mer, 30, *69*. — Rivières, 30, *69*.

Relevés sommaires. — Réquisition expresse, 184, *352*.

Remboursement. — Avances en instruments, 135 et 136, *16*. — Frais de voyage, 139, *5*.

Reméré. — V. *Vente.*

Remise des pièces d'arpentage, 161, *76.*

Remploi. — Femme mariée hypothèque, 60, *239.*

Rémunération. — V. *Indemnités; Honoraires; Tarifs.*

Rente d'enzel. — Droit réel, 3, *13.* — Exigibilité (date de l'), 176, *6;* 186, *12.* — Échéances, 176, *6;* 186, *12.* — Expropriation de l'immeuble, 186, *15.* — Intégralité de la rente, 184 et 185, 7. — Mode de payement, 176, *6;* 186, *12.* — Payement à domicile, 186, *13.* — Prescription des arrérages, 33, *85.* — Privilège, 33, *87;* 58, *228;* 186, *10.* — Remboursement, 33, *86.* — Rente d'enzel, 33, *83* et *ss.* — Retard dans le payement, 186, *14.* — Usufruit, 34, *93.* — Versement de garantie, 186, *10;* 186, *12.* — V. *Arrérages, Inscription.*

Rente viagère. — Charge de l'usufruit, 38, *21.*

Renvoi. — Rejet de l'immatriculation : renvoi devant la juridiction compétente, 17 et 18, *37.*

Réparations. — Antichrèse, 56, *220.* Exhaussement de mur, 46, *169.* — Maison : plusieurs propriétaires, 46 et 47, *173.* — Mitoyenneté, 45 et 46, *166.* — Servitudes, 54, *207.* — Usage et habitation, 41, *144.* — Usufruit, 36, *104* et *ss.;* 37, *116* et *ss.;* 39, *127.*

Répertoire de formalités. — 82, *347.*

Requérant l'immatriculation. — V. *Propriétaires.*

Requête. — Domicile élu, 19 à 21, *41.* — Expropriation forcée : immeubles distincts, 72, *293.* — Instance, introduction, 19 à 21, *41.* — Moyens, 19 à 21, *41.* — Oppositions, instance, 19 à 21, *41.*

Réquisition. — États et certificats, 84 et 85, *352.* — Immatriculation, V. *ce mot.* — Surenchère, 69, *280.* — Relevés sommaires, 84 et 85, *352.*

Rescision. — Hypothèque, 63, *252.*

Réseau. — Polygonal, 149, *31* et *ss.* — Trigonométrique, 143, *12* et *ss.*

Résident général. — Désignation des interprètes, 124, *5.* — Présentation du président du tribunal mixte, 16, *33.*

Résolution. — Action résolutoire, 62, *246* et *ss.;* 68, *279.* — Hypothèque, 63, *252.* — Vente : défaut de payement, 62, *246* et *ss.* — V. *Vente; Purge.*

Responsabilité. — Antichrèse, 57, *227.* — Curateur, 117 et 118, *26.* — Directeur de journal officiel, 117, *11* et *ss.* — Dégâts causés par les géomètres, 136, *18.* — Géomètres et vérificateurs, 130, *9;* 131, *12.* — Magistrats du chara, examen de la demande d'enzel, 175, *4.* — *Id.* Refus d'autoriser un enzel, 175, *5.* — Notaire commis aux enzels, 174, *3;* 177, *11;* 178, *12* et *ss.* — Tuteur, 117 et 118, *26.* — Usufruitier, 39, *125.* — V. *Conservateur; Interprètes.*

Retenues. — Sur les rétributions en cas de manquement au service, 130 et 131, *10.* — Sur les indemnités pour travaux mal exécutés, 164, *88.*

Retrait. — Parties des bâtiments en retrait, 169, *3.*

Rétributions. — A allouer aux géomètres, 137 et 138, *2;* 139, *5,* 166, *2* et *ss.*

Rétroactivité. — Jugement inscription, 26 et 27, *53.* — V. *Inscription conservatoire.*

Révocation. — Des agents, 131, *11.* — Des géomètres, 131, *12.* — Des vérificateurs, 131, *12.*

Rivière. — Alluvion, 30, *68* et *ss.* — Marche-pied, 44, *160.*

Rôle d'écriture. — V. *Conservateur; Interprètes; Tribunal mixte; Greffier.*

Ruban d'acier. — Instrument autorisé, 147, *62.*

Ruches à miel. — 2 et 3, *10.*

Rues. — Dessus, 45, *165*. — Ouvertures, 50, *185*.

Rurales. — Propriétés, 6 à 9, *23*. — Servitudes, 52, *194*.

S

Saisie. — Commandement, inscription 27, *55*. — Fruits, 66, *269*. — Immobilisation des fruits, 66, *269*. — Sommation au tiers détenteur, 65, *264*. — V. *Enzel, Expropriation forcée*.

Salaires. — V. *Conservateur*.

Saillie. — Parties des bâtiments en saillie, 168 et 169, *3*.

Sceau. — Légalisation, 78 à 81, *343*.

Sel. — 49, *183*.

Semences. — 2, *10*. — Récompense, 35, *98*.

Séquestre. — Usufruit, 37, *114*.

Série de numéros. — V. *Numérotage*.

Serment. — Conservateur, 108, *3*. — Interprètes, 125, *8*. — V. *Assermentation*.

Services fonciers. — V. *Servitudes*.

Servitudes. — Cessation, 55, *209* et *ss*. — Définition, 43, *153*. — Division des fonds, 54, *206*. — Droits réels, 3, *13*. — Égout, 50 et 51, *188*. — Enzel, 184, *7*. — Établissement des servitudes, 53, *197* et *ss*. — Exercice des, 54, *203* et *ss*. — Extinction, 55, *209* et *ss*. — Fossé mitoyen, 45, *163* et *ss*. — Inscription, 43, *154*; 91, *368*. — Mitoyenneté, 45, *163* et *ss*. — Mode d'établissement des servitudes, 53, *197* et *ss*. — Passage, 51, *189*. — Servitudes apparentes et non apparentes, 52, *196*. — *Id*. Continues et discontinues, 52, *195*. — *Id*. Légales, 44, *159* et *ss*. — *Id*. Du fait de l'homme, 52, *193* et *ss*. — *Id*. rurales, 52, *194*. — *Id*. urbaines, 52, *194*. — Superficie, 43, *151*. — Usage des servitudes, 53, *202* et *ss*. — Usufruit, 36, *109*. — Vues, 50, *184*.

Signatures. — Actes de la conservation, 114, *18*. — Actes des notaires indigènes, 78 à 81, *343*. — Copie de titre, 26, *51*. — Décision du tribunal mixte, 21 à 23, *42*. — Expéditions, 21 à 23, *42*. — Exploits de notification de surenchère, 69, *280*. — Légalisation de signature, 78 à 81, *343*. — Mention d'annulation, 25 et 26, *50*. — Plan, procès-verbaux d'opposition, 12 et 13, *27*. — Tiers enchérisseur, 69, *280*.

Signification. — V. *Notification*.

Situation des biens. — Délaissement par hypothèque; greffe, 65, *267*. — Expertise, 117, *26*. — Indications à fournir dans la déclaration d'immatriculation, 6 à 9, *23*. — V. *Domicile élu*.

Sol. — Préemption, 31, *77*. — Propriété, étendue, 28, *64*. — V. *Superficie*.

Solidarité. — Amende : mari et femme, 117 et 118, *26*. — Expertise : insuffisance, 117 et 118, *26*. — V. *Amende; Expertise*.

Solives. — Mitoyenneté, 46, *168*.

Sommation. — Abandon de poursuites : nouvelle sommation, 66, *269*. — Communication des titres, 6 à 9, *23*. — Fruits, 66, *269*. — Tiers-détenteur : sommation de payer ou de délaisser, 65, *264*.

Sort. — V. *Tirage au sort*.

Soumission. — V. *Surenchère*.

Stadia. — Instrument autorisé, 157. *62*.

Stage. — Des élèves-géomètres, 132, *3*.

Statues. — 3, *11*.

Statut personnel. — 1, *2*.

Succession. — Certificat de droits héréditaires, 90, *366*. — Inscription, 89 et 90, *363* et *ss*. — Nécessité d'inscrire les mutations par décès, 78 à 81, *343*. — Notoriété, 90, *366*. — Préemption, 31 et 32, *77* et *ss*. — Régime, 1, *1* et *ss*.

Suite (droit de). — Droits réels, 67, *275*. — Enzel; privilège du crédit-rentier, 33, *87*. — Hypothèque, 59, *231*; 65, *261*; 67, *275*.

Superficie. — Définition, 42 et 43, *150*. — Droit réel, 3, *13*. — Expropriation forcée, 71, *287*. — Extinction, 43, *152*. — Hypothèque, 59, *233*. — Inscription, 91, *368*. — Préemption, 31 et 32, *77*. Usufruit, 34, *93*. — Vente, 43, *151*. — V. *Constructions; Plantations*.

Supplément d'hypothèque. — 61, *241* et *ss.*; 64, *256*.

Surenchères. — Frais de surenchère, 70, *283*. — Purge, 69, *280*. — V. *Enchères*.

Surenchérisseur. — V. *Enchérisseur*.

Surveillance. — Des travaux par le chef de service, 133, *4*. — Des travaux par les vérificateurs, 134, *7*.

Suspension. — Expropriation forcée, 72, *294*. — Inscriptions, 26, *53* et *ss*. — Suspension de la procédure, 68, *279*.

Syllabes. — V. *Conservateur; Greffier; Interprètes; Tribunal mixte*.

T

Table alphabétique. — 82, *347*.

Tableau. — 3, *11*; 37, *111*. — Affiche au chara des mises d'enzel aux enchères, 178, *12*. — Tableau comparatif des vérifications de plans, 164, *85*.

Tachéomètre. — Son emploi, 146, *19* et *ss*. — Autorisé, 157, *62* et *ss*. — Dit cleps, également autorisé après vérification par le chef de service, 158, *64*. — Dispositions spéciales pour les plans levés avec cet instrument, 157, *61*.

Tarif. — Caïd. V. *ce mot*. — Conservateur. V. *ce mot*. — Enchères d'enzel, 177 et 178, *11*; 178, *13*; 182, *30*. V. *Enchères; Enzel*. — Exécution des plans des propriétés rurales, 137, *2* et *ss*. — *Id.* des propriétés urbaines, 176, *2* et *ss*. — Greffier. V. *ce mot; Juge de paix*. — Interprètes, 127 et *ss*. V. *ce mot*. — Journaux. V. *ce mot*. — Juge de paix, V. *ce mot*. — Timbre, V. *ce mot*.

Taux de l'intérêt. — Inscription, 60, *237*.

Taxe des frais. — Instances, 23 et 24, *43*. — Instance en matière de capacité, 85, *354*. — Traduction, 126, *16*. — Mémoire des géomètres, 139, *5*; 166 et 167, *2*.

Témoin. — Légalisation des signatures et reconnaissance d'écrits, 78 à 81, *343*.

Tenants et aboutissants. — 6 à 9, *23*.

Terme. — Acquéreur, 68, *278*. — Bénéfice du terme, 65, *262*; 68, *278*. — Purge, 68, *278*. — Tiers détenteur, 65, *262*.

Terrains. — En pente, manière de les mesurer, 151, *36*.

Territoire. — V. *Situation des biens*.

Testament. — Délivrance de legs, 90, *366*. — Succession testamentaire; inscription, 90, *366*. — V. *Inscription*.

Théodolite. — Son emploi après vérification, 164, *19* et *ss*.

Tiers. — Antichrèse; droit des tiers, 57, *226*. — Bonne foi, 63, *252*. — Modification des inscriptions, 27, *54*. — Tiers acquéreurs; préemption, 31 et 32, *77*. — Valeur des inscriptions vis-à-vis des tiers, 3, *15* et *ss.*; 63, *252*; 64, *259*; 92, *372*.

Tiers détenteur. — Délai, 65, *262*. — Délaisssement par hypothèque, 65, *263* et *ss*. — Dettes hypothécaires, 65, *262*. — Prescription de l'hypothèque, 67, *273*. — Purge, 65, *262*; 111, *9*. — Recours, 66, *271*. — Restitution des titres, 6 à 9, *23*. — Termes et délais, 65, *262*. — Titres; communication, 6 à 9, *23*.

Timbre. — 115, *20*.

Timbre de la conservation. — V. *Griffe*.

Tirage au sort. — Préemption, 32, *78* et *ss.* — Enchères d'enzel, 179, *19.*

Titre. — Cessionnaire d'un titre exécutoire, 72, *291.* — Expropriation forcée, 72, *295* et *ss.* — Falsification, 94 et 95, *381.* — Mitoyenneté, 45, *163* et *ss.* — Servitude du fait de l'homme, 52, *193;* 53, *197.* — Signification, 73, *296.* — Titre inscrit et exécutoire, 73, *296.* — Validité, 175, *4.* — Joints à la demande de constitution d'enzel, 174, *2.*

Titre de propriété. — Altération, 84 et 85, *381.* — Annexe; plan; procès-verbal de bornage, 24, *44.* — Annulation, 25 et 26, *50.* — Bénéficiaire d'un droit réel, 84, *351.* — Certificat de conformité du titre et de la copie, 84, *352.* — Constitution du titre, 4, *21;* 24, *44.* — Copie, 26, *51* et *ss.* — *Id.* Annulation, 25 et 26, *50.* — *Id.* Ayants droit, 26, *51.* — *Id.* Conformité avec le titre, 92, *364.* — *Id.* Nombre de copies, 26, *52.* — *Id.* nominatives, 26, *51* et *52.* — *Id.* Représentation, 92, *375.* — Délivrance, 4, *19.* — Division des immeubles, 24 et 25, *46.* — Éléments du titre, 24, *44.* — Erreurs, 87, *355.* — Établissement du titre, 24, *44.* — Falsification, 94 et 95, *381.* — Femme mariée, 25, *49.* — Foi devant les tribunaux français, 98. — Incapacité (mention d'), 25, *48.* — Inscription : mention, 25, *48.* — *Id.* Omission sur la copie, 92, *375.* — Langue française, 24, *44.* — Mention : délaissement par hypothèque, 65, *267.* — Mention des inscriptions, 84, *351;* 92, *374.* — Mention des demandes d'annulation ou de modification des droits réels, 26, *53.* — Mention sommaire, 84, *351.* — Minorité, 25, *48.* — Numéro d'ordre, 24, *44.* — Omission, 87, *355.* — Plan, 24, *44.* — Possesseur de bonne foi, 28, *62.* — Procès-verbal de bornage, 24, *44.* — Radiation, 84, *351.* — Rectification, 25, *48* et *49;* 31, *75;* 84, *351.* — Réduction, 84, *351.* — Registre, 24, *45.* — Renouvellement, 25 et 26, *50.* — Représentation des copies, 92, *375.* — Saisie, 27, *55.* — Timbre, 115, *20.*

Titres et documents. — Dépôt, 6 à 9, *23.* — Tiers détenteurs, communication, 6 à 9, *23.*

Toit. — Construction, 50 et 51, *188.* — Égout, 50 et 51, *188.* — Réparation, 46 et 47, *173.*

Tolérance. — Admise dans le mesurage d'une base, 145, *18.* — Erreurs angulaires et autres, 147, *26* et *ss.* — Applicable aux triangulations particulières, 148 et 149, *30.* — Applicable au mesurage des longueurs, 152, *41.* — Erreurs plus fortes que la tolérance légale, 154, *49.* — Applicable au calcul des coordonnées, 154, *47* et *ss.* — Dans les mesures de longueur, 152, *41.* — Dans les calculs des contenances, 165, *93.* — Dans la mesure des bâtiments, 168, *2.*

Tonnes. — 2, *10.*

Tourbières. — 36, *110.*

Tournées. — Annuelle de chef du service topographique, 133, *4;* 136, *17.* — Des vérificateurs, 134, *7;* 136, *17.*

Traduction. — V. *Interprètes.*

Translation d'enzel. — 186,

Transport. — Expropriation forcée, 73, *296.* — Signification, 73, *296.*

Travaux topographiques. — Bureaux du chef du service topographique, 133, *5* et *ss.* — Étrangers au service doivent être autorisés, 135, *13.* — Défectueux des géomètres, 140, 7. — Réception, 164, *88.*

Travaux de culture. — Frais, 28, *60.*

Trésor. — 36, *110.*

Trésor public (Droits du). — Privilège, 58, *229.*

Triangles. — Forme à préférer, 144, *15.* — Projet, 145, *17.* — Observations, 143, *12* et *ss.* — Calculs, 147, *25 ss.*

Triangulation. — Vérifiée par les vérificateurs, 137, *7 ;* 162, *81* — Indemnités aux géomètres, 137, *2.* — Subsidiaire, 143, *13.* — Particulière sur les territoires en dehors du réseau général, 148 et 149, *30.*

Tribunal civil. — Compétence, 4, *20*. — Contestations pendantes, 16, *35* et *ss*. — Immeubles immatriculés, 4, *20*. — Immeubles contigus, 4, *20*. — Inscription conservatoire, 62, *249*. — Inscription définitive, 85 et 86, *354*. — Instruction écrite, V. *Mémoire*. — Limites, 4, *20*. — Opposition à contrainte, 119 et 120, *134*. — Opposition à l'immatriculation : demandeur et défendeur justiciables du tribunal français, 17, *36*. — Présentation des membres du tribunal mixte, 16, *35*. — Président : Communication des registres de la conservation, 82, *348*. — *Id*. Expropriation forcée : vente d'immeubles distincts 72, *293*. — *Id*. Inscription conservatoire, 62, *239*. — Légalisation de signature, 78 à 81, *343*. — Serment, 108, *3*; 125, *8*. — Titre de propriété; rectification, 31, *75*. — Recouvrement des frais d'immatriculation, 119, *34*. — V. *Ventes immobilières*.

Tribunal mixte. — Affiches des noms des interprètes, 126, *14*. — Audience publique, 19 à 21, *41* et *42*. — Chambres, 16, *34*. — Compétence, 16, *34* et *ss*. — Composition, 16, *33*. — Conflit, 16, *34*. — Contestations pendantes, 16, *35*. — Décision au fond, 17, *37*. — *Id*. expédition : envoi au conservateur, 21 et 22, *42*. — *Id*. forme, 21 et 22, *42*. Décision judiciaire : effets sur les inscriptions, 26, *53* et *ss*. — *Id*. Inscription, 78 à 81, *343*. — Décision obligatoire sur chaque demande, 21 à 23, *41*. — Décision sans recours, 17, *37*. — Décisions : notifications aux parties, 21 à 23, *42*. — Descente sur les lieux, 23, *43*. — Greffier. V. *ce mot*. — Hypothèque forcée, 60, *239*. — Interprète, V. *ce mot*. — Interprètes : affiche des noms, 126, *14*. — Inscription, 17, *37*; 21 à 23, *42*; 81 à 82, *344*. — Lésion, 18, *38*. — Nomination des membres, 16, *33*. — Pouvoir discrétionnaire, 14, *30*; 14 et 15, *31*. — Président : cote et paraphe, 12 et 13, *27*. — *Id*. Désignation du juge rapporteur, 14 et 15, *31*; 19 à 21, *41*. — *Id*. Nomination, 16, *33*. — *Id*. prorogation de délai, 14, *30*; 14 et 15, *31*. — *Id*. signature des pièces, 21 à 23, *42*. — *Id*. taxe des frais, 23, *43*. — Procédure, 19 à 21, *41*. — Prorogation de délai, 14, *30*. — Publicité des audiences, 21 à 23, *42*. — Registre des dépôts, 81 et 82, *343*. — Sursis à statuer 17, *36*. — Traduction gratuite des avis, etc., 128, *90*. — Traduction orale, 128, *70*.

Tribunaux musulmans. — Capacité; inscription définitive : ouzara, 85 et 86, *354*. — Compétence, 17 et 18, *35*. — Contestations pendantes, 17 et 18, *35*.

Tuteur. — Caution, 61, *245*. — Dispense d'hypothèque, 61, *245*. — Évaluation insuffisante, 117 et 118, *26*. — Expertise, 117 et 118, *26*. — Expropriation forcée, 72, *291*. — Gage immobilier, 61, *245*. — Hypothèque forcée, 60, *239*. — Inscription, 88, *359*. — Opposition à l'immatriculation, 15, *32*. — Peines personnelles, 117 et 118, *26*. — Subrogé-tuteur ; inscription, 88, *359*.

Tuyaux. — 2, *9*.

U

Urbaines. — Propriétés, 6 à 9, *23*. — Servitudes, 52, *194*.

Usage des lieux. — 35, *102* et *ss*.; 49, *183*; 50, *185*. — Distance des arbres, 48, *180*.

Usage et habitation. — Droit d'inscription, droit réel, 3, *13*; 40, *134* et *ss*. — Inscription, 91, *366*.

Usine. — Ustensiles, 2 et 3, *10*.

Ustensiles. — Aratoires, 2, *10*. — Des usines, 2 et 3, *10*.

Usufruit. Usufruitier. — Alluvion, 36, *108*. — Bâtiment, 40, *133*. — Biens sur lesquels l'usufruit peut porter, 34, *93*. — Caution, 37, *113* et *ss*. — Charges, 38, *119* et *ss*. — Colon partiaire, 35, *98*. — Condamnation, 39, *124*. —

Contribution aux dettes, 38, *119*. — — Définition, 33, *90*. — Dettes hypothécaires, 38, *122*. — Droit d'inscription, droit réel, 3, *13*. — Durée, 34, *92*; 39, *126*; 40, *128* et *ss*. — Établissement de l'usufruit, 34, *91*. — État des lieux, 37, *111* et *ss*. — Étendue, 34, *94* et *ss*. — Expropriation, 71, *287*. — Faculté de disposer, 36, *107*. — Hypothèque, 59, *233*. — Inscription, 91, *368*. — Legs, 38, *121* et *ss*. — Perte partielle, 40, *132* et *ss*. — Perte totale, 39, *126*. — Renonciation, 40, *131* et *ss*. — Réparation, 37, *116* et *ss*. — Responsabilité, 39, *125*. — Réunion à la propriété, 39, *126*. — Usufruit légal; caution, 33, *113*. — Usufruit réservé : caution, 37, *113*. — Usurpations, 39, *125*. — Vente de l'immeuble grévé, 40, *130*.

Usurpation. — Usufruit, 39, *125*.

V

Vacations. — Pour bornage exécuté par les géomètres, 139, *5*. — Pour plans des propriétés urbaines, 166 et 167, *2*.

Valeur locative. — Valeur vénale. — V. *Expertise*.

Vente. — Action résolutoire, 62, *246* et *ss*. — *Id*. Déchéance, 68 et 69, *279*. — *Id*. Renonciation, 68 et 69, *279*. — Adjudication, V. *Expropriation forcée; Purge*. — Emphytéose, 42, *147* et *ss*. — Enzel, arrérages non payés, 33, *88*. — Expropriation forcée, V. *ce mot*. — Hypothèque conventionnelle, 60, *239*, 62, *246*. — Hypothèque forcée, 60, *239*. — Immeuble grevé d'usufruit, 40, *130*. — Inscription de l'action résolutoire, 62, *247* et *ss*. — Payement du prix, hypothèque, 62, *246*. — Option entre l'hypothèque forcée et l'action résolutoire, 68, *279*. — Préemption, 31, *77* et *ss*. — Purge, V. *ce mot*. — Réméré; inscription, 92, *371*. — Résolution, 62, *246* et *ss*. — Revente par suite de surenchère, 70, *282*. — Superficie, 43, *151*. — Surenchère, 70, *282*. — Usufruit réservé, caution, 37, *113*, V. *Privilège*.

Ventes immobilières à la barre des tribunaux français. — Adjudicataire, 100, *2*; 101, *9* et *10*; 102, *12*. — Biens de mineurs, 100, *2*. — Créancier poursuivant, 100, *2*; 102, *12*. — Colicitants, 100, *2*. — Consignation du prix, 101, *10*. — Consistance de l'immeuble, 99;101 et 102, *11*. — Diminution du prix, 102, *11*. — Dire rectificatif, 101, *7*. — Immatriculation, 99, *1*, — Préalable, 99, *2*. — Postérieure, 101, *9*. — Immobilisation des fruits, 100, *4*. — Jugement du tribunal mixte, 101, *7*. — Licitation, 100, *2*. — Mutation, 101, *8*. — Nullité de la vente, 102, *11*. — Perte de recours, 102, *12*. — Plan, 100, *6*. — Procédure d'immatriculation, 100, *6*. — Saisie, 100, *2*. — Situation juridique de l'immeuble, 99, 102, *11*. — Titre de propriété, 100, *3*; 101, *8*. — Tuteurs, 100, *2*.

Ventilation. — Surenchère, 70, *286*.

Vérificateurs. — Nommés par décret, 130, *3*. — Révocation, 131, *12*. — Chef de bureau, 133, *5*. — Attributions, 134, *7*. — Registre de correspondance et livre-journal, 136, *19*. — Copie du journal à envoyer au chef du service chaque mois, 137, *20*. — Vérifie les travaux des géomètres avant payement, 139, *4*. — Certifie sous sa responsabilité la valeur des travaux pour lesquels des avances sont demandées, 139, *4*. — Examen des plans terminés et des pièces, 161, *78* et *ss*.

Vérification. — Des triangulations et des plans, 134, *7*. — Des instruments, des géomètres, 136, *17*; 161, *78*. — Des travaux des géomètres avant payement, 139, *4*. — Des plans achevés, 161, *78* et *ss*.

Verre dormant. — 50, *184*.

Vétusté. — 38, *118*; 45, *165*.

Vice du titre. — 28, *62*.

Visite des biens habous mis en enzel. — Par les enchérisseurs, 176, *6*; 183, *1*. — Par l'administration des habous, 184, *6*.

Voies de communication. — V. *Chemins*. — Accès, 51, *189*. — Égout, 50, *188*.

Voutes. — Réparations, 37, *117*.

Voyages. — V. *Frais*.

Vues. — 50, *184* et *ss.*; 52, *195*.

TABLE ANALYTIQUE GÉNÉRALE.

PRÉFACE.

Rapport de M. Paul Cambon, résident général de la République Française, sur l'institution du régime de 1885.

Rapport de M. Massicault, résident général de la République Française, sur la réforme de 1892.

Rapport de M. Paul Cambon.

Pages.

I. — De la nécessité d'une loi immobilière.......... I

II. — L'Act Torrens.......... VI

III. — La loi tunisienne.......... XI

IV. — Application de la loi tunisienne.......... XVIII

Conservation de la propriété foncière.......... XIX

Service topographique.......... XX

Interprètes-traducteurs.......... XXII

V. — Résumé.......... XXIV

Rapport de M. Massicault.

But de la réforme.......... XXVII

Traduction des titres.......... XXX

Écritures et démarches.......... XXX

Formalités.......... XXX

Forfait des frais d'immatriculation.......... XXXI

Réduction des droits de mutation.......... XXXI

Ventes judiciaires.......... XXXII

Résultats déjà constatés de ces réformes.......... XXXIV

LOI SUR LA PROPRIÉTÉ FONCIÈRE.

Du 1er juillet 1885 (19 ramadan 1302), modifiée par les lois du 16 mai 1886 (12 chaban 1303), du 6 novembre 1888 (2 rabia el aoual 1306), et du 15 mars 1892 (16 chaban 1309).

Pages.

TITRE I. — Des immeubles. — De leur immatriculation. — Du titre de propriété ... 1

CHAP. I. — Des immeubles ... 1

CHAP. II. — De l'immatriculation des immeubles ... 4

Section I. — Dispositions générales ... 4
Section II. — De la procédure d'immatriculation ... 6
§ 1. — De la déclaration ... 6
§ 2. — Des publications, du bornage et du plan ... 9
§ 3. — Des incapables et non présents ... 14
Section III. — Des oppositions à l'immatriculation ... 16
§ 1. — Composition du tribunal mixte ... 16
§ 2. — Compétence et pouvoir du tribunal mixte ... 16

CHAP. III. — Du titre de propriété ... 24

Section I. — De l'établissement du titre de propriété ... 24
Section II. — Des copies de titre de propriété ... 26
Section III. — Des oppositions conservatoires ... 26

TITRE II. — De la propriété immobilière ... 27

CHAP. I. — Du droit d'accession sur ce qui est produit par l'immeuble ... 28

CHAP. II. — Du droit d'accession sur ce qui s'unit et s'incorpore à l'immeuble ... 28

CHAP. III. — Du droit de préemption ... 31

TITRE III. — De l'enzel ... 33

TITRE IV. — De l'usufruit des immeubles ... 33

Section I. — Des droits de l'usufruitier ... 34
Section II. — Des obligations de l'usufruitier ... 37
Section III. — Comment l'usufruit prend fin ... 39

TITRE V. — De l'usage et de l'habitation ... 40

TITRE VI. — De l'emphytéosê ... 42

TITRE VII. — De la superficie ... 42

TITRE VIII. — Des servitudes foncières ... 43

CHAP. I. — Des servitudes qui dérivent de la situation des lieux ... 43

Pages.

CHAP. II. — Des servitudes établies par la loi.......................... 44

Section 1. — Du mur et du fossé mitoyens.......................... 45

Section 2. — De la distance et des ouvrages intermédiaires requis pour certaines constructions.......................... 49

Section 3. — Des vues sur la propriété de son voisin.......................... 50

Section 4. — De l'égout des toits.......................... 50

Section 5. — Du droit de passage.......................... 51

CHAP. III. — Des servitudes établies par le fait de l'homme.......................... 52

Section 1. — Des diverses espèces de servitudes qui peuvent être établies sur les immeubles.......................... 52

Section 2. — Comment s'établissent les servitudes.......................... 53

Section 3. — Des droits du propriétaire du fonds auquel la servitude est due.......................... 54

Section 4. — Comment s'éteignent les servitudes.......................... 55

TITRE IX. — De l'antichrèse.......................... 56

TITRE X. — Des privilèges.......................... 58

TITRE XI. — Des hypothèques.......................... 59

CHAP. I. — Des hypothèques forcées.......................... 60

CHAP. II. — Des hypothèques volontaires.......................... 62

Section 1. — De l'hypothèque testamentaire.......................... 63

Section 2. — De l'hypothèque conventionnelle.......................... 63

CHAP. III. — Du rang des hypothèques entre elles.......................... 64

CHAP. IV. — De l'effet des hypothèques contre les tiers détenteurs.......................... 65

CHAP. V. — De l'extinction des hypothèques.......................... 67

CHAP. VI. — Du mode de purger les immeubles des hypothèques.......................... 67

TITRE XII. — De l'expropriation forcée.......................... 71

TITRE XIII. — De la prescription.......................... 74

TITRE XIV. — De l'inscription des droits réels immobiliers.......................... 78

CHAP. I. — Du dépôt et de la conservation des actes.......................... 78

CHAP. II. — Du mode d'opérer les inscriptions et les radiations ou réductions d'inscriptions.......................... 84

Section 1. — Des obligations du conservateur.......................... 84

Section 2. — De la réquisition d'inscription.......................... 87

Section 3. — Des obligations du requérant une inscription.......................... 89

Section 4. — De la forme des inscriptions.......................... 91

§ 1. — De l'inscription des droits réels immobiliers et des baux... 91

§ 2. — De la conformité du titre de propriété et des copies.......................... 92

CHAP. III. — De la responsabilité du conservateur.......................... 93

Dispositions générales.......................... 94

Pages.

COMPÉTENCE DES JURIDICTIONS FRANÇAISES EN TUNISIE EN MATIÈRE IMMOBILIÈRE.

Rapport 95
Décret du Président de la République du 17 juillet 1888 98

IMMATRICULATION DES IMMEUBLES VENDUS A LA BARRE DES TRIBUNAUX FRANÇAIS.

Décret du 16 mars 1892 (17 chaban 1309) sur les ventes immobilières poursuivies devant les tribunaux français 99
CHAP. I. — De l'immatriculation préalable 99
CHAP. II. — De l'immatriculation postérieure à l'adjudication 101

FRAIS D'IMMATRICULATION.

Décret du 16 mars 1892 (17 chaban 1309) fixant le montant et le mode de perception des frais d'immatriculation 103
Barême du remboursement partiel au Trésor de l'État, par les propriétaires, des frais d'immatriculation 106

RÈGLEMENT SUR LE SERVICE DE LA CONSERVATION FONCIÈRE.

Décret du 14 juin 1886 (12 ramadan 1303) sur l'organisation du service de la conservation de la propriété foncière modifiée par le décret du 16 mars 1892 (17 chaban 1309) 107

TITRE I. — De la conservation de la propriété foncière 108
CHAP. I. — Dispositions générales 108
CHAP. II. — Du cautionnement que doit fournir le conservateur 109
Section 1. — Du cautionnement en immeubles 111
Section 2. — Du cautionnement en obligations tunisiennes et en rentes françaises (3 % perpétuel) 111
Section 3. — De la libération du cautionnement 112
CHAP. III. — Du traitement du conservateur 114
CHAP. IV. — Des registres servant à recevoir les actes de la conservation. 114

TITRE II. — De la perception des droits au profit du Trésor 116
CHAP. I. — Attributions du conservateur relativement à la perception des droits 116

TITRE III. — Des valeurs sur lesquelles le droit proportionnel est assis et de l'expertise 116

TITRE IV. — Du payement des droits et de ceux qui doivent les acquitter 118

Pages.

TITRE V. — Des droits acquis et de la perception 119

TITRE VI. — Des poursuites et instances 119

TITRE VII. — De l'administration du fonds d'assurance 120

Tableau des salaires dus au conservateur de la propriété foncière, en vertu du décret du 16 mars 1892 121

RÈGLEMENT SUR LES INTERPRÈTES.

Décret du 16 mars 1892 (17 chaban 1309) sur les interprètes 123
Tarif, salaire des interprètes-traducteurs 127

RÈGLEMENTS DU SERVICE TOPOGRAPHIQUE.

Décret du 21 avril 1886 (17 redjeb 1303), portant création du service topographique 129

Arrêté du Directeur général des travaux publics du 22 avril 1886 (18 redjeb 1303), réglant l'organisation du service topographique 131

Obligations des agents 133
Matériel et instruments 135
Respect des propriétés 136
Dispositions d'ordre 136

Décret du 1er mai 1886 (27 redjeb 1303) modifié par le décret du 16 mars 1892 (17 chaban 1309), fixant le tarif et les conditions d'exécution des plans des propriétés rurales 137

Règlement du Directeur général des travaux publics du 1er mai 1886 (modifié par arrêté du 31 décembre 1888), pour l'exécution des plans des propriétés rurales 141

CHAP. I. — Objets à figurer sur les plans 141

CHAP. II. — Triangulation 143
Forme des triangles 144
Bornage et repèrement des points trigonométriques 144
Projet de triangulation 145
Détermination des bases et de l'orientation du réseau trigonométrique 145
Mesurage des angles 146
Calculs de la triangulation 147
Exactitude des opérations, tolérance 147
Canevas trigonométrique 148
Dispositions transitoires 148

CHAP. III. — Réseau polygonal 149
Établissement du réseau polygonal 149
Rattachement des cheminements 150

Pages.

Mesurage des longueurs.... 151
Tolérance sur le mesurage des longueurs.... 152
Mesurage des angles.... 152
Calcul des coordonnées.... 153
Exactitude des opérations, tolérance.... 154
Tableau des coordonnées.... 155
Canevas polygonal.... 155

Chap. IV. — Lever des détails.... 155
Tenue des croquis et des calepins.... 156
Dispositions spéciales pour les levers au tachéomètre.... 157

Chap. V. — Instruments.... 157
Instruments autorisés.... 157
Instruments prohibés ou employés d'une manière conditionnelle.... 158

Chap. VI. — Rapport et dessins des plans.... 159
Dispositions générales.... 159
Division en feuilles.... 159
Carroyage.... 160
Rapport des points trigonométriques et polygonaux.... 160
Rapport des détails.... 160

Chap. VII. — Vérification des plans.... 161
Remise des pièces d'arpentage.... 161
Transmission au vérificateur.... 161
Examen des pièces d'arpentage.... 161
Vérification de la triangulation.... 162
Vérification des cheminements polygonaux.... 163
Vérification des détails et du rapport des plans.... 163
Assistance du géomètre à la vérification.... 163
Tableau comparatif.... 164
Procès-verbal de vérification.... 164
Réception des travaux.... 164

Chap. VIII. — Calcul des contenances.... 165
Exactitude des calculs, tolérance.... 165

Décret du 14 juin 1886 (12 ramadan 1303), fixant le tarif et les conditions d'exécution des plans de propriétés urbaines.... 166

Règlement du directeur général des travaux publics du 15 juin 1886 (modifié par arrêté du 15 décembre 1888) pour l'exécution des plans des propriétés urbaines.... 167

Décret du 3 juin 1891 (26 chaoual 1308), sur la conservation des signaux et des bornes.... 170

CONSTITUTION EN ENZEL DES IMMEUBLES HABOUS.

Décret du 22 juin 1888 (13 chaoual 1305), sur la constitution en enzel des habous.... 173

Du cahier des clauses et des conditions de la constitution d'enzel.... 176
Des formalités préliminaires d'enchères.... 178

Pages.

Des enchères 178

Dispositions générales 181

Dispositions transitoires 182

Tarif annexé au décret du 13 chaoual 1305 (22 juin 1888) pour les frais auxquels donne lieu la constitution d'enzel 183

Cahier des charges, clauses et conditions de la constitution en enzel des immeubles habous 184

§ 1. — Dispositions générales 184

TABLE GÉNÉRALE ALPHABÉTIQUE DES MATIÈRES 189

TABLE ANALYTIQUE GÉNÉRALE 225

Typographie Firmin-Didot et Cie. — Mesnil (Eure).

www.ingramcontent.com/pod-product-compliance
Ingram Content Group UK Ltd.
Pitfield, Milton Keynes, MK11 3LW, UK
UKHW020206250726
13967UKWH00003B/1303